한국어로 내려온
New Bible

새로운 성경

제80권

5부 | 총10부

하얀마음

하나님 말씀 중에서

1. 사랑의 하나님

▪ 세상을 창조하신 하나님은 모두를 사랑하신다. 인간만 특별히 더 사랑하지 않고, 우주 만물을 다 똑같이 사랑하신다. 그러니 하나님이 창조하신 천지 만물과 화친하고, 미물까지도 소중히 대하라.

▪ 하나님은 특정 종파나 민족만을 더 사랑하지 않으신다. 자기 자신만 구원받겠다는 욕심을 버리고, 자기 종파만 구원받는다는 편협한 교리에서 벗어나야 한다. 종파를 초월해서, 모두를 사랑하라.

▪ 원수까지 사랑하라 했으니, 이 세상에 사랑하지 못할 자가 누가 있겠는가? 종파가 다르다고 해서 부모 형제와 원수처럼 지내는 자는 인간의 근본을 모르는 자다. 가장 가까운 가족부터 사랑할 때 남도 진심으로 사랑할 수 있다.

▪ 한 사람을 원수같이 생각하던 마음에서 사랑하는 마음으로 돌리면, 자기 자신의 마음이 가장 기쁘고 행복하다. 하나님께서는 인간의 마음속에 무거움이 없이 기쁘고 행복한 삶을 살기를 바라신다.

▪ 이웃을 "내 몸처럼" 사랑하라 했으니, 마지막 한 장 남은 천국의 티켓도 이웃에게 양보하라. 자기 중심적인 신앙에서 벗어나서 남을 위해 살아야 한다.

▪ 독초도, 약초도, 이단도 사탄도 천사도 다 필요하기에 존재한다. 독초일지라도 극소량을 사용해서 생명을 살릴 수 있고, 약초라 하더라도 남용하면 생명을 잃을 수 있다.

▪ 세상 모든 것을 명약으로 활용하는 것은 인간의 지혜에 달렸다. 어떤 것이든 어떤 사람이든 적재적소에 꼭 필요한 명약으로 승화시키라.

▪ 사탄도 이단도 천사도 모두 하나님의 주관하에 존재한다. 진정한 하나님의 백성은 사탄과 마귀까지도 감화시켜서 천사로 거듭나게 한다.

2. 기도

- 하나님은 인간의 생각까지 모두를 다 알고 계신다. 우리의 소원도 이미 알고 계시기에, 소원의 기도를 할 필요가 없다. 우리가 받을 자격이 되면 내려 주신다.

- 죄를 짓고 아무리 회개를 해도 용서받지 못한다. 도둑질한 자는 용서해 달라고 기도하고, 도둑맞은 자는 도둑을 잡게 해 달라고 기도하면, 공의의 하나님은 누구의 편에 서시겠는가?

- 자기가 잘못한 것은 그 사람에게 직접 갚고 용서를 구하라. 그가 용서하면 하나님도 용서하신다. 땅에서 매면 하늘에서도 매이고, 땅에서 풀리면 하늘에서도 풀리는 이치다.

- "회당에서 기도하지 말고 골방에서 기도하라" 했다. 눈에 보이는 골방이 아니라, 골방과 같이 고요한 마음이다. 잡념을 버리고 하나님을 향해 마음을 집중하며, 사랑하고 용서하는 아름다운 생각만 나오도록 하라.

- "두드리면 열릴 것이다." 하는 것은 육의 소원을 위해 두드리라는 것이 아니라, 진리의 깨달음을 얻기 위해 두드리라는 것이다.

- 기도하는 방법: 생활 속에서 수시로 기도하는 삶을 살아야 한다.

- "저의 죄를 용서하여 주옵소서." 하는 회개의 기도를 하라.
- 범사에 "하나님! 감사합니다." 하라. 현재 가진 것에 감사하며, 과욕하지 말라. 자기 노력 이상의 것을 더 갖고자 기도하는 것은 도둑놈심보다. 공의의 하나님은 각자 노력한 만큼 주신다.
- "하나님 뜻대로 살아가겠나이다." 하며 마음의 각오를 다지라.

- 기도는 하나님의 말씀을 받아서 "행하는 것"이다. 하나님이 계심을 굳건히 믿고, 하늘을 향하여 한 점 부끄럼 없이 사는 삶 자체가 가장 위대한 기도이며, 삶이 곧 예배다.

3. 지도자

- 똑같이 사랑한다는 말을 해도, 순수하게 하는 말은 천사의 말이지만, 사기 쳐서 재산을 가로채려고 하는 말은 사탄의 말이다.

- 종교 지도자가 아무리 훌륭한 설교를 해도, 신도의 재물을 거둬서 더 큰 교회를 짓고 자기의 부귀영화를 바라며 설교하면 사탄의 가르침이 된다.

- "저희 교회는 만원사례요, 믿음은 다 같으니 이웃의 개척 교회에 가서 예배를 드리시오." 하며, 이웃 교회의 부흥을 먼저 생각하여 제 신도를 보내는 종교 지도자가 있다면 그를 따르라. 그가 하나님의 사랑을 실천하는 자다.

- "부자가 천국에 들어가는 것은 낙타가 바늘구멍을 통과하는 것보다 더 힘들다" 하였거늘, 지금의 교회에서는 부자가 되기만을 기도하고 소원하니, 이는 곧 천국을 포기하고 지옥 행 열차의 티켓을 사는 것과 같다.

- 예수는 빈손이었다. 종교 지도자가 예수보다 더 호화롭고 편안하게 살아간다면 잘못된 것이다. 부귀영화와 명예를 바라는 자는 절대로 갈 수 없는 좁고 협착한 길이 종교 지도자의 길이다.

- 종교 지도자는 유리로 비춰 봐 한 점의 부끄러움이 없이 살아야 한다. 의식주도 직접 일해서 해결하고, 예수의 가르침과 행함을 그대로 따라야 한다.

- 종말은 없다. 지금의 잘못 가는 종교 집단에게만 종말이 있다. 보이지 않는 하나님은 보이는 육의 종말은 관여하지 않으신다. 환경 파괴로 인간이 스스로 멸망을 자초하는 것이다. 종파끼리 싸우기 전에, 무너진 인성을 바로잡고 지구의 몸살을 해결하는 데 뜻을 모으는 게 급선무다.

4. 성전이란

- 이 세상 자체가 하나님께서 만드신 성전이다. 자연보다 더 아름다운 성전이 있는가? 보이는 건물이 성전이 아니라, 성스러운 마음가짐이 성전이다.

- 반석 위에 교회를 지으라 했다. 지상의 단단한 돌은 인간이 쪼갤 수 있으나, 마음속의 굳은 결의는 세상 무엇으로도 쪼갤 수 없다. 바르고 굳건한 믿음으로 성경의 가르침을 실천하는 것이 마음의 반석 위에 교회를 짓는 것이다.

- 손으로 지은 건물의 교회에 모여서 복음을 전하는 것이 아니라, 교회를 개인과 가정에 심어 주어야 한다. 무너지고 부서지는 건물을 짓지 말고, 마음속에 영원히 불변하는 참진리의 교회를 지으라.

5. 십계명

- 십계명은 인간이 죽어서 반드시 통과해야만 하는 열 개의 관문이다.

- 부모를 공경하지 아니한 자는 "네 부모를 공경하라." 하는 제5계명의 관문이 열리지 않으니 구원받을 수 없다.
- 살인, 간음, 거짓, 우상 등의 나머지 계명도 마찬가지다.

- 십계명은 하나님의 친필이다. 모기소리만 한 하나님의 음성이라도 들어 보겠다고 여기저기 찾아 헤매지 말고, 십계명부터 암송하고 지키라.

- 십계명은 영혼을 구원하는 양식이며, 십계명을 지키는 것이 구원을 받는 길이다. 인간이기에 지키고자 노력하고 또 노력한다면 지킬 수 있다.

- 십계명을 지키고 천사처럼 아름답게 살아가는 그 마음 하나면 세상에 이루어지지 않는 것이 없다.

6. 보물

- 하나님은 재물이 아니라 우리의 마음을 받으신다. 사랑을 실천하며 천사처럼 변하는 마음이 하나님께 바치는 보물이다.

- 보이지 않는 하나님께 재물을 바치려 하지 말고, 너희를 길러 준 부모에게 용돈드리고, 찾아뵙고, 효성을 다하라. 그것이 하나님께 효도하는 것이다.

- 하늘에는 선과 악의 창고가 있다. 자기 창고에 선이 많으면 천국으로 구원을 받고, 악이 많으면 심판받아 지옥으로 간다. 그것이 바로 "선한 일을 행한 자는 생명의 부활로, 악한 일을 행한 자는 심판의 부활로" 나오는 것이다.

- "선악과를 따먹지 말라"는 것은 양심을 지키라는 것이다. 선과 악을 구분할 수 있는 양심을 최초에 인간에게 주셨다. 선한 열매는 취하고, 악한 열매는 버리며, 양심에 비추어 부끄럼 없는 삶을 살아가라.

- 가장 작은 거짓말을 하지 않고, 가장 작은 죄를 짓지 않으며, 가장 작은 선행을 하고, 가장 작은 악행을 멀리하는 것이 율법의 일점 일획도 빠뜨리지 말고 다 지키는 삶을 사는 것이다.

7. 우상

- 박물관에 있는 불상은 하나의 예술품이다. 그 조각품에 대고 제 소원을 빌 때 우상숭배가 된다. 십자가라 하여도 그 앞에서 소원을 빈다면 우상숭배하는 것이며, 하나님께 소원을 빈다면 하나님을 우상으로 전락시키는 것이다.

- 지금 기복신앙에 젖어 있는 모든 사람이 우상 앞에 절을 하고 있다. 조각품을 우상이라며 파괴하지 말고, 네 마음속에 있는 욕심의 우상을 무너트리라.

- 생수를 약초가 먹으면 약을 만들고 독사가 먹으면 독을 만든다. 같은 성경을 봐도 선한 지도자는 신도를 천사로 만드는 데 활용한다. 그러나 욕심이 가득한 지도자는 재물을 거두어들여 제가 부귀영화를 누리는 데 악용한다. 그가 바로 성경을 우상숭배의 도구로 전락시키는 거짓 선지자다.

- 성경을 한 획도 빼거나 더하지 말라는 것은, 그 가르침을 빠트리지 말고 온전히 지키라는 것이다. 성경 속에서 자기에게 유리한 구절만 보는 것은, 자기에게 불리한 구절들을 빼 버리는 것이다. 믿음이 제일이요, 행함은 구원과는 관계없다는 것은 자신에게 유리한 쪽으로 성경을 악용하는 것이다.

- 진정한 종교 지도자는 종파에 관계없이 어떤 종파든 어떤 책이든 접하고 보고 깨우쳐 견문을 넓히도록 인도한다. 참진리를 모르고 자신이 없는 자가 남을 이단이라며 배척하고, 신도들의 눈과 귀를 가린다.

8. 예수

- 예수의 재림은 없다. 예수가 다시 온다 해도, 과연 누가 그를 예수라고 믿겠는가? 예수와 같은 삶의 행함이 곧 예수의 재림이다. 각자 모두가 "재림 예수"가 되는, 차원 높은 믿음으로 가야 한다.

- 예수는 "주여 주여 하지 말고, 아버지의 뜻대로 행하라"고 했다. 예수가 전한 하나님의 뜻이 곧 "길이요, 진리요, 생명"이며, 그 가르침이 예수의 보혈처럼 소중한 것이다. 예수를 믿는 것은, 예수의 가르침을 믿고 따르는 것이다.

- 예수는 낮은 자로서 만백성을 섬기고자 했다. 만나는 모든 사람을 다 하나님이라 생각하라. 돈을 벌수록 겸손하고, 높은 지위를 얻을수록 낮아지라.

- 예수는 종파를 만들지 않았다. 인간이 만든 종교와 인간의 교리를 따르지 말고, 예수를 통해 전한 하나님의 참진리를 연구하고 따르라.

- 예수가 2천 년 전에 만백성을 위해 죽었으니, 지금 이 땅에는 예수의 가르침대로 사는 천사만 존재해야 한다. 예수가 죽어 가면서 바란 것은 만백성이 천사가 되어 예수의 자리를 채워 주는 것이지, 지금과 같이 재물을 바치면서 중언부언 제 소원만을 비는 백성들을 바란 것이 아니다.

9. 구원

- 천사가 사는 천국에는 천사만 갈 수 있으니, 천사 같은 마음을 길러야 한다.

- "천국 열쇠를 네게 주리니 땅에서 무엇이든지 매면 하늘에서도 매일 것이라" 했다. 땅에서 천사같이 사는 자가 하늘에서도 천사가 되어 천국에 들어간다. 모든 사람에게 천사같다는 말을 듣는 삶을 살아야 한다.

- 천사의 곱고 아름다운 마음은 부모를 공경하고 어른을 어른으로 대접하는 데에서 출발한다. 효도하는 자는 형제와 화목하게 지내기에 가정이 화목해지고, 이웃과 화목해지고, 국가가 화목해지고, 온 인류가 화목해진다.

- 그러므로 지상의 아름다운 소왕국은 가정에서부터 이루어야 한다.

- 선택된 14만 명만 구원받는 것이 아니라, 천사처럼 변하고자 하는 14만 명을 기초로 온 인류가 천사처럼 거듭나는 영적인 개혁이 시작되는 것이다.

- 천 년에 걸쳐서 하늘에서 이루어진 것같이 이 세상을 낙원으로 만들어, 만백성이 지상의 천국에서 살다가 죽어서 그대로 하늘의 천국으로 들어가는, 영원한 지상 낙원을 건설하는 것이 하나님의 계획이다.

- **이것이 구약과 신약에 이어 "새로운 성경"으로 역사하시는 하나님의 창조의 완성이다.**

- 지금의 믿음으로 구원받을 수 있다면 그 길을 가라. 그러나 자신이 없다면 하나님께서 직접 내리신 160권의 "새로운 성경"을 읽고 구원의 길을 보라!

하나님 머리말씀

이 새로운 성경을 읽는 너희 모두는
이 율법에 따라 행하면 영원히 구원받을 것이니라.

너희 인간이 수년, 수십 년, 평생
성서를 공부하고 기도하는 것은
하늘나라 나의 곁으로 오고 싶은 소망일진대,

몇천 년 전의 너희 인성과 생각이
지금의 너희와는 판이하게 다르니,

꺾여 가고 병들어 가는 너희를 고칠 수 있는 길은,
오늘 내가 선지자에게 내리는 새로운 성경과 같이
너희가 변화되는 것뿐이니라.

나의 예수가 태어난 것처럼
내가 아들 선지자를 선택하여
나의 새로운 성경을 온 세계에 전하고자 하니,

묵은 것은 버리고 새로운 것은 취하여,
너희 모두는
'여호와 하나님! 저의 죄를 용서하여 주옵소서.'
하는 기도문으로 기도하고, 죄를 뉘우치라.

이 새로운 성경은
수천 년간 내려온 성서를 요약한 것이니,
너희는 이 책을 정독하여 쉽게 깨달음을 얻고,
이대로 실천하여 하늘에 오르라.

대역자 머리말

■ 하나님의 율법을 지키는 선지자로 선택을 받도다.

저는 남들처럼 그저 열심히 살아온 평범한 사람이었습니다. 그러나 50대 중반에 사업에 실패하여 많은 부채에 시달렸으며, 건강도 악화되어 눈이 잘 안 보이고, 걷기도 어렵고, 두통이 심해서 잠을 이룰 수 없는 고통의 나날을 보냈습니다. 그때 제가 선택할 수 있는 것은 육의 삶을 끝내는 길뿐이었습니다.

죽기 직전에 그동안에 죄를 지은 이들에게 용서를 빌고 인생을 끝내기로 작정하였습니다. 어려서부터 지은 죄를 빌고 빌다 보니 끝이 없었고, 죽음으로도 그 많은 죄를 용서받을 길이 없다는 생각에 하염없이 눈물이 흘렀습니다. 그 순간 '재래식 화장실의 구더기는 죄를 짓지 않는데, 나는 인간으로서 구더기만도 못한 삶을 살았구나.' 하는 생각이 들면서 괴로움에 몸부림칠 때, 갑자기 하나님의 음성이 들렸습니다.

"나는 여호와 하나님이니라. 너는 십계명을 암송하고 내가 내려 주는 메시지를 받아 책으로 만들어 만백성을 구하라." 하시며, 제 눈을 손으로 문지르게 하시고, 아픈 머리와 다리를 손으로 두드리게 하셨습니다. 그러고 나니 눈도 잘 보이고 걸을 수 있었으며 머리의 통증도 말끔히 낫게 되었습니다. 그때부터 십계명을 암송하고 나면 들려주시는 말씀을 기록하였고, 1999년 8월부터 2004년 7월까지 권당 288쪽, 총 160권을 받아서 "새로운 성경"이라는 책으로 펴내게 되었습니다.

그러한 저에게 죽기보다도 힘든 길이 시작되었습니다. 모든 교인들이 저에게 사탄이요, 이단이요, 악마요, 마지막 시대에 온 거짓 선지자라 하면서 공격하였고, 저를 짐승을 보듯이 대하는가 하면, 편협한 종교 지도자들의 선동으로 신도들이 이 책을 직접 읽어 보고 평가할 기회마저 막아 버렸습니다. 그래서 하나님의 말씀을 세상에 내는 데 많은 어려움을 겪으며, 피를 토하는 심정으로 책을 전하고 있습니다.

그러나 아무리 인간의 힘으로 막으려 해도, 하나님의 뜻이 세상에 전해지는 위대한 역사는 계속될 것입니다. 책으로 전해지는 "하나님의 말씀"은 세상 끝날까지 항상 우리와 함께하실 것입니다. 사람은 죽어도, 책에 기록된 말씀은 영원히 남으니까요.

■ 따뜻한 실천

하나님께서는 어려운 사람들에게 삶의 터전을 마련해 주고, 미래를 열어 주는 것을 기뻐하십니다. 어려운 이웃이 스스로 자립할 수 있도록 이끌어 주는 것이 진정으로 이웃을 돕는 것이라고 말씀하셨습니다. 그래서 일자리가 없는 제자들에게 작은 사업장을 만들어 주는 "달란트 사업"을 하고 있습니다. 식당, 반찬 가게 등을 차려 주고, 기존의 어려운 사업장이 자립할 수 있도록 돕고 있습니다(커피숍, 미용실, 의상실 등).

하나님께서는 교회에 나와서 모든 시간과 재물을 쏟기를 원하지 않으시고, 그 시간과 재물을 교육에 투자하여 스스로 미래를 열어 가기를 원하십니다. 그래서 제때 공부하지 못한 제자들에게 학업을 이어 가도록 하였습니다. 중화요리 주방장을 하며 초등학교 검정고시부터 공부하여 2012년에 방통대를 졸업한 36세 남성, 만학도들의 2년제 중학교에 입학해서 2007년에 명지대학을 졸업한 38세 여성, 중학교 검정고시를 시작으로 숭의여자대학을 졸업한 47세 여성 등이 있습니다. 그밖에도 많은 제자들에게 나이를 초월하여 배우고 깨우쳐서 사회 속의 당당한 일원이 되도록 인도하고 있습니다.

학자금 대출로 힘겨워하는 젊은이들을 위해 "따뜻한 바람 장학회"를 발족하여(2016년 12월) 대출받은 학자금 전액을 매월 갚아 주고 있습니다. 또한, 다문화 가정을 위해 "다문화 가족 랜드"를 조성하여, 각종 시설을 무료로 활용하도록 하고 있습니다.

이러한 따뜻한 실천이 아직은 미약합니다. 그러나 책의 수입이 늘고, 저와 뜻을 같이하는 분들이 늘어나면 계속 확대할 것입니다. 지도자로서 신도의 재물을 헌금으로 거둬들여 착복하는 것이 아니라, 하나님께서 기뻐하시는 일에 사용하도록 중매 역할만 하며 살아가고자 합니다. 이런 제가 과연 사탄이고 이단인가요? 하나님께서 기뻐하시는 일이라면, 저에게 사탄이라 하든 거짓 선지자라 하든 굽히지 않고 실천해 나갈 것입니다.

끝으로, 일상의 삶 속에서 "지금 내가 하는 행동이 과연 하나님께서 기뻐하실까, 슬퍼하실까?" 생각하고, 매사에 하나님께서 기뻐하시는 길을 택하기 바랍니다. 교회에 모여서 집단적으로 예배 드리는 것이 아니라, 개인이나 가정 단위로 새로운 성경을 읽어 스스로 깨우치고 그대로 행하면 충분합니다. 그것이 마음속에 성전을 짓고, 신령과 진정으로 예배 드리는 길입니다. 그러면 천국의 문에 들어서게 됩니다.

2017. 2. 1.

하나님 말씀 대역자 김용철

차 례

십 계 명

이 책은 십계명을 암송하고 나면 내려 주시는 "하나님의 음성"을 듣고 그대로 받아쓴 기록입니다. 하나님께서 십계명을 모세에게 내려 주셨지만, 그것은 만백성에게 내려 주신 것입니다. 마찬가지로 이 책의 모든 말씀도 저에게 내려 주셨지만, 만백성 각자에게 들려주시는 말씀입니다. 여러분도 이 책을 접할 때마다 십계명을 암송하고 나서 정독해 주시기 바랍니다.

제일은, 너는 나 외에는 다른 신들을 네게 있게 말지니라.
제이는, 너를 위하여 새긴 우상을 만들지 말고, 또 위로 하늘에 있는 것이나, 아래로 땅에 있는 것이나, 땅 아래 물 속에 있는 것의 아무 형상이든지 만들지 말며, 그것들에게 절하지 말며, 그것들을 섬기지 말라.
제삼은, 너는 너의 하나님 여호와의 이름을 망령되이 일컫지 말라.
제사는, 안식일을 기억하여 거룩히 지키라.
제오는, 네 부모를 공경하라.
제육은, 살인하지 말지니라.
제칠은, 간음하지 말지니라.
제팔은, 도적질하지 말지니라.
제구는, 네 이웃에 대하여 거짓 증거하지 말지니라.
제십은, 네 이웃의 집을 탐내지 말지니라.

나 여호와가 존재함을 믿는 그 자체가 구원의 길에 들어서는 기본이요, 근본이며, 나의 새로운 성경을 가슴에 안고 정독하는 자, 반석 위에 서서 하늘에 오르는 찬란한 빛을 보게 되는 영광을 얻게 됨이니라. 진정 나를 따르고 믿는 자는 감히 사탄이나 마귀도 근접하지 못하느니라.

〈하나님 말씀〉

2003년 4월

5,872 번째 하나님 말씀

2003년 4월 8일 09시 04분

1 사랑하는 나의 아들아!
2 "네, 아버님! 말씀하옵소서."
3 지금 나의 성전에 나와 있는 그 꽃들이 뭐라 말하던가?
4 그리고 그 화분에 심어져 있는 그 꽃나무들이 너에게 과연 뭐라 말하는지 너는 그 말뜻을 알고 있는가?
5 "네, 아버님 그들이 말하는 그 말뜻을 알고 있사옵나이다."
6 그들이 뭐라 너에게 말을 하던가?
7 "네, 아버님!
8 세상이 공해로 오염된 공기와 주위 환경과, 그리고 성전에서 음식을 만들 때, 또 음식을 먹을 때 풍기는 그 냄새, 그 모든 냄새를 맡고 견디기가 더러는 힘들다 그리 말하옵나이다.
9 우리가 풍기는 그 냄새 때문에 그 꽃들이 견디기가 어렵다 말하옵나이다.
10 그러면서 꽃들이 그리 말하고 있습니다.
11 그 한 송이 피어 있는 그 꽃과 그리고 묵묵히 자리를 지키는 모든 난이요, 그 꽃나무들이 인간이 풍기는 음식 냄새요, 환경오염 냄새도 참기 어렵지만,
12 이 성전에 오는 그 백성의 마음이 깨끗하지 아니하며 속과 겉 마음이 다르며, 질투하는 마음을 가지고 있으며, 시기하는 마음을 가지고 있으며,
13 그와 같이 한 자리 깔아 놓고 시기와 질투하는 그와 같은 말을 하는 백성을 보는 것이 더 역겹고 참고 견디기 어렵다 그리 말하옵나이다.
14 생각과 다른 행동을 하는 것, 생각과 다른 말을 하는 것, 그와 같은 제자들의 그 모습이요, 그 마음을 들여다볼 때, 그 꽃들이 너무나 역겹고 고통스럽다 그리 말하였사옵나이다.
15 그러면서 그리 말하고 있사옵나이다.
16 하루의 삶이요, 밖에서 생활을 아버님께서 원하시는 삶을 살았다 생각하며 그리 선한 일을 했다고 생각하는 자, 그리고 성전에 들어와 깨끗하고 아름답게 삶을 살았다는 그와 같은 말을 하는 자,
17 그리고 저희가 어찌 변했다 말하면서 정녕 그 마음은 변하지 아니하고 속물과 같은 행동을 하며 성전에 오는 모든 제자를 보는 마음이 더 역겹고,
18 그를 인내하고 보기가 너무나 고통스럽다 그리 말하였사옵나이다.
19 그러면서 살아가는 생활 속에서 가장 인자한 척, 가장 사랑을 나누는 것처럼 하는 자들, 그들이 와서 난을 보며 꽃을 보며 참 예쁘다 하며 만지는 그들의 손길이 소름이 끼칠 정도로 싫으며, 그들이 만져 주는 것이 그리 두렵고 무서우며 그들의 손길이 닿는 것이 가장 고통스럽다 그리 말하였사옵나이다.
20 천사와 같은 마음이요, 그 아름다운 마음으로 살지 못하는 자들이 말로는

'참, 꽃이 예쁘구나! 이 난이 참 예쁘
구나!' 하면서 쓰다듬는 그것처럼 고
통스러운 것이 없다 그리 말하였사옵
나이다.
21 그리고 그들이 또 말하였사옵나이다.
22 선지자가 천사처럼 마음이 변하지 못
하였으며, 저 자신이 욕심이 없이 욕
심을 비운 그와 같은 아름다운 말을
하지 못할 때, 그와 같이 행동을 못 할
때,
23 그들은 이 성전에 저와 같이 있는 제
위치가 불행하며, 그들보다 그것이 더
불행하다 그리하였으며,
24 저와 더불어 같이 숨을 쉬는 것이 그
들은 참기 고통스러우며,
25 차라리 화분이 깨져 시들어 가는 난이
되고 시들어 가는 꽃이 되는 것이 더
낫다 그리 말하며, 그것이 행복하다
그리 말하옵나이다.
26 제가 바로 서지 못하는 행동을 할 때,
제가 마음을 비우지 못하고 행동을 할
때,
27 선지자라는 자가 하나님 뜻에 따라
살아가지 못하며 한 점의 부끄러움이
없는 행동을 하지 못하는 그와 같은
모습을 볼 때,
28 그들은 이 성전에 존재하는 그 자체가
가장 불행이며,
29 그저 화분이 깨져 쓰레기로 버려지는
것만 못하다 그리 말하옵나이다.
30 너무나 고통스럽고 괴롭사옵나이다.
31 그리고 제대로 마음을 다스리지 않는
자가 꽃에 근접하는 것, 그리고 쓰다
듬어 주는 것, 그리고 저를 만지며 말
로써 예쁘다 말하는 것, 그것이 다 위
선이며 가식이니,
32 그를 보는 그 꽃들이 너무나 고통스러
우며 역겨우며 참기 어렵다 그리 말하
고 있사옵나이다.
33 그들은 말하고 있사옵나이다.
34 모든 인간보다도 한 수 위에 있는 것
이 식물이며 인간보다 한 수 위에서
아름답고 깨끗하게 살아가는 것이 식
물이며,
35 저희가 가르침을 주고 깨우침을 주는
줄을 모르고 제 마음대로 다루는 것
처럼 이 세상의 동식물을 그리 보는
인간이 얼마나 어리석은 자들인가 그
리 말하였사옵나이다.
36 그러니 이 성전에 오는 제자들이 가장
이중적인 마음이요,
37 진실로 변하지 아니하였음에도 진실
로 변한 것처럼 하는 것,
38 자기 마음을 속이는 행동, 그 모든 사
정을 속속들이 다 보고 있으며,
39 그들이 일주일 동안, 또는 어제와 오
늘 하루를 어찌 살고 왔는가 하는 것
을 그 꽃들은 다 알고 있다 하였사옵
나이다.
40 저희가 바르게 살지 못한 행동을 하고
성전에 와서 깨끗하게 살고 바르게
산 자처럼 그리 말하는 것,
41 그와 같은 위선적인 행동을 하는 그들
의 모습을 보고 지켜 앉아 있기가 너
무나 고통스럽고 힘들며,
42 저희가 음식을 만들며 풍기는 냄새요,
환경을 오염시킨 공기보다 그를 보는
것이 더 고통스럽고 아프다 하였사옵
나이다.
43 그와 같이 꽃들이 저에게 말을 하고

있사옵나이다.
44 그리고 또 저에게 말합니다.
45 '나와 같이, 우리같이 깨끗하게 자리
를 지킬 수 있는 것이 선지자가 가는
길이요, 저희처럼 자리를 지키지 못하
는 것은 선지자가 아니니,
46 선지자는 하나님께 선택된 백성이요,
47 모든 동식물이요, 만물을 구하는 법전
을 만들어 내는 자가 정녕 하나님의
뜻대로 살아가지 아니하며 천사와 같
이 행동을 하지 아니할 때,
48 그들은 차라리 여기서 말라 죽는 것이
나으며 같이 보는 것이 역겹고 고통
스럽다.' 하였사옵나이다.
49 평범한 사람들이 잘못하고 거짓된 행
위도 그들은 보기가 역겨워 이 세상에
사는 자체가 슬프다 그리 말하오니,
50 아버님께 선택된 아들이요, 만백성의
선지자라 하는 제가 잘못했을 때,
51 그들은 차라리 죽는 것이 낫다 그리
말하였음이니,
52 그들이 아버님 앞에 어떠한 누구보다
도 어떠한 백성보다도 효자요, 위대하
다는 것을 이제 깨달았사오니,
53 문을 열고 나갈 때마다 그 꽃나무에
고개가 숙여지며,
54 그 꽃나무들이요, 그 난들이 과연 무
슨 생각을 하고 있으며, '그들에게 내
가 부끄럽이 없는가, 그와 같은 삶을
사는가?' 항상 저 자신을 돌아다보는
그와 같은 마음의 자세가 아니면 설
자리가 없사옵나이다.
55 꽃들의 말이 무섭사옵나이다.
56 그들이 이야기하는 것이 너무 무서우
며 그들이 원하는 것이 너무 무섭사옵
나이다, 아버님!
57 우리 성전에 있는 꽃나무들이 그리도
무서운 줄을 몰랐사옵나이다.
58 그들의 고통이 얼마나 심한 것인지 몰
랐사옵나이다.
59 그리고 그들이 얼마나 위대하며 영특
한 식물인지, 모든 동식물이 얼마나
영특한 것인지, 인간보다도 위에 있다
는 것을 깨달았사옵나이다, 아버님!"

5,873 번째 하나님 말씀

2003년 4월 8일 09시 33분

1 사랑하는 나의 아들아!
2 "네, 아버님! 말씀하옵소서."
3 인간사 세상에 살아가면서 쉽게 대답
하며 쉽게 응답하는 것은 이루어지는
역사가 별로 없음이니라.
4 심사숙고하고 생각을 거듭하고 거듭
해서 대답하는 그와 같은 사람이 약속
을 지킬 수 있으며 역사할 수 있는 사
람이요,
5 쉽게 대답하고 쉽게 응답하는 자, 그
리고 모든 것을 쉽게 생각하는 자는
이루어지는 것이 없으며, 그 역사함이
부족함을 너희는 알고 있을 것이니라.
6 또한, 믿음도 마찬가지니라.
7 나의 성전을 찾아와 이와 같은 법전이
세상에 나오고 선지자가 세상에 있음
이니, 무릎 꿇고 눈물 흘리며 기도하
는 자, 그는 오래가지 못하는 자이니
라.
8 아무런 말 없이 법전을 들고 와 읽고
깨우치고 또 정독하는 백성, 그리하여
법전을 읽고 난 다음에 너에게 찾아와

대화하는 자,
9 그와 같이 묵묵히 세월을 기다릴 줄
알며 법전을 읽고 깨우칠 줄 아는 그
와 같은 백성이 너와 더불어 갈 수 있
는 제자로서 역사함을 너는 알아야
할 것이니라.
10 너희는 쉽게 대답하며 쉽게 익어져 가
는 것은 그 결과가 없음을 알아야 할
것이니라.
11 그러니 법전을 가지고 공부하고 깨우
치는 것 또한 서서히 가야 할 것이며,
12 성급히 달려가고자 하면 그 역사가 이
루어짐이 없음을 알아야 할 것이니라.
13 사랑하는 나의 아들아!
14 "네, 아버님! 말씀하옵소서."
15 나의 아들 예수를 따랐으며 예수와 더
불어 했던 그 제자들이 어렵고 힘들
때 그 예수를 배신하고 등을 돌렸던
것처럼, 지금의 너의 제자들을 그리
만들고 싶단 말이던가?
16 내가 너에게 물질적인 혜택을 주며 물
질적인 영광이요, 은혜를 주었을 때,
17 너의 제자들은 한 사람도 남을 사람이
없으며, 그들은 다 쓰러지고 떠나가게
되어 있음이니라.
18 정녕 너의 제자들이 한 사람도 구원을
받지 못하고 예수에게 등 돌렸던 그
제자들처럼 그리 무너지는 길을 가기
를 네가 원한다면, 내가 오늘이라도
너에게 재물을 내려 줄 것이니라.
19 그러나 네가 지금 나로부터 재물을 받
아 모든 운영을 할 때 너의 제자들은
한 사람도 남을 사람이 없음이니라.
20 그는 근본의 뿌리가 다스려지지 아니
하였으며 ,지금 쉽게 익어져 있지, 완
전히 익어지고 뿌리가 내린 제자들이
아니기 때문에, 부는 바람에도 흔들리
며 넘어질 수 있는 것이 지금의 너의
제자들이니라.
21 그들이 고통과 시련 속에 더 굳어지며
더 단단해지지 않았을 때, 굳은 땅에
물이 고이듯이 굳어지지 않은 너희에
게 내가 재물의 은혜를 내려 준다 해
도 그것을 지탱하지 못하며, 그는 스
며드는 물처럼 다 소멸되는 것이니라.
22 그리고 난 다음에 너희는 떠나게 되
어 있으며, 재물로 인하여 서로 갑론
을박하며 시시비비를 하며, 형제지간
에 말다툼하는 그와 같은 모습을 보일
것이며,
23 너희는 법전을 공부하며 깨닫는 고통
스러운 길이 아니라 편안한 길을 가기
를 원할 것이며,
24 계속 나에게 무엇이 이루어지기만을
바랄 것이니,
25 그러다 보면 너희 스스로 일어설 수
있는 자제력이요, 능력이 없게 됨이니,
26 그게 바로 너희가 지옥으로 가는 것
이요, 나를 따라 하늘에 오르는 길로
가는 것이 아니니라.
27 네가 오늘에 힘들고 어려워하며 너 스
스로 고통스러워하며, 힘들어하는 네
제자를 바라보기가 마음 아파 나에게
무엇인가 이루어 주기를 바라며, 물질
적인 은혜요, 금화와 은화의 영광을
우선 너에게 내려 주기를 바란다면,
28 내가 너에게 오늘이라도 당장 내릴 수
있음이니라.
29 그러나 내가 너에게 내렸을 때 그 제
자들은 모두 떠나며 그 제자들을 다

잃게 됨이니라.
30 예수의 시대 그 제자들이 등을 돌리고
떠났듯이, 너의 제자들이 그리 가도
네가 좋다 하면, 내가 너에게 재물로
써 은혜를 내릴 것이니라.
31 그러나 그것은 진정한 길이 아니며 그
것은 가야 할 길이 아님을 알라.
32 아직도 멀었음이니라.
33 너의 제자들에게 마음의 비움이 어디
있으며 비워진 마음의 그릇의 한계가
어디 있나, 한번 그들에게 물어보도록
하라.
34 아직도 멀었음이니라.
35 너희가 언성을 높이는 음성을 가진
것이 아직도 멀었으며,
36 제 뜻을 주장하는 제자들이 있음이니
그들도 아직도 멀었음이며,
37 남의 허물은 보면서 제 허물은 보지
못하는 제자들이니 아직도 그들은 멀
었으며,
38 남들 앞에 시시비비를 하며 제 주장을
그저 주장하며 옳다 소리 지르는 그
음성이 아직도 시들지 아니하였음이
니 그게 바로 너의 제자들이 아직도
먼 것이며,
39 남의 잘못함을 덮어 주지 못하며 그를
사랑으로 인정하지 못하며, 제가 죽은
자라 생각하여 그를 들은 듯 만 듯한
그와 같은 마음의 자세를 갖지 못했음
이니, 아직도 깨달음이 없으며 아직도
멀었음을 알아야 할 것이니라.
40 죽은 자가 되라 하였으며 내가 너희에
게 수없이 죽은 자로서 살라 하였음이
니,
41 과연 죽은 자라면 너희가 네 목소리를
높일 수 있으며, 네 주장을 높이 소리
지를 수 있으며, 네 주장을 관철하기
위해 상대방과 시시비비를 하는 그와
같은 마음을 가지고 있을 수 있다고
생각하는가?
42 시시비비가 있어서는 아니 되며, 네
주장과 네 뜻을 위해서 목소리를 높여
서는 아니 되느니라.
43 제가 하는 것은 옳고 남이 하는 것은
잘못이며, 남이 너희에게 섭섭하게 한
것은 눈에 보이나, 너희가 남에게 섭
섭하게 한 것은 눈에 보이지 아니함이
니,
44 시기하고 질투하는 그 마음을 녹이는
것이 너희 마음이라 하지 아니하였던
가?
45 어찌하여 그와 같은 것도 깨닫지 못하
고 살아가면서 내가 무엇을 내리기를
바라는가?
46 그와 같은 마음을 아직도 비우지 못하
고 있으며 깨달음이 없으며 변화된 백
성이 아님이니 이를 어찌하여야 하겠
는가?
47 이제 이 모든 것을 너희 스스로 깨우
쳐, 너희가 어디 있는가를 점검해 보
도록 하라.
48 그리하면 나로부터 사랑의 은혜요, 영
광의 은혜요, 모든 축복과 상을 받을
자격이 있는 자에게 내가 상을 줘야,
천사도 나를 원망하지 아니하며 사탄
도 나를 원망하지 아니하며 너희를
욕되게 하지 아니할 것이니라.
49 받을 수 있는 자가 되라.
50 우등생이 되었을 때 내가 내려 준다
하지 아니하였더냐?

51 과연 너희가 목소리를 낮추며, 자기 주장을 낮추며,
52 자기와 뜻이 다르다 해서 남이 잘못 됐다고 비방하는 일은 없는가?
53 남이 잘못한다 해서 너희도 그처럼 할 수 있다고 대드는 자는 없는가, 그리고 똑같은 마음으로 그를 미워하는 자는 없는가?
54 그를 용서하는 마음이 과연 있는가, 그를 사랑하는 마음이 있는가?
55 그것이 없다면 너희는 깨달음이 없는 것이요, 변화된 것이 없으며 일반 백성과 똑같으니,
56 어찌하여 너희가 나에게 은혜와 영광을 받을 수 있다고 생각하는가?
57 그 모두는 내려 줄 수 없음이니 그리 알라, 사랑하는 나의 아들아!
58 너희는 변하라, 정녕 죽은 자가 되라.
59 모든 음성을 낮추며 목소리를 낮추라.
60 그리고 적이 없느니라.
61 너희에게 섭섭하게 한 자도 없음이니라.
62 너희를 아쉽게 하는 자도 없으며, 너희를 괴롭게 하는 자도 없으며, 너희에게 고통을 주는 자도 없음을 알라, 사랑하는 나의 아들딸들아!
63 너희에게 남이 뭐라 한대도 섭섭함이 없으며, 아쉬움이 없으며, 남을 미워하는 마음이 없으며, 미워할 자격도 없음이니라.
64 그와 같은 마음으로 변하고 그리 살아가야 하는 것을 잊어서는 아니 될 것이니라.
65 너희는 죽은 자라는 그 의미를 깊이 새겨서 행동하라.
66 죽은 자가 얼마나 소중한 것이며, 죽은 자가 얼마나 위대한 것인가를 알라.
67 정녕 죽은 자가 됐다면 말이 없으며, 시시비비를 할 일이 없으며,
68 상대방이 잘못하는 것이 너희 눈에 보일 것이 없으며, 그를 탓할 것이 없으며,
69 너희에게 섭섭하게 한다 하여 그를 들을 수 없으며 그를 볼 수 없음이니라.
70 아무리 사랑하는 사람이 몸부림쳐도 그를 위해 너희가 아무런 할 일이 없듯이,
71 죽은 자라는 것은 거기에 응답함이 없으며 대답함이 없음이니라.
72 그러니 죽은 자라는 것이 얼마나 위대한 것인가?
73 죽은 자의 그 삶을 살라.
74 너희가 정녕 죽은 자라면 무엇을 알겠는가?
75 너희가 그를 듣고 알고 대답하며 같이 언성을 높이며 너희 주장을 강요하는 것은, 너희는 죽은 자가 아니라는 의미임을 알라.

5,874 번째 하나님 말씀

2003년 4월 8일 12시 12분

1 사랑하는 나의 아들아!
2 "네, 아버님! 말씀하옵소서."
3 내가 아름답게 살다 나에게 구원을 받으라 하여 나의 백성을 세상에 내보냈으며,
4 너희가 노력하는 것만큼 거두어 먹고 살 수 있도록 모든 것을 다 주고 아름

답게 살라 그리 말하였음이니라.
5 그러나 그 백성이 잘못 살아가며 길을
잘못 간다 하면, 과연 바라다보는 나
여호와의 마음은 어떠하겠는가?
6 오늘의 삶이 고달프며 오늘 나의 성전
에 와 나의 아들이 가르치는 강론을
들으며 그 교육을 받는 너희는, 너희
가 소중하고 위대하다 생각지 아니할
것이니라.
7 그러나 너희는 여기서 깨우쳐야 할
것이니라.
8 수천 수억의 인구가 있으며 모든 백성
이 존재하는 이 세상에 나의 음성을
들으며 나의 뜻대로 살아가고자 하는
백성이 하나도 없으며,
9 내가 너희에게 맑은 생수를 마시라
하였으나 생수를 마시는 백성이 하나
도 없다 할 때,
10 지금 바로 앉아 있는 세 명의 백성이
그 생수를 마시는 백성이라면, 너희가
얼마나 소중하며 귀한 나의 자식이요,
아들딸인지 생각해 보았느냐?
11 이 세상 수십억의 백성이 살아가면서
나의 뜻에 따라 하늘에 오르며 공부하
며 진리를 깨우친다는 자들이 재물을
모으며, 물질을 모으며, 물량에 제 마
음을 다 바쳐 가는 사악한 그 형국에
썩은 냄새가 나는 이 지상에서,
12 오로지 너희만이라도 이 아침에 나의
성령을 들으며 나의 법전을 들으며 나
의 강론을 들으며 나의 뜻에 살아가고
자 세 사람이 앉아 있다면,
13 그 모습이 얼마나 소중하며 얼마나 귀
한 백성이라 너희는 생각하겠는가?
14 너희가 읽는 '심청전'이라 하는 책이
있지 않은가?
15 그 부모의 눈을 뜨게 하려고 그 여식
이 몸을 팔아 바닷속에 던져졌음이니,
16 그 바닷속에서 그 여식이 아름다운 한
송이 연꽃으로 피어났다면, 망망대해
에 피어 있는 그 꽃이 얼마나 소중하
고 아름답더냐?
17 그 꽃 속에 너희 세 명이 앉아 있는 모
습이라 생각한다면 너희는 어찌 생각
하겠는가?
18 바다 위에 떠 있는 그 연꽃에 내가 너
희 세 사람을 태워 유람을 시키는 내
마음이라 하면, 그와 같이 너희에게
해 주고 싶으며 역사해 주고 싶은 것
이 내 마음이라면, 과연 너희는 이를
믿겠는가?
19 이 세상 수십억 인구 중에 나의 뜻을
거역하며 내 뜻을 따르는 자가 없음이
니,
20 이 아침 너희가 나의 성전에 와 나의
아들이 내리는 강론을 들으며 내 뜻을
들으며 내가 원하는 방향으로 살아가
고자 셋이 모여 앉아 공부하는 모습이
얼마나 귀하고 소중한지 아는가?
21 너희가 '자식을 눈에 넣어도 아프지
않다.' 그리 말하듯이, 그보다도 더 내
가 눈에 넣어도 넣어도 아프지 않은
너희라면 믿겠는가?
22 이 세상천지에 너희 세 개의 알이 가
장 소중한 생명이라면 어찌하겠는가?
23 수십억의 알이 바닷가에 널려 있으며
모든 새가 그 생명의 알을 낳았으니,
그들이 부화하여 새 생명으로 태어나
고자 하나,
24 나머지 알들은 다 새 생명으로 태어날

수가 없으며 다 죽는 것이고,
25 오로지 세 알만이 새 생명으로 태어
나 새들의 명맥을 유지한다고 생각하
면,
26 세 알이 얼마나 소중하며, 세 개의 알
이 얼마나 귀한 것인지 그들은 알 것
이니라.
27 모두는 거기 와서 경배하며 기도할 것
이며, 그 새들은 그를 보호하기 위하
여 목숨을 다 바쳐 장벽을 치는 것이
말 못하는 짐승이 가는 길이며 행하
는 길이니라.
28 그러나 인간들은 그러하지 못하니 어
찌한단 말이더냐?
29 너희 셋이 나의 성전에 앉아 그 공부
를 하며 성령을 듣는 것이 새 생명으
로 태어날 수 있는 것을,
30 그러나 인간들은 너희를 짓밟으며 죽
이려 하며 그를 뭉개니,
31 장벽을 쳐서 알을 보호하는 그 짐승만
도 못한 것이 인간의 마음이니, 나의
마음이 얼마나 아리고 저리겠는가?
32 너희를 보는 나의 마음이 그러하느니
라.
33 모든 새가 자기들의 대를 이으려고
알을 낳았으나, 그 알들이 다 부화할
수 없으며 다 썩은 알이고, 그중에 단
세 개의 알만이 새 생명으로 태어날
수 있는 알이라 할 때,
34 모든 날짐승은 자기들의 뿌리를 지키
려고 장막을 칠 것이며, 외부에서 그
를 해하고자 오는 것이 아무리 강적이
라 해도 제 목숨을 던져 지킬 것이니
라.
35 그러나 가장 지혜를 높이 가졌으며 가
장 높은 깨달음을 가진 자들이 그를
짓밟으며 더 길을 터 주며 그를 깨고
자 하는 것이며,
36 제 알이 존재하지 못함이니 남의 알이
요, 남의 새끼가 존재하는 것을 볼 수
없도록 뭉개는 것이 너희들이니, 그
속에 서 있음이니라.
37 그리하여 다 썩은 알 속에 새로운 세
개의 알이 여기에 있음이니,
38 그 새들이 그를 보호해 주는 마음보다
도 수천수만 배 더 강한 것이 내가 바
라보는 나의 마음이니,
39 너희가 있음을 내가 기뻐하며, 너희가
있기에 내가 행복이 있으며, 너희가
있기에 이 재앙을 내가 내리지 아니하
며 심판하지 아니한다면 너희는 믿겠
느냐?
40 나의 성전에 와 공부하며 법전을 읽고
깨닫는 나의 아들을 따르는 제자, 그
들을 위해 내가 오늘 재앙을 내리지
아니하며 물리적으로 심판을 내리지
아니하며,
41 너희가 불로 심판한다는 것을 내가 불
로써 재앙을 내리지 아니하며,
42 물로도 재앙을 내리지 아니하며,
43 세상이 쪼개지고 터지는 그와 같은 재
앙도 내리지 아니함이니라.
44 너희가 이 말을 믿지 못하겠거든, 너
희가 죽고 또 죽을 때까지도 그와 같
은 역사가 영원히 이루어지지 아니한
다면 오늘의 내 말이 맞을 것이며,
45 내가 창조주 여호와니라.
46 물의 재판이요, 불의 재판이요, 어떠
한 재앙도 없음이니라, 너희가 존재하
는 한.

47 그러니 너희가 한번 두고 보라, 너희
가 죽을 때까지 재앙이 내리는가.
48 모든 재앙이 내릴 것이며, 그 재앙 때
나의 아들이 내려와 너희를 구원하며,
구원할 자와 버릴 자를 선별한다 하나,
49 이미 나의 법전으로 역사가 시작되고
이루어지고 있음을 알라.
50 그와 같은 물리적인 재앙이 없을 것이
니,
51 없다면 오늘의 내 진리요, 내 뜻이 창
조주 나의 뜻이라는 것을 알라.
52 그것으로써 너희가 희망을 삼으며, 기
쁨을 삼으며, 행복을 삼으며, 오늘에
선택됨을 알라.
53 모든 새가 그 알 세 개를 보호하여 저
희의 뿌리를 내리고자 하여 지키는
그 마음보다도 내가 수천수만 배 더
강한 마음으로 너희를 보호하고 지킴
이니라.
54 바다 위에 떠 있는 연꽃 속에 너희를
앉혀 놓고 내가 바라보는 마음이니 그
리 알라, 사랑하는 나의 아들딸들아!

5,875 번째 하나님 말씀

2003년 4월 8일 14시 25분

1 사랑하는 나의 아들아!
2 "네, 아버님! 말씀하옵소서."
3 너희가 콩을 심으면 콩이 나며, 팥을
심으면 팥이 나는 것은 엄연한 사실이
니라.
4 그러니 콩을 가꾸는 자는 콩을 심었음
이니 그 콩을 거두며 거기에서 또 씨
앗을 거두게 되는 것은 당연한 사실이
니,
5 너를 따르는 제자들과 나의 법전을 읽
고 깨우친 만백성 너희는 나의 법전
을 이방인이라 하며 또는 사탄이라 하
며 사악한 거짓 선지자가 말세에 세상
에 와 모든 사람을 현혹하는 것이라는
종교 집단이요, 지도자들의 말에 너희
마음이 동요되어서는 아니 될 것이니
라.
6 오로지 너희는 나의 참진리요, 나의
뜻이라는 것을 알고 그리 가면 되는
것이니라.
7 그를 증거하기 위하여 너희에게 깨우
침을 전하노니, 너희는 나의 십계명을
과연 누가 썼다고 말하는가?
8 나 여호와가 직접 십계명을 불로 바위
에다 써 내린 것이 아니더냐?
9 그 위력으로써, 그 기적으로써 모두를
기록하여 너희에게 전하라 하였음이
니, 그리고 너희가 지키고 살라 명한
것이니라.
10 그러니 나의 아들이 법전을 쓰며 새로
운 성경을 받아 기록할 때 그가 무엇
을 암송하며 무엇을 읽고 또 가르치는
가?
11 그는 십계명을 암송하며 십계명을 정
독하며 그리하여 나의 법전을 받음이
니, 바로 무엇이더냐?
12 콩을 심은 데 콩을 걷듯이 십계명을
심고 또 심으니 거기서 나의 성령이
요, 나의 뜻이요, 십계명을 거두는 것
을, 거기서 악을 거두고 사악한 것을
거둔다 하느냐?
13 너희는 그것 하나를 보고 그 이치 하
나를 깨닫는다 해도, 나의 아들이 나
로부터 성령을 받아 160권의 법전을

만들어 세상에 전하는 그 역사를 할
때, 십계명을 암송하고 또 암송함이니,
14 그는 콩을 심고 콩을 거두는 그와 같
은 농부와 같거늘, 어찌하여 너희는
그와 같은 이치 하나도 모른단 말이던
가?
15 나의 아들이 이 법전을 만들며 새로운
성경을 만들 때 나의 십계명을 암송하
지 아니하며 그를 따라 행하고자 아니
한다면,
16 그는 사탄이요, 사악한 자요, 말세에
온 거짓 선지자라 너희가 말할 수 있
으나, 과연 지금의 거짓 선지자가 누
구라 너희는 말하는가?
17 바로 지금 모든 종교 집단의 지도자
그들이 거짓 선지자이니라.
18 나의 아들 예수의 보혈로써 구원을 받
을 수 있다 그리 말하며, 저희가 만든
성전에 와 그저 금화와 은화를 바치면
천국에 갈 수 있고 구원을 받을 수 있
다고 말하는 그들로 하여금 나의 피조
물 만백성이 지옥으로 이끌려 감이니,
19 그게 바로 이단이요, 사탄이요, 사악
한 자라는 것을 알아야 할 것이니라.
20 나의 아들은 십계명을 지키고 살며 십
계명대로 살아야 하며 그와 같이 사
는 것이 하늘에 오르는 길이라 그리
가르치고 또 가르침이니,
21 콩을 심은 데 콩이 나듯이 십계명을
지키고 지키라는 그 속에서 너희가
십계명을 지키고 살 것이며,
22 그 십계명은 나의 뜻을 내가 불로 써
기록하여 전한 것이니 인간이기 때문
에 이를 지킬 수 없다, 인간이기 때문
에 이와 같이 살 수 없다, 인간은 도저
히 이렇게 살 수 없기에 죄를 짓고 용
서를 빌면 된다 그리 말하는 자들과
과연 누구의 말이 틀리던가?
23 그들이 내가 불로 써 내린 그 십계명
도 인간이기 때문에 지킬 수 없다는
것은 팥을 심고 콩을 걷으려 하는 자
들이 아니고 무엇이더냐?
24 그러나 나의 아들은 콩을 심고 콩을
거두고자 함이니, 십계명은 나 여호와
가 내린 것이기에 지키고 지켜야 한다
고 그리 가르치니,
25 과연 너희는 어떠한 길이 진정한 길
이며 내가 명한 자며 나로부터 명을
받아 행하는 자인지 여기서 보면 깨달
을 것이거늘,
26 어찌하여 마음이 동요되며 불안해하
며 흔들리며 최선을 다하지 못하는가?
27 콩 심은 데 콩을 거둘 수 있는 농부처
럼 콩을 심고 또 콩을 가꾸는 그 농부
야말로 그 콩의 씨앗을 거둘 수 있는
것이니라.
28 바로 나의 계명을 지키며 나의 율법대
로 지키라 가르치는 나의 아들을 따라
올 때, 그가 콩을 심고 콩을 거두는 농
부와 같은 자니 그리하여 나의 아들이
라 내가 평함이요, 나의 아들이니라.
29 그리하여 내가 그를 통하여 새로운 성
경이요, 새로운 법전이요, 너희가 지
키고 행할 것을 세상에 내려보내니,
30 너희가 그 소중한 걸 읽고 깨우치면서
도 참뜻을 모르니 얼마나 어리석고 불
쌍한 백성이더냐?
31 이제 너희는 그와 같이 마음이 흔들림
이 있어서는 아니 될 것이니라.
32 불로 쓴 십계명을 지키고 사는 것이

하늘에 오르는 길이며 그를 지키지 않는 자는 구원을 받을 수 없다고 가르치면, 그 이야기를 듣는 백성이 그를 지키겠는가?

33 그를 지킬 수 없는 길이라고 가르치는 자의 말을 듣는 그 백성이요, 그 말을 듣는 신도라는 자들이 지키고 살겠는가?

34 너희는 여기서 그것 하나만 봐도 세상 이치를 다 알 수 있거늘, 어찌하여 너희가 그리 어리석고 깨달음을 못 가는가?

35 이제 사랑하는 나의 아들딸 너희는 너희 자신을 다스려 가는 데 최선을 다하라.

36 나의 법전을 의심치 말며 나의 아들을 의심하지 말며 나의 아들이 강론하는 것을 의심치 말라.

37 그가 그 모두를 다 어찌 기억하여 너희에게 가르치며, 그가 어찌 꽃들의 말을 들어 너희에게 그 꽃의 말을 전해 주며 그들이 원하는 것을 너희에게 깨우쳐 줄 수 있단 말이던가?

38 일반 백성이요, 종교 지도자들과 나의 아들이 다른 점이 여기에 있음이니라.

39 너희는 틀린 걸 알면서도 그를 고치지 아니하고 그냥 가는 것이니,

40 곧 틀린 것을 알면서도 잘못 사는 것이요, 잘못된 것을 알면서도 그대로 행하고 지키는 것은 사행심이요, 욕심이 있기 때문이니,

41 너희가 죄를 짓는 것이며, 그게 바로 지옥으로 가는 길임을 너희는 알아야 할 것이니라.

42 그러나 나의 아들은 잘못됐다 할 때, 잘못했을 때 그를 즉각 고치고 회개하며 그를 반성하며, 두 번 다시 그와 같은 행위를 하지 않는 이것이 차이점이니,

43 너희가 이것을 보며 말로 들을 때는 아무것도 아닌 것 같으나 그 위대한 차이는 말로 할 수 없음을 알아야 할 것이니라.

44 잘못되고 잘못 가는 것을 알면서 지키지 않는 자들은 사행심을 가슴에 갖고 있으니 그 자체가 죄를 짓고 죄짓는 생활을 하는 것이며,, 그와 같은 마음을 갖지 않는 자는 죄를 짓지 않고 사는 것이니 나에게 구원을 받을 수 있다는 것을 알라.

45 내가 너희에게 일찍이 가르쳤느니라.

46 가장 작은 것이 위대하며 가장 작은 것이 소중하며 가장 작은 죄를 짓지 않는 것이 큰 죄를 짓지 않는 백성이라 내가 수없이 나의 법전에 기록하여 전했음이니,

47 너희가 그대로 행하고 살아가는 것이 바로 하늘에 오르는 길이니라.

48 작은 죄가 두렵지 않으면 큰 죄도 두렵지 아니하며 그저 너희가 어떠한 죄를 지어도 두려운 것이 없음이니라.

49 너희가 매일의 삶 속에서 죄를 짓는다 해도 정해진 안식일이라는 날, 손으로 지은 성전에 와 재물을 바치고 기도하고 울고불고 회개하면 다 용서를 받는다고 그리 가르치는 것과, 내 아들이 가르치는 그것과,

50 어떠한 차이점이 있으며 어떠한 것이 어렵고 고통스러운 길인가, 너희 스스로 깨우쳐, 정녕 구원의 길을 가도록

그리하라.
51 너희가 지금 나 여호와의 뜻이요, 나
의 계명대로 살 수 없다고 말하며 죄
를 짓고도 용서를 빌면 살 수 있다 하
여 나의 백성을 지옥으로 이끌어 가는
것뿐만 아니라,
52 그들로 하여금 인간의 가장 중요한 인
화를 파괴하느니라.
53 인간끼리 서로 화목하고 아름답게 사
는 그 자체까지도 말살시키며 파괴하
고 끌고 가는 것이 너희 종교 집단이
며 지금의 지도자들이 가는 길이니,
54 가장 중요한 인화 단결까지도 망가트
리는 너희니 그 죄를 너희가 알게 될
것이니라.

5,876 번째 하나님 말씀

2003년 4월 8일 14시 34분

1 사랑하는 나의 아들아!
2 "네, 아버님! 말씀하옵소서."
3 너희가 건축물이라는 것을 하나 세우
는 것이요, 집을 하나 짓는다 하여도
기초가 얼마나 단단히 서야 하며 다
져져야 하는지를 너희는 잘 알고 있
음이니, 그것이 기본이요, 기초이니라.
4 기초가 되지 못한 곳에 아무리 좋은
재목을 쓰며 물자를 쓴다 해도 제 기
능을 발휘할 수 없음이니, 기초가 흔
들림이라 내가 그리 말하였느니라.
5 그러니 지금 너희가 살아가는 이 세
상에는 온갖 동식물과 수십억의 사람
이 서로 부닥치고 더불어 사는 그와
같은 세상이니, 그곳에서 가장 중요한
것이 무엇이던가?
6 기초 질서요, 신뢰요, 기초를 다짐이
니, 그것이 얼마나 중요한 것인지 너
희는 알아야 할 것이니라.
7 인간 세상의 기초가 다져진 위에 모든
것이 이루어져야 하나,
8 지금의 이 세상은 기초가 무너져 있으
며 기초가 다져지지 아니하였음이니
라.
9 우리에서 풀려난 망아지처럼 어디로
튈지 모르며 어떠한 형국으로 역사할
지 모르는 것이 지금의 인간 세상에서
너희가 살아가는 방법이며 오늘의 기
초가 망가지고 흔들린 형국이니라.
10 운동선수가 던지는, 너희가 말하는 럭
비공이라는 그 공이 그 형태에 따라서
어디로 튈지 예측할 수 없으며 방향을
모르듯이,
11 이 세상의 모든 나의 백성이 지금 살
아가는 것이 방향이 없으며 어디로 튈
지 모르며 어디로 움직일지 모르는 그
와 같이 불안정한 상태며 기초의 뿌리
가 흔들린 이와 같은 세상이니라.
12 온 세상은 다 사악한 마음이요, 오물
을 뒤집어썼으며, 흙으로써, 흙탕물로
써 모든 인간을 칠하여 흙투성이로서
인간의 형태가 보이지 않는 그와 같은
추한 모습으로 너희가 변해 있다면,
과연 너희는 그 말을 믿겠는가?
13 나 여호와가 내려다보는 나의 사랑하
는 백성 너희는 내가 만들어 내려보
낸 그 아름다운 모습이 아니요,
14 모두 오물을 뒤집어쓴 형국이며 흙투
성이로 뒤범벅되어,
15 너희가 짐승인지 사람인지, 예쁜지 미
운지, 남자인지 여자인지 구분할 수

없는 그와 같은 흙투성이로 너희 인간
이 변해 있음이니, 이를 어찌하여야
한단 말이던가?
16 그와 같은 모습으로 변한 것은 무엇
이더냐?
17 타락할 대로 타락하였으며 인간의 본
질을 망각하였으며, 인간의 소중함과
귀함까지도 망각한 이와 같은 세상이
되었음이니라.
18 그러니 그 속에서 사는 나의 백성이
온전한 백성이 거기에 어디 있는가?
19 모두 병들어 죽어 가는 그와 같은 형
국이니라.
20 지금 내가 만든 이 지상의 낙원이 나
의 백성이 죽어 가는 병든 그와 같은
모습으로 전락하고 변했음이니,
21 여기에는 진실이 없으며 위대함이 없
으며 너희를 구원할 참빛의 길이 없음
이니,
22 그리하여 내가 마지막 시대에 너희를
구원하고자 160권의 법전을 만들어
세상에 내려보내니, 이것이 나의 뜻임
을 너희는 알아야 할 것이니라.
23 이제 너희는 알아야 할 것이니라.
24 인간이 살아가면서 거짓 하지 아니하
며 남을 속이지 않은 자는 당당한 모
습으로 살아갈 수 있는 것이 너희 인
간 세상의 삶이 아니더냐?
25 누가 너희에게 아무리 도둑질했다 해
도 도둑질하지 아니한 자, 살인했다
해도 살인하지 아니한 자는 당당하고
용기있는 자세로써 대적하며 살아갈
수 있을 것이니라.
26 그러니 지금 모든 백성 너희가 그와
같은 자세로써 변하는 삶이 되지 아
니하면 구원을 받을 수 없는 것이 지
금의 형국이니라.
27 너희의 육의 삶은 뒤범벅이 되어 무
엇이 옳고 무엇이 그른지 구분하지 못
하며,
28 그저 육의 행복과 육의 향락을 위하여
너희는 마음마저 저버리고 생각마저
도 저버리며 그저 흘러가는 대로 너희
자신을 던져 버리고 사는 것이 아니던
가?
29 그러니 진실의 위대함을 모르며 진실
의 위대한 용기를 모르며 진실이 얼마
나 너희를 방대하게 만드는 것인지 그
자체도 모르고 살아가는 것이 나의 백
성이니라.
30 지금의 믿음에서 허덕이는 자, 그리고
잘못 가는 종교 지도자 밑에서 몸부림
치는 자,
31 이제는 진정 담대한 용기를 가진 백성
으로 변한 모습이 되어야 할 것이니라.
32 그것은 무엇이더냐?
33 거짓이 없고 진실을 가지고 말하는 사
람이 담대한 용기가 있듯이, 너희는
진정한 믿음의 길이요, 하늘에 오르는
길을 바로 찾아야 할 것이니라.
34 지금같이 흙투성이가 되어 오물을 뒤
집어쓴 상태에서는 진정한 용기 있는
생활을 할 수 없으며 담대한 자신을
발휘할 수 없음이니라.
35 그리고 너희가 열정과 열성을 가지고
살아갈 수 없음이니라.
36 너희 자신이 부끄러우며 너희 자신이
두려우며, 죄짓고 사는 그 모습이요,
죄짓는 그 습관 하나도 고치지 못하
기에 나 여호와 앞에 담대한 용기와

열정으로 살아가지 못하는 백성이 너희니라.
37 그러니 이제 내가 너희에게 나의 법전을 통하여 전함이니, 너희는 강한 백성이요, 담대한 백성이요, 용기 있는 백성으로 다시 태어나지 아니하면 아니 될 것이니라.
38 나의 계명대로 하나의 거짓됨이 없이 하나의 허술함이 없이 하나도 지키지 못하는 것이 없이 나의 계명을 철저히 지키고 살아가는 그와 같은 삶을 살아갈 때,
39 너희야말로 용기 있는 백성이요, 담대한 백성이요, 내 앞에 당당히 설 수 있는 백성이라는 걸 알아야 할 것이니라.
40 이제 너희가 내 앞에 당당히 설 수 있는 백성으로서 그 삶을 바꾸지 아니한다면, 너희는 나와 관계없으며 구원을 받지 못할 것이니라.
41 그 길을 내가 가르쳐 주는 것이 나의 법전이니라.
42 나의 법전을 읽고 너희가 살아가는 생활을 바꾸며 행함을 바꾸며,
43 하늘에 오르는 길이 무엇이며 나 여호와가 원하는 것이 무엇인지 법전 속에 다 있으니,
44 그대로 행하고 따라가는 백성은 열정을 가진 용기 있는 백성이 될 것이며, 담대하고 자신 있게 당당히 살아가는 나의 백성으로 변할 것이니라.
45 그렇지 않으면 당당하게 살아갈 길이 없으며 용기가 없으며 담대한 마음을 가지고 살아갈 수 없는 것이 너희라는 것을 알라.
46 너희가 얼마나 잘못 살아가며 사행심을 버리지 못하며 자기 자신을 버리지 못하며 욕심이 그득 찬 삶인지 한번 들여다보도록 그리하라.
47 내가 나의 아들을 통하여 너희에게 전하였느니라.
48 나의 성전에 있는 그 꽃들이 뭐라 말한다 하였느냐?
49 너희가 얼마나 당당한 모습으로 살아가는지, 당당하지 못한 자는 얼마나 비굴한 자며 비참한 자인가를 그들은 다 알고 있다 그리 말하였음이니라.
50 그리고 그 꽃들이 그랬느니라.
51 네가 아무리 천사와 같은 말로써 나의 선지자 앞에 와서 말을 하며, 동료끼리 아름다운 마음으로 말을 하고 남을 칭송하고 천사인 것처럼 그리 말해도,
52 누가 너를 욕하며 너를 시기하며 너의 단점을 들춰냈을 때, 너희는 그를 공격하기를 주저 없이 하며,
53 그를 바로 뒤집어엎으며 언제 천사와 같았느냐는 듯이 그것을 잊어버리고 공격적으로 돌변하며,
54 그리고 시기와 질투요, 남을 짓이기고 무시하는 그와 같은 마음이요, 사랑이라는 '사'자도 찾아볼 수 없이 돌변하는 것이 너희라 하였음이니,
55 그와 같은 마음을 가지고 사는 백성은 아무리 주일에 교회에 가 기도하고 경배하며 재물을 바치고 눈물 흘려 기도하고 울부짖는다 해도, 그 마음의 뿌리를 버리지 못하는 한 너희는 나에게 올 수 없으며 깨달음을 얻을 수 없으며 구원의 길을 볼 수 없다는 것을 알아야 할 것이니 그리 알라.

5,877 번째 하나님 말씀

2003년 4월 8일 14시 37분

1 사랑하는 나의 아들아!
2 "네, 아버님! 말씀하옵소서."
3 '나의 법전을 읽고 나의 아들을 따르는 제자들과 만백성 너희를 내가 사랑하노라!' 그리 말했느니라.
4 그러니 너희는 여기서 나 여호와의 참뜻을 알고 가야 할 것이니라.
5 나 여호와가 너희에게 내린 작은 약속이요, 내가 명한 것은 그대로 다 역사하며 이루어진다는 것을 너희는 알아야 할 것이니라.
6 참진리요, 여호와의 뜻이요, 창조주의 뜻이기에 내가 명한 것, 내가 법전에 기록한 내용, 그 모든 것은 하나도 빠짐없이 다 역사하며 이루어진다는 것을,
7 그리하여 나의 뜻이요, 창조주의 뜻이라는 것을 너희는 믿게 될 것이니라.
8 사탄이요, 사악한 자는 그 약속을 지키지 못하며 그들은 역사하지 못함이니라.
9 그저 그 순간 하나의 묘기를 부릴지언정, 내용이 없으며 미래가 없으며 연속성이 없으며 지속함이 없는 것이 사탄이요, 사악한 자요, 나 여호와 창조주가 내리는 그 약속과 내가 가르치는 것은 영원히 불변함이니라.
10 그리하여 그 약속은 반드시 이루어진다는 것을 너희는 알고 있어야 할 것이니라.
11 그러니 내가 나의 아들을 통하여 나의 법전에 기록하는 것은 무엇이던가?
12 내가 문서로써 작성하여 너희에게 전함이니라.
13 내가 말로써 입을 통하여 구전으로 너희에게 약속하며 가르치는 것이 아니요, 그것도 다 이루어지거늘,
14 내가 글로써 문자로써 너희에게 내리고 약속한 그 모든 것은 반드시 이루어진다는 것을 너희는 믿어야 할 것이며 그는 반드시 역사함을 알라.
15 어느 시기에 어느 시점일지 너희는 그걸 모르나, 나 여호와는 알고 있음이니라.
16 그러하여 내가 문서로써 기록하여 너희에게 계약서를 쓰다시피한 약정서인 나의 법전이요, 새로운 성경에 내려보낸 그 내용은 다 이루어지며,
17 나의 아들을 통하여 너희에게 강론한 것 또한 문서로 남아 기록으로 남음이니 그것도 모두 반드시 이루어진다는 것을 알라.
18 그리하여 그것이 나 여호와요, 창조주요, 만유의 너희 어버이인 내가 하는 것임을 너희가 믿게 될 것이니 그리 알도록 하라, 사랑하는 나의 아들딸들아!

5,878 번째 하나님 말씀

2003년 4월 8일 14시 42분

1 사랑하는 나의 아들아!
2 "네, 아버님! 말씀하옵소서."
3 너희가 이웃과 더불어 살아가며 너희 형제요, 살인하는 자요, 강도질하는 자요, 강탈하는 자요, 그들이 인간으로서는 할 수 없는 그와 같은 짓을 하

는 것은 너희와 관계없다 그리 말할
것이니라.
4 그러나 너희와 무관치 않음을 알아야
할 것이니라.
5 나의 백성 너희의 모든 재물이요, 재
산은 너희 것이 아니요, 내가 관리자
라 하였으니 좀 더 가진 자, 적게 가진
자 그 차이뿐이니라.
6 적게 관리하는 자는 그 고통을 벗어나
지 못하여 죄를 지음이니,
7 너희가 내 재산을 관리하면서 좀 더
가진 자가 나눠서 그에게 준다면 과연
그가 도둑질하며 강도질하며 살인의
길을 가겠는가?
8 이것이 얼마나 사랑이 메말랐으며 황
폐한 세상의 삶인지 너희는 알아야
할 것이니라.
9 백 명이라는 백성이 있다 하자.
10 한 사람이 실패하여 오갈 데가 없고
의지할 데가 없음이니, 어찌할 수 없
이 남의 담을 넘으며 남의 물건을 훔
치며 도둑질을 하게 되었을 때,
11 백 명 중에서 열 명이라도 서로 조금
이라도 모아서 그에게 준다면, 그는
과연 도둑질을 하고 강도질을 하며 그
재물 때문에 살인까지 하는 그와 같은
무서운 일을 저지르겠는가?
12 그는 절대로 저지르지 아니함이니라.
13 이 세상에 너희가 나눔이 없으며 같
이 가고자 하는 것이 없기 때문이니
이와 같은 이치를 깨우치라.
14 지금까지 살아온 모든 종교 지도자요,
집단들이요, 그들의 행위를 내가 나무
라며 탓하는 것이 아니니라.
15 사랑 노래를 부르며 사랑이라는 것을
외치며 사랑만이 저희가 그리 갈구하
는 하늘에 오르는 길이라 하면서,
16 막상 저희는 사랑을 베풀지 아니하고
행하지 아니하니 얼마나 어리석고 불
쌍한 백성인가?
17 그들의 삶을 보고 너희가 바로 서며
바로 깨우쳐 가라고 내가 그를 기록하
여 전하는 것이지, 아무런 관계도 없
는 그 백성을 위해 내가 탓하고자 함
이 아니니라.
18 다만, 내가 탓하여 기록한 것을 보고
너희는 그와 같은 전철을 밟지 말라는
것이 나 여호와의 뜻이니라.
19 모두를 사랑하는 것이 구원을 받는 길
이요, 하늘에 오르는 길이요, 그리고
하늘에 오르기 위해 모두를 다 바치고
살아간다 하면서,
20 막상 그와 같이 베풀고 행해야 할 때
는 보지 아니하며 외면을 함이니, 그
게 무슨 사랑이란 말이냐?
21 말로써 사랑을 베푼다 하며 떡 한쪽이
라도 나눠 먹어야 하는 그 사랑을 베
풀어야 할 때는 너희는 사랑을 행하
지 아니함이니,
22 말로써 부르짖는 그 사랑 때문에 나의
피조물 만백성은 지금 살인하며 강도
질하며 사악한 자로 그리 변했음이니
라.
23 그러니 나의 아들을 따르는 제자들이
요, 나의 법전을 본 백성 너희는 몸소
사랑을 실천하며,
24 열 명이 한 사람을 도둑질하지 아니
하도록 말릴 수 있으며 강도질 아니
하게 말릴 수 있으며 살인하지 못하게
말릴 수 있는 것은,

25 가진 자가 나눠 주며 가진 자가 베풀
어 주며 위로하고 사랑하며 협조하고
살아가면 이 세상은 천국이요, 천사가
사는 세상이 될 것이니라.
26 너희가 말로써 전도하며 말로써 구원
하는 것은 되지 아니함이니라.
27 사랑을 베풀며 나눔을 베풀며 몸소 실
천하며 살아가는 그 속에서 복음이 전
파되며, 나의 법전 또한 전파됨을 알
아야 할 것이니라.
28 말로써 나의 법전을 전하며 말로써 법
전의 내용이 위대하며 말로써 법전만
이 하늘에 오르는 길이라 아무리 부르
짖어도 너희가 행동이 따르지 아니할
때, 그들은 믿지 아니하며 너희를 따
르지 아니함이니라.
29 그러니 행동이 얼마나 중요한 것인지
깨달아야 할 것이며, 말로 하는 사랑
을 하지 말라.
30 그로 인하여 나의 피조물 만백성이 지
금 메마르고 황폐하게 되었음을 너희
는 알아야 할 것이니라.
31 실천하는 그와 같은 삶을 살도록 하라.
32 그것만이 너희가 정녕 그리 갈구하고
원하는 구원을 받는 길이라는 것을
잊어서는 아니 됨을 알라.

5,879 번째 하나님 말씀

2003년 4월 8일 14시 49분

1 사랑하는 나의 아들아!
2 "네, 아버님! 말씀하옵소서."
3 2천 년 전 나의 아들 예수가 그 많은
성경이요, 그 많은 나의 진리를 가지
고 만백성을 구원하고자 인도하는 그
때,
4 그를 따르던 제자 유다라는 자가 은
30개에 나의 아들 예수를 팔았음이니,
그는 무엇 때문에 팔았는가?
5 그 재물이요, 금화와 은화에 눈이 어
두워 나의 아들을 판 것이 아니던가?
6 그리하여 지금과 같이 너희가 잘못
흘러오는 그 세월이 되었으며,
7 내가 진정 너희에게 전하고 깨우치고
자 했던 그 진리가 세상에 내려오지
못했으며 전해 오지 못하고 단절되었
다 내가 그리 말하지 아니하였던가?
8 그러나 지금 2천 년이 흘러오는 그 세
월 속에 얼마나 유다와 같은 백성이
많이 나왔는가?
9 지금 너희가 참진리요, 하늘에 오르는
길을 모르며, 나의 성경이요, 나의 뜻
을 갖고 나의 아들과 나의 이름을 부
르며 금화와 은화를 거둬들이는 데 모
든 것을 다 바치고 있음이니,
10 유다가 재물을 받고 나의 아들 예수를
팔았던 것보다 너희가 나의 피조물
만백성을 지옥으로 이끌어 가는 그와
같은 행위를 하는 것,
11 그리고 나의 성경을 가르친다며 나의
성경으로써 깨우친다 하며 그들에게
서 그 대가를 한도 끝도 없이 거둬들
이는 너희는 바로 어떠한 자인가?
12 바로 유다가 예수를 팔듯이 나의 아들
을 팔아먹은 것처럼 너희가 나를 지
금 파는 그와 같은 행위를 하고 있다
는 것을 알아야 할 것이니라.
13 지금 모든 교회요, 성전이라 하여, 또
집단의 종교 지도자라 하여 너희가
하는 것이 무엇이던가?

14 너희가 정녕 유다와 같은 사악한 그
후손의 뿌리가 아니라면, 너희가 나의
성경을 무상으로 받아 전하고 나의
뜻을 무상으로 받아 전하며 그저 무
상으로 가르쳐 주고 깨우쳐 주는 것이
나에게 선택된 백성이요, 지도자라는
것을 알라.
15 너희가 그와 같이 나의 이름을 부르며
내 아들의 피로써 구원받았다고 그리
말하면서 거둬들이는 것은 무엇이던
가?
16 수천수만 가지 명칭을 붙여 재물을 거
둬들이는 데 연연하고 있음이니,
17 그것이 바로 유다가 나의 아들 예수를
팔았던 것보다도 더 사악한 방법으로
써 지금 너희가 성경을 팔아먹고 있
으며 우리 부자를 팔아먹는 자라는
걸 알아야 할 것이니라.
18 그리하여 그를 단죄하며 그를 다스리
고자 하니,
19 저희가 죽어 가는 것이 견딜 수 없는
고통이기에, 진정한 진리요, 나 여호
와의 뜻인 '하늘에 오르는 길'이요, '하
나님! 말씀하옵소서'라는 이 법전이
요, 책이 세상에 나가는 것을 나오지
못하도록 짓이기며 그와 같이 사악한
생각을 하고 있으며,
20 그를 연구하기를 밤낮을 가리지 아니
하는 자들이 있을 것이며,
21 나의 아들 예수보다도 더 처참하게 단
죄하려는 그와 같은 연구와 연구를 거
듭하는 자, 그와 같은 자가 수없이 이
세상에 있을 것이니, 과연 너희는 어
찌해야만 하겠는가?
22 이제 너희가 뭐라 말하여도 나의 아
들 예수가 재물을 거둬들이지 않았듯
이 너희가 재물을 거둬들이지 아니하
면 나의 아들이요, 나의 뜻에 가는 것
이요,
23 너희가 재물을 거둬들이면서 재물을
거둬들이는 데 수단과 방법을 가리지
아니하고 지금의 종교 집단이요, 지도
자들이 가는 방법으로 그리 간다면,
너희는 유다의 후손으로서 유다와 같
은 자가 되어 있다는 것을 알아야 할
것이니라.
24 재물을 받지 않으면 유다와 같이 자기
스승을 팔아먹는 자가 되지 않을 것이
며, 재물을 원하는 자는 유다와 같은
자라는 것을 잊지 말라.
25 그러니 너희가 나로부터 선택된 종교
지도자요, 백성이라면 고통과 어려운
그 시련의 길을 가면서 나의 성경을
가르치면 될 것이니라.
26 그리한다 하여 너희를 내가 굶게 하지
아니할 것이며 죽게 하지 아니할 것이
거늘,
27 어찌하여 너희는 그 재물을 거둬들이
는 데만 연연하는가?
28 그러하니 너희는 바로 무엇이던가?
29 유다의 후손이요, 유다와 같은 짓을
하고 있음이니,
30 그보다 더 간악한 방법이요, 더 사악
한 방법으로 성경을 팔아먹고 있다는
것을 잊지 말라.
31 이제 성경을 팔아먹은 너희가 팔아먹
을 만큼 팔아먹었으며 거둬들일 만큼
거둬들였으니 내가 그 죄를 묻고자 하
며,
32 더는 이를 묵과할 수 없어 내가 제3의

시대를 열어 지금 심판을 시작함이니,
너희는 그 두려움과 무서움을 알라.

5,880 번째 하나님 말씀

2003년 4월 8일 14시 54분

1 사랑하는 나의 아들아!
2 "네, 아버님! 말씀하옵소서."
3 나 여호와에게 기쁜 단어가 무엇인 줄
알겠느냐?
4 '만원사례'라 하여 너희가 지은 성전
이요, 너희가 지은 법당이요, 또는 너
희가 만든 교회요, 어떤 성막 앞에 '만
원사례'라 기록하는 그와 같은 역사함
을 보는 것이 기쁨이라면 너희는 믿
겠는가?
5 지금 모든 종파요, 집단에서 받을 수
있고 가르칠 수 있는 인원이 그 한계
를 넘었을 때,
6 '만원사례요, 그러니 하나님의 말씀이
요, 하나님의 성경은 다 똑같으니, 인
접 교회로 가서 듣도록 하며, 인접 성
당으로 가서 듣도록 하며, 다른 곳에
가서 듣도록 그리하시오.'라고 양보하
며 안내하는 '만원사례'라는 말을 너
희 교회 앞에 써 놓았을 때,
7 나 여호와의 기쁨은 이루 말할 수 없
음을 너희는 알아야 할 것이니라.
8 사랑하는 나의 아들아, 너의 제자들에
게 그리 물어보라, '만원사례'라 써 붙
여 놓은 교회가 과연 있는가.
9 너희는 그저 한 명이 늘면 앉을 자리
를 더 늘리고자 뜯어고치고 또 때려
부수며, 또 짓고 또 짓는 그와 같은 역
사를 하는 것이니라.
10 그저 남들에게 줄 수 없으며 남들에게
양보할 수 없으며 너희는 감히 그와
같은 생각도 할 수 없음이니라.
11 그저 있으면 있는 대로 물량 중심으로
늘릴 수 있으면 늘릴 수 있는 대로 늘
려 성전을 더 크게 지으며 더 웅장하
게 꾸미며,
12 그와 같은 방법으로써 가는 것이 지금
의 믿음을 가르치는 종교 지도자니,
13 거기에 사랑이 어디 있으며 진실이 어
디 있는가?
14 너희는 그와 같이 욕심에 욕심이 끝이
없음을 알아야 할 것이니라.
15 백 명이 들어가는 곳에 2백 명이 되었
을 때, 백 명을 다른 곳으로 보내는 것
이 아니요,
16 2백 명이 들어앉을 수 있도록 당장 때
려 부수고 지으며, 그리고 또 3백 명
이 되면 또 때려 부수고 지으며 그와
같은 짓을 함이니,
17 부수고 짓는 곳에 들어가는 그 모든
재물은 누구 것인가?
18 나 여호와의 것이며, 만백성 신도들이
편하게 살 수 있는 그 재물을 갖다 너
희의 욕심으로 때려 부수고 또 때려
부수는 데 다 투자하고 있음이니, 그
것이 얼마나 잘못 쓰는 것이며 사악한
행위이던가?
19 너희가 성전이라는 곳에 갖다 바치는
재물도 너희에게 관리하라 준 재물을
잘못 쓴 죄라 내가 하였거늘,
20 백 명이 다니는 교회가 2백 명이 되었
다 해서 또 때려 부수고 2백 명이 들
어올 수 있도록 짓는 그 재물은 과연
누가 갖다 바치며, 누가 쓰며, 그건 낭

비가 아니던가?
21 백 명이 들어갈 수 있는 교회라면 백
명이 넘었을 때 다른 교회로 보내고,
백 명을 가르쳐 내보내고 또 새로운
백 명을 받아 가르치는 순환 교육의
그 역사로 가면 될 것을, 너희는 과연
지금 어떠한 짓을 하고 있는가 그를
들여다보라.
22 교회 앞에 '만원사례'라는 말을 써 붙
였을 때 나 여호와의 가장 큰 기쁨이
요,
23 그와 같이 '만원사례니 다른 교회로
가도 똑같은 성경이요, 똑같은 종교
지도자가 가르치는 곳이니 그곳에 가
공부하시오.' 써 붙이고 안내하는 데
가 있다면, 나의 아들 네가 그와 같이
겸상하며 그와 같이 세상을 다스리는
걸 의논하며 나의 법전을 같이 연구해
도 될 것이니,
24 이 세상천지에 '만원사례'라 써 놓은
교회의 이름이 나올 때 나 여호와의
기쁨임을 너희는 알라.
25 오로지 나의 성전을 관리하는 너의 제
자들이요, 오늘 나의 법전을 읽고 깨
우친 백성이 전사가 되고 지도자가 되
었을 때, 너희의 그 성전 앞에 그렇게
기록될 것이니라.
26 '만원사례니 다음 시간에 오십시오,
다음에 오십시오.
27 그리고 인접 성전으로 가서 공부하십
시오.' 그와 같이 깨우쳐 주고 전하는
것은 오로지 너희밖에 없을 것이니,
28 너희 손으로 '만원사례'라는 그 글을
써 놓는 날을 나 여호와는 기대하고
있음이니 그리 알라, 사랑하는 나의
아들딸들아!

5,881 번째 하나님 말씀

2003년 4월 8일 21시 19분

1 사랑하는 나의 아들아!
2 "네, 아버님! 말씀하옵소서."
3 종교 지도자요, 만백성을 이끄는 너희
는 과연 어떠한 자세로 살아가야 한다
고 너는 생각하느냐?
4 "네, 아버님!
5 하늘을 향하여 한 점의 부끄럽이 없는
삶을 사는 길이 하늘에 오르는 만백성
을 인도하는 목자요, 아버님께 선택된
자라 그리 생각하옵나이다."
6 그러나 지금의 종교 집단의 지도자들
이 가는 길이 과연 어떠하던가?
7 너희의 그 형국을 내가 하늘에서 들여
다보는 그것은 볼 수가 없음이니라.
8 투기를 하는 것이 종교 지도자요, 잡
기를 하는 것이 종교 지도자요, 인간
의 향락과 즐거움이라는 것을 다 누리
며 살아가는 것이 지금의 종교 지도자
요, 잘못된 자들이 가는 형태이니라.
9 그러면서 그들은 뭐라 말하는가?
10 신도라는 자들을 속이며 저 자신을 속
이며 위로는 나 여호와를 속이는 그와
같은 추하고 더러운 행위를 수없이 하
는 것이 지금의 종교 집단에 속해 있
는 지도자라는 것을 너희는 모를 것이
나, 나 여호와를 속일 수는 없음이니
라.
11 그리하여 너희는 또한 어찌하는가?
12 너희가 잘못된 것을 남들이 알며, 잘
못한 것이 세상에 드러났을 때 너희

는 뭐라 말하느냐?
13 종교 지도자도 인간이기 때문에 어쩔
수 없는 것이라 그리 말하느니라.
14 종교 지도자도 인간이기 때문에 저희
도 실수하고 살 수 있는 것이며, 인간
이 즐기는 것을 즐기고 살 수 있다고
그리 말하느니라.
15 너희가 단상에서 설교하며 강론하는
그와 같은 행동과 마음 자세가 과연
평상시 살아가는 생활에도 그리 연장
된다 생각하는가?
16 그와 같이 연장되지 못하는 사악한 자
들이 있기에 이 세상이 이리 썩었으며,
17 나의 사랑하는 백성이 지금 천국이
아니요, 지옥 불로 달려가는 그와 같
은 험악한 길을 가는 것이 지금의 형
국이라는 것을 너희는 알아야 할 것
이니라.
18 내가 너희에게 말했듯이, 하늘을 향하
여 한 점의 부끄럼이 없는 삶을 사는
것이 나에게 오를 수 있는 백성의 삶
이라 하였으니, 그를 가르치는 지도자
의 삶은 어떠해야 하는가?
19 그보다 더 깨끗하고 맑아야 함이니라.
20 그러나 지금 너희가 하는 짓은 정녕
내가 내려다볼 수 없으며 눈 뜨고 볼
수 없는 것이니라.
21 너희 종교 지도자들이 지금 하는 그
짓을 하나하나 기록하여 세상에 보인
다면, 너희 자신이 스스로 고개를 들
지 못할 자가 수없이 있음이니라.
22 그러면서 너희는 정도를 가며 바른길
을 가며 한 점의 부끄럼이 없는 삶을
살아가는 것이라 말로 그리함이니,
23 양심도 없으며 기본도 없으며 부끄럼
도 없으며 회개할 줄도 모르며 반성할
줄도 모르는 것이 너희라면 과연 믿겠
는가?
24 너희는 온갖 잡기를 다 즐기느니라.
25 그리고 일반 백성이 즐기는 향락보다
너희가 더 즐기며 더 제왕적인 대우
속에서 그리 즐기고 살아감이니,
26 그러면서 이름 석 자만 대면 그 지역
에서 명성 있는 자요, 덕망 있는 자요,
그리고 많은 신도를 거느리고 있으며
큰 교회라는 곳에서 강론하며 만백성
에게 대우받는 짓을 하느니라.
27 그러면서 그 뒤의 생활은 감히 내가
들여다볼 수 없는 그와 같은 일반 백
성과 똑같은 행위를 하며, 잡기를 즐
기며, 놀기를 즐기며, 함부로 말을 하
며, 함부로 행동을 하며,
28 그리하여 주변에 있는 친구들이 '과연
네가 종교 지도자로서 그와 같은 행
동을 할 수 있느냐?' 말할 때,
29 '우리도 인간이기 때문에 그리 할 수
있으며, 우리도 인간이기 때문에 어쩔
수 없다'고 변명하는 것이 너희니,
30 그와 같은 지도자 밑에서 어찌 하늘에
오르는 나의 백성이 있을 수 있단 말
이던가?
31 그러니 그와 같은 자 밑에서 하늘에
오를 수 없으며 그와 같은 집단 속에
서는 하늘에 오를 수 있는 백성이 한
사람도 나올 수 없다 함이니 그리 알
라, 사랑하는 나의 아들딸들아!

5,882 번째 하나님 말씀

2003년 4월 8일 21시 26분

1 사랑하는 나의 아들아!
2 "네, 아버님! 말씀하옵소서."
3 잘못 가고 있으며 잘못 가르치는 종교
집단이요, 지도자를 이제 너희가 응징
할 때가 되었으며, 나 여호와가 또한
그들을 응징하고자 함이니라.
4 그들을 뿌리 뽑지 아니하며 다스리지
못한다면 이 세상은 너희가 말하는
나의 성전이요, 하늘과 같은 천국이
지상에서 이루어질 수 없기에, 그들을
응징해야 함을 너희는 알아야 할 것
이니라.
5 그리하여 내가 160권의 법전을 세상
에 내려보내 그 모두를 기본으로 삼
아 그를 배우고 깨우치는 자는 내가
구원할 것이며, 그렇지 아니하는 자는
그 대가를 치른다 하여 내가 지금 심
판의 시대를 열어 가고 있다는 것을
알아야 할 것이니라.
6 지금 이와 같이 말하는 자들, 감히 나
를 능멸하는 자들을 응징해야 할 것
이니라.
7 저희가 천국과 지옥의 그 갈림길에서
나에게 심판을 받지 아니하며, 저희는
지옥 길은 없으며, 오로지 구원의 길
을 갈 수 있으며 구원을 받았다는 집
단,
8 그리고 행동의 소중함은 관계없으며
그저 저희가 만든 성전에 와 믿음이
라는 것을 아우성치고 소리 지르며
광분하는 자들,
9 그와 같은 구원을 받았다 말하는 종교
집단이요, 지도자들 과연 그들이 구원
을 받을 수 있으며 구원을 받을 자격
이 있는가?
10 그들 스스로 반성하며 그것을 점검해
볼 때가 되었음을 너희는 알아야 할
것이니라.
11 그와 같은 자들을 너희가 응징해야 하
며, 그들을 용서해서는 아니 되며, 그
들의 말에 현혹되어서도 아니 된다는
것을 알아야 할 것이니라.
12 너희는 지금 어찌하고 있는가?
13 구원을 받는 데는 아무런 지장이 없으
며 이 세상에서 살다가 죽었을 때 지
옥이라는 것은 관계도 없으며 오로지
구원의 길만 있다고 그리 가르치는 종
교 지도자,
14 저희 성전에 와서 믿음을 그저 부르짖
으며 저희가 말하는 대로 복종하는
자, 그리고 바치라는 모든 감사 헌금
이요, 재물을 그저 아낌없이 바치는
자,
15 그와 같은 길을 가는 백성은 지옥 길
은 관계없으며 그저 구원의 길만 너희
에게 있다고 그리 가르치느니라.
16 그리고 너희는 구원을 받는 데 전혀
지장이 없으며 너희를 보장한다고 그
리 가르치는 종교 지도자들,
17 그와 같은 자들을 이제 응징해야 할
것이며 그들을 단죄해야 할 때가 되었
음을 너희는 알아야 할 것이니라.
18 나 여호와의 성전이요, 내가 만든 이
지구가 지금 얼마나 오염되고 더러우
며 추해져 있는지 알겠는가?
19 바로 그와 같은 자들이니라.
20 그저 저희가 만든 성전에 와 재물을

바치고 기도하는 자는 구원을 받는 데
는 아무런 걸림돌이 없으며 거칠 것이
없으며 그저 무조건 바로 천국의 문에
들어설 수 있다고 그리 가르치는 자
들은 내가 만든 이 지상의 나의 성전
에서 다 떠나야 할 자들이며,
21 그들의 뿌리를 다 뽑아 버려야 할 것
임을 알아야 할 것이니라.
22 나 여호와는 공의의 하나님이라 말하
며 나의 아들 예수의 이름으로써 구원
을 받았다 말하는 자들, 그와 같은 자
들이 지금 어떠한 행위를 하고 있는지
알겠는가?
23 말은 그리하나 나 여호와를 능멸하는
자들이니 그들을 내가 용서치 아니할
것이니라.
24 그들이야말로 나의 법전을 욕되게 하
며 만백성을 심판하는 나의 법전이 세
상에 나오는 것을 막을 것이며 이를
존재치 못하게 하는 자들이니, 그와
같은 자들을 내가 이제 단죄하고자 함
이니라.
25 말로만 나 여호와를 찾으며 나의 아들
예수를 찾으며 그저 우리 부자의 이름
을 팔아먹는 그 거짓된 자들을 용서치
아니할 것이니 그리 알도록 하라, 사
랑하는 나의 아들딸들아!
26 이제는 그때가 되었음을 알라.
27 내가 정녕 용서치 아니한다 함을 알라.
28 그리고 그들이 하는 대로 그 죄의 대
가를 치를 것이며, 그들이 행한 대로
그들은 지옥 불에 가 그 대가를 반드
시 치르는 것이 머지않았음을 알게
될 것이니라.
29 그리하여 내가 그들을 지금 응징하고
자 함을 알라.

5,883 번째 하나님 말씀

2003년 4월 8일 21시 36분

1 사랑하는 나의 아들아!
2 "네, 아버님! 말씀하옵소서."
3 나의 피조물 만백성이 그리 갈구하고
소원하는 구원의 길이라는 것, 그리고
천국의 문에 들어설 수 있는 것, 그 모
두 진정한 믿음의 길을 가는 백성도
그와 같은 말을 하지 아니하느니라.
4 정녕 잘못된 믿음의 길을 가는 자, 그
리고 나로부터 선택되지 않는 백성,
그리고 정녕 구원을 받을 수 없는 자
가 구원을 받았다 말하며,
5 저희는 구원받는 것은 걱정하지도 아
니하며 구원을 받는 것에 관심도 없다
하며 저희는 무조건 구원을 받은 자라
그리 착각하는 그와 같은 자들이 잘못
가는 종교 집단이요, 지도자 밑에서
배우는 신도요, 백성이라는 것을 너희
는 알아야 할 것이니라.
6 너희 인간 세상에서 누구라도 승자가
되는 자는 승자라 미리 말하지 아니함
이니라.
7 묵묵히 제가 승자의 길을 달려가는 것
으로써 승자가 되었을 때 그는 그 자
격이 위대함을 나타내는 것이요,
8 그 목표에 달성하지도 못하며 승자가
될 수 없는 자가 말로써 미리 승자가
된다며, 이긴 자가 된다며, 남에게 지
지 않는 체력을 가졌다며 과시하는
것이니라.
9 그러나 막상 들어가면 그들은 그 목적

지까지도 달성하지 못하며 승자도 되
지 못하며 패자도 아주 처참한 패자로
전락하는 자들이 말로써 승자라 그리
말하는 것이니라.
10 바로 진정한 믿음이요, 참진리의 길을
가는 자는 그와 같이 말을 하지 아니
함이니, 잘못 가는 믿음의 길을 가는
자, 구원을 받을 수 없는 자, 정녕 구
원이라는 것을 몸부림쳐 걱정하고 근
심해야 할 자들이 구원을 받는 것은
아무런 관심도 없으며 문제가 되지 않
는다고 그리 말하느니라.
11 정녕 나로부터 선택되어 진정한 구원
을 받는 백성 너희는 믿음의 방법과
구원을 받는 길에 대해 관심이 없는
것이니, 바로 나로부터 선택된 백성이
니라.
12 지금 모든 종파요, 지도자들이요, 신
도들이 하나가 되어 구원을 받는다 말
하며 구원을 받는 데는 걱정이 없으며
구원을 받는 데는 자신이 있다 말하는
자들이 바로 사탄이요, 이단이니라.
13 지금 내가 내리는 새로운 성경이요,
나의 법전을 읽고 공부하는 나로부터
선택된 백성은 감히 하늘의 뜻이 무서
우며 나 여호와의 존재함이 두려우며,
14 내 이름을 부를 수 있으며 기도할 수
있으며 죄를 빌 수 있는 그와 같은 영
광과 축복만으로도 감히 몸 둘 바를
모르는 자들이며,
15 그 은혜만으로도 몸 둘 바를 모르는
것이 지금 나로부터 선택된 백성이요,
나의 법전을 읽고 깨우친 백성이 가
진 마음 자세며 그들의 믿음의 자세
니라.
16 그러니 그들은 나 여호와를 찾으며 나
의 법전을 잡으며 경배하고 기도할 수
있는 것, 그리고 육이 살아서 나에게
죄의 용서를 빌 수 있는 그 은혜만으
로도 저희가 나에게 갚을 길이 없음
이니,
17 그들은 구원이요, 구원할 방법이요,
이러한 것을 생각하지 아니하는 것이
내가 선택한 백성 너희가 아니던가?
18 이들은 나로부터 선택된 나의 아들의
제자들이요, 법전을 읽은 백성은 그저
계명대로 사는 데만 최선을 다하며,
그리고 저희가 행함이 중요하다는 것
을 깨달아 알고 있기에 선행함에 최선
을 다하며 선행을 찾아다니면서 하고
자 하는 것이 나에게 선택된 백성이니
라.
19 그리하여 지금 나로부터 선택된 백성
은 나에게 감사의 기도를 드리며 영광
의 기도를 드리며, 선행할 일을 찾아
선행을 베풀며 육의 행동을 바로 하기
에도 시간이 부족하며,
20 나로부터 선택된 백성 너희는 선행하
기도 바쁘며 선행을 찾아다니면서 행
하는 그 시간도 부족함이요,
21 남을 용서하고 아름다운 마음으로 살
아가는 삶을 깨우치는 공부요, 너희가
깨우치며 몸소 실천하기도 시간이 부
족하며 노력함이 부족하여 너희는 천
국에 대한 관심도 없으며 천국에 오른
다는 생각도 아니 하느니라.
22 그러나 그와 같이 진실한 믿음이요,
정녕 나 여호와가 존재함을 모르는 백
성이요, 말로써 믿음의 길을 가는 자
들은 천국의 표를 사는 데 정신을 다

쏟으며 천국의 표를 받으려는 생각을
앞세우고 살아가느니라.
23 그러나 나로부터 선택된 백성은 천국
의 표라는 것이 무엇인지도 모르며 그
를 받으려 하지도 아니하며 그를 생
각지도 않는 것이 나로부터 선택된 백
성이니라.
24 다만, 나로부터 선택된 백성이요, 나
의 아들을 따르는 제자 그들은 어찌
살아가는가?
25 오로지 사탄과 악과의 싸움에서 목숨
을 다하여 싸우는 데 앞장서며 최선을
다하며, 나 여호와가 기뻐하는 그 일
을 위하여 그들은 목숨을 바쳐 행하고
자 하며 그를 실천하고자 살아가는 것
이 나의 백성이요, 나에게 선택된 자
들이니라.
26 그들은 부활에 대한 것도 관심이 없으
며 그들은 부활을 원하지도 아니하며
그들이 새 생명으로 태어나는 것까지
도 생각지 않는 것이 선택된 백성이니
라.
27 오늘에 저희가 숨을 쉬며 오늘에 존재
하며 존재하는 육 속에서 선행을 베풀
며 죄를 회개하고 용서를 빌며 지난날
을 뉘우치며 앞으로 천사와 같이 살아
가는 그 삶을 위해서 노력할 시간이
없으며, 생각할 시간이 없으며,
28 바르게 살 수 있는 그 시간이 흘러감
이 초가 아쉬우며 분이 아쉽기에 그들
은 아름답게 살아가고자 천사와 같이
살아가고자 노력하는 그 시간도 없는
것이 나로부터 선택된 백성이니,
29 그와 같이 노력하는 것도 모르는 자
들, 그리고 정녕 참진리를 모르는 자
들이 구원을 받았다고 말하니, 그들이
야말로 지옥으로 갈 자며 천국의 문을
보지 못할 자라는 것을 너희는 알아
야 할 것이니라.
30 이제 너희가 어떠한 길이 하늘에 오르
는 길이며 정녕 구원을 받는 자는 어
찌 행해야 하는지를 나의 법전을 읽고
깨우쳐야 할 것이며 알게 될 것이니,
31 그대로 듣고 깨우친 자는 행하면 구원
을 받을 것이며, 그렇지 못한 자는 나
와 관계없는 자라는 것을 잊지 말라.

5,884 번째 하나님 말씀

2003년 4월 9일 0시 30분

1 사랑하는 나의 아들아!
2 "네, 아버님! 말씀하옵소서."
3 너희가 인간사에 살아가면서 마음먹
기에 달린 것이 너희가 살아가는 기
본이요, 근본이 아니던가?
4 사랑하는 여인이 있으며 좋아하는 사
람이 있으며 만나서 기뻐하는 사람이
있을 때, 그 사람을 생각하며 그 사람
을 만나며 생활한다는 것은 얼마나 마
음이 편안하며 평온한 것인가?
5 그리고 서로 존경하는 사람이요, 서로
소중히 생각하는 사람이요, 그와 같은
사람이 세상에 있다는 것은 너희 인간
의 마음을 얼마나 편안하게 하며 너희
삶을 행복하고 즐겁게 해 주는가?
6 너희가 그와 같이 마음먹기에 달린
것이 인간 세상을 살아가는 기본이요,
근본이니라.
7 그러니 너희가 사랑하는 사람이요, 좋
아하는 사람이요, 존경하는 사람이요,

같이 있고자 하는 사람과 더불어 같이
있으며 대화할 때,
8 너희 스스로 마음을 다스리려 하지 아
니하며 좋은 언어를 생각해서 쓰지 아
니하며 그리고 무엇인가 주고자 하는
마음을 갖지 않는다 해도,
9 너희 가슴속에서, 마음속에서 그리 우
러나옴이니, 그것이 너희가 마음 하나
다스리는 길이니라.
10 너희가 좋아하고 존경하는 사람이 있
는 곳에서는 너희가 생각하지 아니해
도 아름다운 말이 나오며 남이 듣기
좋은 말이 나오며 존경스러운 말이 나
오는 것이니 그리하여 너희 마음자리
가 그리 중요한 것이니라.
11 너희가 믿음이라는 것이 진정 나 여호
와가 존재함을 믿으며 내가 존재하기
에 너희가 구원을 받으며, 세상 모든
자연이 흘러가는 모습을 보고 그 속에
서 오묘함과 신비함을 생각하면서 나
여호와가 존재한다 생각하면,
12 너희가 감히 세상을 추하고 더러운 모
습으로 볼 수 없으며 너희 자신이 악
한 쪽으로 갈래야 갈 수가 없는 것이
너희 마음이니라.
13 그와 같이 마음먹기에 달렸으며 생각
하기에 달렸음이니, 너희 깨달음도 또
한 그와 같으니라.
14 너희가 고통스럽다 생각하고 세상을
살면 고통스러운 것이요, 이 모두는
나 여호와의 은혜요, 은총이요, 영광
속에 살아가는 것이요, 기쁨이라 생각
하면 세상사 모두가 기쁨인 것을 너희
는 알아야 할 것이니라.
15 내가 나의 아들을 통하여 십계명을 그
리 암송하고 강조하는 것이 무엇인 줄
알겠는가?
16 그가 그리 읽으면서 또 암송하면서 그
대로 지킬 수 있도록 변화되는 자신의
모습을 보며 변화되는 것이며 또 암송
함으로써 지키겠다는 마음에 굳은 결
의를 하게 됨이니,
17 스스로 너희도 모르는 사이에 마음이
굳어지며 또 마음이 굳어지는 속에서
너희가 계명을 지키며 남들이 지킬 수
없다는 그 산을 넘는 삶을 사는 것이
니라.
18 그리하여 내가 너희에게 십계명을 암
송하도록 하는 것은 너희가 마음을
다스리면 너희가 마음을 굳건히 하고
자 하며, 너희에게 십계명을 지킬 수
있는 그 자신감을 심어 주기 위하여
내가 그리 십계명을 암송하라 하는 것
이니,
19 그와 같이 너희 자신도 모르는 사이
에 습관이 되어 생활한다면 너희 스
스로 모두 지킬 수 있으며 이룰 수 있
으며, 그 지키고 이루는 속에서 스스
로 기쁨과 영광이 충만함을 얻게 되는
것이 너희 마음가짐이니라.
20 사랑하는 사람이 옆에 있는 것같이
아름다운 마음으로 세상을 보며 그와
같이 아름다운 마음으로 생각하고 산
다면 세상은 정녕 아름답고 귀한 것이
니라.
21 물질이요, 재물에 마음을 팔지 말며
마음을 그곳에 파는 그와 같은 삶을
살아서는 아니 되느니라.
22 물질의 지배를 받는 것이 아니요, 물
질을 지배하는 그와 같은 현명한 사람

으로서 나의 백성이 살 때 너희는 이
세상의 삶의 아름다움을 알 것이며 고
통과 시련을 스스로 이길 수 있는 깨
달음이 있을 것이니 그리 알라.

5,885 번째 하나님 말씀

2003년 4월 9일 0시 34분

1 사랑하는 나의 아들아!
2 "네, 아버님! 말씀하옵소서."
3 지옥과 천국은 너희가 죽기 전에 육
이 존재하는 지금의 삶의 이 시간에서
너희가 선택할 수 있는 가장 중요한
것이며 소중한 때라는 것을 너희는
알아야 할 것이니라.
4 지금 너희가 존재하며 육이 살아서
활동하는 이 시점이요, 이 시기야말로
너희가 지옥과 천국을 선택할 수 있으
며, 그리고 노력 여하에 따라 얻을 수
있는 가장 중요한 시기라는 것을 너희
가 잊어서는 아니 될 것이니라.
5 너희는 그 죽음의 길이요, 지옥의 길
이 무엇인지 알겠는가?
6 최고 영광된 시간이 지금 살아 있는
삶의 이 순간이라는 것을 깨달아야 할
것이며,
7 오늘의 삶에 대해 다시 한 번 감사하
는 마음으로 너희가 지탱하는 마음으
로써 생각하고 살 때, 그리하여 나에
게 감사하며 살며 너희가 존재하는
것을 나의 축복이라 생각하며 그 모두
를 나에게 경배와 기도를 드리면서
영광됨을 감사하는 마음으로 살아갈
수 있는 그와 같은 백성의 마음자리를
굳혀야 함을 너희는 알아야 할 것이
니라.
8 지옥 불로 떨어지며 지옥 불로 간다는
것을 너희는 그저 흘러가는 소리로
들으나,
9 너희가 죽어 와 나에게 심판을 받는
그 순간에 지옥으로 간다면, 그때부터
나와는 아무런 관계도 없는 너희와
그 인연이 끊어짐이니라.
10 그러니 너희가 지옥으로 한번 떨어지
면 그 지옥에서 영원히 나올 수 없으
며, 그 지옥에서 너희가 변화될 수 없
으며 그곳에서 영원히 살아가야 하는
것이 지옥의 형국이라는 것을 알아야
할 것이니라.
11 이는 곧 지옥으로 가는 순간에 나 여
호와와 관계없는 자며 나는 너희와
인연이 없음이니,
12 너희는 지옥에서 영원히 구원될 수
없으며 그곳에서 살아야 하며 그곳에
서 지탱해야 한다는 것을 알아야 할
것이니라.
13 그러한 무섭고 험난한 지옥의 길로 나
의 사랑하는 백성이 수없이 그리 달
려감이니라.
14 오늘도 쉬지 않고 그들이 수없이 그곳
으로 달려가는 삶을 살고 있음이니라.
15 죽어 와 심판을 받고 지옥 불로 떨어
지는 자들이요, 육의 세상에 살면서
지옥 불을 향하여 달려가는 그와 같은
삶을 사는 것이 지금의 너희 삶이라
는 것을 알아야 할 것이니라.
16 이보다 더 소중한 지금 너희의 삶은
없느니라.
17 지구에 역사하는 그 존재 속에 잠깐
켜졌다 꺼지는 촛불과 같이 너희 짧은

인생의 삶에서 지금 숨을 쉴 수 있으
며 생각할 수 있으며 나에게 기도할
수 있으며 나에게 용서를 빌 수 있으
며 너희가 살아갈 수 있는 지금 이 시
간이 천국이냐 지옥이냐 하는 선택권
이 너희에게 있다는 것을 알아야 할
것이니라.
18 지금의 삶을 마치고 나에게 올 때는
너희에게 선택권이 없으며, 너희가 어
떠한 길을 가고자 한다 해도 갈 수가
없으며 역사하고자 한다 해서 역사하
는 것이 아님이니라.
19 심판을 받는 그 순간에 나 여호와는
너희와는 관계가 없음이니라.
20 그리하여 천국에 오르는 자, 내 품에
서 영원히 살 것이며, 그렇지 못한 자
는 지옥으로 가며 그 지옥에서 절대
구원받지 못하며 구원되지 못하고 영
원히 지옥 불에서 갖은 형벌을 다 겪
으며 살아야 하는 것이 너희라는 것
을 알라.
21 지옥 불에 한번 들어가면 너희는 영
원히 구원받을 수 없다는 그 무서운
사실을 이제 알아야 할 것이니 그리
알라.

5,886 번째 하나님 말씀

2003년 4월 9일 0시 43분

1 사랑하는 나의 아들아!
2 "네, 아버님! 말씀하옵소서."
3 너희가 진심으로 나 여호와가 존재함
을 믿으며 하늘의 심판이 있으며 지옥
과 천국이 있다 생각하며 진심으로
그를 믿고 가슴 깊이 생각한다면, 너
희는 두려움을 알게 되어 있으며, 세
상사의 무서움을 알게 되며,
4 다음 세상에 이루어지는 그 역사가 얼
마나 무섭고 힘든 길이 있는가, 그리
고 얼마나 영광되고 축복받는 길이 있
는가 그 모두를 바라볼 수 있는 깨달
음을 얻은 자는 죄를 지으라 짓지 말
라 말할 것 없이,
5 감히 두려워서 너희는 죄를 짓지 아니
하고 살아갈 수 있음을 알아야 할 것
이니라.
6 나 여호와가 존재함을 진정으로 믿는
자는 정녕 죄를 지을 수 없음이니, 죄
를 짓지 아니하고 살아갈 수 있는 백
성은 진심으로 내가 존재함을 믿는 자
이니라.
7 믿지 않는 자가 죄를 짓는 것이며 '설
마' 하는 자가 지금 죄를 짓고 살아가
며, 그리고 저희가 지은 죄를 말 몇 마
디로 용서를 빌면 구원을 받는다고 그
리 말함이니,
8 그것이 잘못되었음을 내가 수십 번 나
의 법전에 기록하여 전했음이니라.
9 그러니 너희가 나를 얼마만큼 진심으
로 믿으며 진심으로 경배하며 내가 존
재하는 것을 마음에 가졌느냐에 따라
서 진심으로 믿는 자는 죄를 짓지 아
니할 것이며, 죄를 짓는 자는 진정 나
를 믿지 않는 자라는 것을 너희는 알
아야 할 것이니라.
10 너희 스스로 너 자신을 심판하며 너
자신을 다스려 보도록 그리하라.
11 너희는 아니라 해도 나를 진정으로 믿
으며 내가 존재함을 안다면 너희는
두렵고 무서운 마음으로써 감히 죄를

지을 수 없는 것이니라.
12 믿지 않는 마음이요, 의혹하는 마음이
있기에 너희가 죄를 짓는 것이며, 사
탄의 유혹에 넘어지는 것임을 잊지 말
아야 할 것이니라.
13 너희가 마음에 죄를 짓고 있기에 나를
볼 수 없으며 나의 음성을 들을 수 없
으니,
14 그리하여 지금 나의 음성을 듣지도 못
하며 깨우치지도 못하며 깨달음이 없
는 나의 백성을 내가 구원하는 방법
이 무엇이 있겠는가?
15 너희가 마음이 변하여 천사와 같이
되어 그와 같이 구원을 받도록 하는
것이니, 그 시간이 없음이니라.
16 그리하여 너희가 천사가 될 수 있으
며 나의 심성을 닮을 수 있는 그 길을
인도하기 위하여 내가 지금 법전을 만
들어 세상에 내려보내며 너희에게 전
함이니라.
17 그리하여 나의 법전을 읽고 정독하며
나의 법전이요, 계명대로 살아갈 때
너희는 나의 음성을 들으며 나를 볼
수 있는 영광과 축복이 너희에게 있
음을 알아야 할 것이며,
18 그와 같이 법전을 최선을 다하여 정
독하고 깨우치고 또 깨우쳐 그 내용대
로 살려고 노력하는 자는 바로 내가
하늘에 오르는 길을 열어 주는 기회를
주며 너희를 구원하고자 하는 것이 나
여호와의 뜻이니라.
19 내가 모세의 시대에 나를 배신했던 백
성이요, 나의 아들 예수의 시대에 또
나를 배신했던 백성, 그들을 내가 구
원하기 위해 오늘에 제3의 시대를 엶
이니,
20 내가 너희를 얼마나 사랑하며 너희가
내 품에 돌아오기를 나 여호와가 얼마
나 문을 열고 기다리는 것인지 내 사
랑하는 마음을 너희가 알아야 할 것
이니라.
21 그리하여 내가 나의 아들을 통하여 내
리는 나의 법전이 만백성의 구원의
빛이요, 너희가 새로 태어나는 생명의
빛이며,
22 오로지 너희가 천국에 오르고자 갈구
하는 것을 나의 법전을 읽고 깨우치며
그리 행하는 자만 그 기회를 얻을 수
있으며 그 길을 알 수 있다 하였음을
알아야 할 것이니라.
23 너희가 아무리 생각하고 구원을 받고
자 하며 천국의 문을 들어오고자 그리
몸부림친다 해도, 너희가 오는 길을
모르면 그곳을 올 수 없음이니라.
24 아무리 현명하고 똑똑한 자라 해도
그 길을 보지 못하는 자는 올 수 없음
이니라.
25 이는 곧 무엇을 의미하는가?
26 나의 법전을 읽고 정독하여 깨우치지
않는 백성은 하늘에 오르는 빛을 볼
수 없으며 그 길을 볼 수 없음이니라.
27 그리하여 내가 나의 아들을 통하여 십
계명 다음에 한 계명을 더 너희에게
직접 내렸음이니,
28 '나 여호와가 존재함을 믿는 그 자체
가 구원의 길에 들어서는 기본이요,
근본이며, 나의 법전을 가슴에 안고
정독하는 자 반석 위에 서서 하늘에
오르는 찬란한 빛을 보게 되는 영광을
얻게 됨이니라.' 하였음이니, 그게 바

로 무슨 뜻인 줄 알겠는가?
29 너희가 마음이 변하며 나의 법전을 읽고 깨우쳐 하얀 마음이 되었을 때, 하늘에 오르는 빛을 볼 수 있다 하였음이니라.
30 그러니 너희가 하늘에 오르는 빛을 보지 아니하는 자, 그 길을 알지 못함이니, 너희가 하늘에 오를 수 있는 길을 못 보게 됨이니라.
31 그러나 너희가 나의 법전을 읽고 또 읽어 정독하고 깨우치고 깨우쳐 행하고자 노력할 때 너희는 반석 위에서 하늘에 오르는 그 찬란한 빛을 보게 됨이니, 그 빛이 무엇인 줄 알겠는가?
32 너희에게 하늘로 인도하는 길을 보이며 길을 열어 줌이니 그 길을 따라오면 되느니라.
33 그 길을 보지 못하는 백성은 구원을 받을 수 없으며, 길을 모르니 저희가 목적지를 어찌 갈 것이며 어찌 나에게 오는 그 길을 올 수 있단 말이던가?
34 바로 나의 법전을 읽고 깨우치는 것이 하늘에 오르는 빛을, 그 길을 볼 수 있는 영광을 얻게 된다는 뜻이 여기에 있음을 알라.

5,887 번째 하나님 말씀

2003년 4월 9일 06시 52분

1 사랑하는 나의 아들아!
2 "네, 아버님! 말씀하옵소서."
3 이 세상에 가장 어리석은 백성이 무엇이던가?
4 자기 아집과 고집을 버리지 못하는 백성이니라.
5 그저 제 고집이요, 제 주장만 최고라 하는 자, 그리고 남의 말을 들으려 하지 않는 자, 세상에 흐르는 법도가 있으며 세상에 규정이 있지 않던가?
6 그러나 그와 같은 것을 무시하며 제 고집이요, 제 생각만 옳다 말하는 그와 같은 자를 너희가 말하기를 벽창호와 같은 자라 말하느니라.
7 오죽 답답하면 그와 같은 말을 하겠는가?
8 그러나 나의 피조물 만백성은 그러한 백성이 너무 많이 있음이니라.
9 상대방의 뜻이요, 그 규정이요, 질서가 있거늘, 그를 다 무시하며 오로지 제 고집만을 주장하는 자, 그와 같은 자가 세상에서는 가장 어리석은 백성이며 짐승만도 못한 것이 아니던가?
10 오로지 앞으로 가는 것밖에 모르며 좌우를 생각하지 못하는 그와 같이 답답한 사람들이 얼마나 많이 있는가?
11 지금 너희는 알아야 할 것이니라.
12 모든 종교 집단 그 속에 있는 신도라는 백성 그들이 그와 같은 형국으로써 가고 있음이니라.
13 오로지 앞만 보고 달려가며 좌우, 뒤를 볼 줄 모르며 저희가 하는 것이 무엇인가를 깨닫지 못하는 백성, 그리고 남의 주옥같은 진리요, 아름다운 말을 들으려 하지 아니하며 그것은 사탄이요, 이단이라 그리 말함이니,
14 그와 같은 백성이야말로 너희가 말하듯이 저밖에는 모르며 제 아집밖에는 모르며 제 고집밖에 모르며 상식 이하의 생각으로 살아가는 자들이니,
15 그들과 상대하고 그들과 역사하기에

는 너무나 벅차며 어려운 것이니라.
16 옳은 것을 옳다 하지 아니하며, 그른
것을 그르다 하지 아니하며, 그저 제
생각이 옳다 생각하면 그른 것도 맞으
며, 맞는 것도 아니라 하는 그와 같은
백성과는 정녕 너희가 어떠한 역사도
이룰 수 없으며 또한 그들을 깨우칠
수도 없는 것이니라.
17 그러나 그와 같은 백성이 지금 이 세
상을 다 지배하고 덮고 있다면 너희는
그를 믿겠는가?
18 한두 명을 이해시키며 한두 명과 상
대하기도 힘든 것을,
19 모든 종교 속에 있는 지도자라는 자들
과 그 신도라는 백성, 그들이 지금 그
러하니라.
20 옳은 것도 제 뜻에 틀리면 틀리는 것
이요, 틀리는 것도 제 뜻에 맞으면 맞
는 것이니 그를 꺾을 수 없는 것이니
라.
21 내가 너희에게 일찍이 짐승도 먹지
않으려 하는 물을 억지로 먹일 수 없
다고 말했듯이,
22 계획과 생각이 있는 자들이 제 고집으
로 옳은 것도 그르다 하며, 그른 것도
옳다고 억지를 쓰는 그와 같은 백성
이 너희가 주변에 한 사람만 있다 해
도 그를 상대하지 아니할 것이며 그
를 이해시키느니 포기하고 살 것이니
라.
23 그러나 이 세상을 덮은 종교 집단의
지도자들이요, 그 신도라는 자들이 지
금 그와 같은 형국으로써 세상을 지배
하며 세상을 그리 살아감이니,
24 그리하여 나의 피조물 만백성이 방향
을 모르며 하늘에 오르는 길 잃은 백
성이요, 그 길을 가는 백성이요, 너희
가 사랑을 베풀고 사는 백성이 중심
이 없으며 질서가 없으며 그들을 보고
배울 것이 없음이니,
25 그리하여 나의 피조물 만백성이 나 여
호와가 존재하지 아니한다 그리하며
나를 믿는 백성이 더 사악하다 말하
니,
26 그들은 벽창호같이 대화가 통하지 아
니하며 말이 통하지 아니함이니,
27 너희가 인간 세상에서 말이 통하지 아
니하며 서로 통하지 아니하며 의사가
소통되지 않는다면 그를 너희는 어찌
봐야 하겠는가?
28 그와 같은 형국이 지금 모든 종교 지
도자들이요, 모든 종교 집단들이 나의
사랑하는 백성을 신도라 하여 그리
세뇌 교육하였으며 그리 가르쳐 놓았
음이니,
29 그들과 어떤 대화를 하며 어떠한 협상
을 하겠는가?
30 그리하여 지금 이 세상이 이리 험악해
졌으며,
31 대화할 수 없는 자, 저희 것만이 최고
라고 하는 자, 그리고 저희 것 외에는
들여다보지 않는 백성이 있으니,
32 지금 이 세상이 이리 사탄이요, 사악
한 말세가 되었음이니라.
33 그러니 그들이 정녕 나의 법전을 읽고
그와 같은 마음을 깨닫지 못하며 돌리
지 못한다면 내가 그들에게서 손을 놓
음이니,
34 그때부터 그들은 심판에 대한 결과에
따라 살아가야 한다는 것을 알아야

할 것이니라.

5,888 번째 하나님 말씀

2003년 4월 9일 09시 16분

1 사랑하는 나의 아들아!
2 "네, 아버님! 말씀하옵소서."
3 세상사 너희가 살아가는 삶에서 남을
용서하며 이해하고 살아가게 되어 있
음이니라.
4 그와 같이 살아가도 서로 불편한 점
이 있으며 서로서로 잘 모르고 이해
못 하여 오해하는 부분이 많이 발생하
는 것이 인간 세상의 너희 삶이니라.
5 그러나 그와 같이 너희가 남을 이해
하고 용서하는 마음을 갖고 살아가고
자 노력해도 오해와 반목이 계속되는
삶을 살아가는 것이니,
6 상대방이 어떠한 생각을 하고 그와 같
은 행동을 한 것인지 그 자체를 알지
못하기 때문이니,
7 남의 마음이요, 남의 속사정을 알지
못하고 대화하고 생각하기에 너희가
그와 같은 불협화음이 생기는 것이니
라.
8 남을 이해하고 남을 용서하며 살아가
는 속에서도 그리 반목하는 일이 계속
되고 있음이니,
9 하물며 너희가 남을 시기하며 남을
질투하며 남을 넘어트리고자 하는 그
와 같은 마음과 생각을 하고 산다면,
10 과연 이 세상은 얼마나 복잡하며 이
세상은 얼마나 실타래처럼 얽히고설
키겠는가?
11 그와 같은 것이 너희의 두 가지 마음
이니라.
12 나의 피조물 만백성은 남을 이해하고
용서하는 너그러운 마음으로 살아가
기 전에,
13 남이 잘됨을 배 아파하며 남을 시기하
며 남을 질투하며 앞에 가는 자를 넘
어트리고자 하는 그와 같은 마음을 가
지고 사는가 하면,
14 반대를 위한 반대의 마음을 가지고 사
는 것이 나의 피조물 만백성 너희니라.
15 케케묵은 몇십 년 전의 감정도, 몇 년
전의 감정도 그것 하나도 서로 풀지
못하며 용서를 구하지 못하고 사는 것
이 너희이니라.
16 너희가 세월이 지나고 나이가 먹어
머리가 백발이 되면, 너희 인생이 젊
었을 때 잘못된 것, 그리고 혈기 왕성
할 때 잘못된 것을 후회하게 되며,
17 또한 너희가 나이 먹어서도 실수한
부분들을, 또 나이 먹어서 남을 미워
하는 것, 저주하는 것, 그리고 남에게
피해를 준 그와 같은 모든 일이 다 후
회스러워지느니라.
18 너희가 후회스럽고 남을 용서하지 못
했던 것을 부끄럽게 생각한다면 용서
하고 이해하고 화해하면 될 것이거늘,
19 아직도 회개를 한다 하면서도 알량한
자존심이요, 네 이름이요, 네 얼굴 때
문에 먼저 손을 내밀지 못하는 것이
나의 백성 너희이니,
20 그게 정녕 회개한 것이요, 깨우치고
반성한 것이더냐?
21 인간사에서 적을 두고 살며 원수와 같
이 생각하고 사는 그와 같은 자를 용
서하지 못하며 그 앞에 손을 먼저 내

미는 마음으로 사는 백성이 되지 못함이니,
22 어찌하여 너희가 그러한 생활을 하면서 나에게 오를 수 있다고 그리 말하는가?
23 너희는 무엇인가를 깨닫고 느꼈으면 바로 실천하는 삶을 살아야 할 것이니라.
24 과거사 잘못한 것을 네가 깨달았으면, 남의 가슴을 아프게 한 일이 있다면 그를 만나 가슴을 열고 마음을 터놓으며 용서를 구하는 것이 너희이거늘,
25 잘못한 것, 잘못을 저지른 것을 알면서도 끝까지 버티며 용서를 구하지 아니하며 그를 외면하고 살아가는 것이 너희 인간의 마음이며 생각의 자세요, 또 대다수가 그리 살아가나니,
26 너희 마음이 과연 그러고도 사랑이 있으며 용서함이 있으며 회개함이 있는가?
27 너희의 믿음 또한 그와 마찬가지니라.
28 너희가 잘못되었다 생각할 때 바로 고쳐 잡으며 바로 서야 하는 것이니라.
29 그러나 너희는 잘못되었든 잘못 가든 그것은 관계없음이니라.
30 오로지 너희가 몸을 담아서 옳다 생각하면 그 믿음만이 진정한 하늘에 오르는 길의 믿음이라는 것, 정녕 회개와 반성을 할 줄 모르는 백성처럼 지금의 믿음의 길을 가는 백성이 반성과 회개를 모르는 것이니라.
31 세뇌 교육이 되어 있기 때문에 너희는 생각의 지수가 떨어졌으며, 내가 너희에게 생각하고 판단할 수 있는 높은 지혜를 주었으나,
32 세뇌 교육되어 그 지혜가 땅에 떨어질대로 떨어져 있으니, 바닥에 기는 개미와 같은 생각을 벗어나지 못함이니라.
33 그저 먹이를 위해서 일하며 살아가려고 단순히 일하는 그와 같은 미물만도 못하게 지금 세뇌교육이 되어 있음이니, 이를 어찌하면 되겠는가?
34 미물은 저희가 잘못되었으며 건너지 못할 다리며 제가 먹지 말아야 할 것은 먹지 않느니라.
35 그러나 너희는 먹지 못할 것도 남이 갖고 먹고자 하면 그것에 재를 털며 뺏으며 그보다 더 많이 갖고자 하는 것이 너희 심성이니,
36 인간의 마음이 얼마나 사악하고 잘못된 것인지 너희는 알겠는가?
37 그러니 내가 너희에게 말하느니라.
38 잘못된 믿음의 길을 가는 자, 잘못 깨우친 자, 그리고 잘못 생각하는 백성, 그리고 종교 집단이요, 잘못된 지도자에게 세뇌된 백성, 너희는 미물이나 짐승만큼도 생각하는 것이 못 하며 그들이 순리요, 자연에 순응하는 이치만큼도 모르고 살아가니,
39 내가 얼마나 불쌍한 너희라 말하였느냐?
40 그러니 너희는 정녕 살아가면서 너희 자신을 반성하고 회개하며 잘못되었을 때 너희가 바로 고칠 수 있는 그와 같은 삶의 변화를 하지 아니하면,
41 너희는 영영 나의 아들딸로서 돌아올 수 있는 천국의 그 자리에 돌아올 수 없다는 것을 알아야 할 것이니라.
42 인간의 그 두 가지 마음, 세 가지 마

음, 그 마음들이 다 옳고 정의로운 곳
에 쓰고 생각할 수 있는 그와 같은 마
음을 갖고 살아야만 되느니라.
43 너희 마음은 악과 선을 놓고 두 갈래
의 싸움이 있음이니,
44 항상 악을 뿌리치고 선이 이길 수 있
는 마음 자세가 아니 되면 남을 질투
하고 시기하는 마음, 내가 갖지 못하
는 것은 남도 갖지 못하게 하는 그와
같은 마음을 갖고 살게 됨이니,
45 너희가 정녕 나에게 올라올 수 있는
백성이 못 되며 선택되어 하늘에 오를
기회가 없다는 것을 알아야 할 것이
니라.

5,889 번째 하나님 말씀

2003년 4월 9일 09시 23분

1 사랑하는 나의 아들아!
2 "네, 아버님! 말씀하옵소서."
3 너희가 주일에 열성껏 나를 찾는 그
교회요, 성전이라는 곳을 나의 피조물
만백성이 뭐라 전하느냐?
4 너희가 주일에 와 열성껏 눈물 흘리며
찬송 부르며 기도한다 하며 나에게 회
개한다 하며 나를 찾는 그곳, 너희가
손으로 지은 교회요, 성전이라는 그곳
에 나 여호와가 존재하며 내가 너희와
항상 같이하며 내가 너희에게 항상 은
혜를 내리는 곳이라 그리 말하느니라.
5 그러나 교회 안에서 나를 믿으며 나를
경배하는 그와 같은 백성이 있는 것이
아니요, 사탄의 종이 되어 있는 곳이
지금의 교회라면 너희는 과연 그 말을
믿겠는가?
6 너희는 내가 항상 존재하며 너희와 같
이하는 곳이 교회라는 곳이요, 손으로
지은 성전이라 그리 말하나,
7 그곳에는 사탄의 종이 된 자가 단상에
서서 나의 사랑하는 백성을 지옥으로
이끌어 가는 그와 같은 행위를 하고
있음을 너희는 알아야 할 것이니라.
8 너희는 절대 그렇지 않다 말할 것이
니라.
9 그러나 너희는 알아야 할 것이니라.
10 거기에 어떤 종교 지도자요, 집단들이
가고 있는가?
11 사악한 방법으로 재물을 갈취하면서
그 모든 것을 나에게 바친다 외쳐대느
니라.
12 수천수만 가지의 감사 헌금이요, 십일
조요, 모든 재물을 거둬들이는 데 혈
안이 되었으며,
13 가장 악랄하고 사악한 방법으로써 영
수증이요, 보관증 하나 써 주지 아니
하며 다음에 갚겠다는 빈 약속 한마디
도 하지 아니하면서 너희는 그저 수
단과 방법을 가리지 않고 갈취하느니
라.
14 그리고 갈취하면서 너희가 뭐라 하느
냐?
15 이는 하늘나라, 나에게 바친다며 그리
외쳐대고 있으며, 우리 부자의 이름을
팔아 너희가 거둬들이는 그와 같은
곳이 곧 무엇이더냐?
16 사탄의 종이 되어 있으며 사탄의 종들
이 지탱하는 장소라는 것을 알라,
17 너희는 하늘에 오르는 길이요, 참진리
요, 그리고 나에게 구원받는다는 것은
지금의 교회 안에서는 절대로 아니 되

며 그곳에서는 구원을 받을 수 없다는
것을 알아야 할 것이니라.
18 너희가 정녕 구원을 받고 나에게 오고
자 한다면, 그 밖으로 뛰쳐나오는 그
와 같은 역사를 이루어야 할 것임을
알라.
19 지금에 사탄의 종이 되어 있는 그 교
회 안에서는 너희는 정녕 구원을 받
을 수 없음이니, 거기서 행해지는 모
든 행위를 보라.
20 종교 지도자는 천사와 같지 아니하며
뒤가 구리고 앞뒤가 다른 그와 같은
행동을 하면 아니 되느니라.
21 종교 지도자가 투기를 하며 보통 사람
이 하는 도박을 하며, 그러면서 도박
을 한 행위를 뭐라 말하느냐?
22 하나님의 뜻이요, 여호와의 뜻이요,
예수님의 뜻이기에 저는 도박을 했다
고 그리 말함이니,
23 거기에 신도들이 아무 말도 하지 못
하며 '아멘, 할렐루야!' 하니,
24 너희는 도적질하고 강도질하고도 나
여호와의 뜻이라 하면 '아멘, 할렐루
야!' 하는 것이 너희 신도들이 가는 길
이요,
25 정신을 차리지 못하는 것이며, 모든
것을 분간하지 못하는 것이 교회 안
에서 이루어지는 그와 같은 형국이니,
너희는 그를 어찌해야 하겠는가?
26 그와 같이 사악한 곳이 그곳이니, 사
탄의 종들이요, 사탄의 백성이 우글거
리는 것이 교회니, 그 안에서는 너희
가 구원을 받을 수 없음이니라.
27 내가 만든 자연의 성전이요, 세상 밖
으로, 교회 밖으로 뛰쳐나와 내가 만
든 성전에서 아름다운 마음을 갖고 살
며 나의 계명에 따라 살아가고자 하는
자는 구원을 받게 됨을 너희는 알아
야 할 것이니라.
28 교회 안, 사탄의 유혹에 의하여 지옥
행 열차를 타는 것이 바로 교회며,
29 너희를 소집해서 지옥행 열차를 타도
록 준비해 놓은 곳이며 그 소집한 장
소가 교회라는 것을 잊어서는 아니 될
것이니라.
30 지금의 교회라는 곳이 어찌 전락하였
는가?
31 나의 사랑하는 백성을 유혹하여 지옥
불로 팔아넘기는 그와 같은 사악한 짓
을 함이니, 너희가 지옥 불로 가는 표
를 팔고 사는 곳이 거기이니라.
32 거기에는 모든 거래가 형성되어 있으
며 암 거래가 형성되어 있으며 뒷거래
가 형성되어 있으며,
33 그저 갖다 바치면 먼저 갈 수 있다 하
여 아비규환인 그와 같은 형국으로 너
희가 재물을 바치며 시간을 바치며 네
육체로 모든 봉사를 다하는 그와 같은
사악한 짓을 지금 하고 있음이니,
34 거기서는 너희가 절대 구원을 받을 수
없다는 것을 알라.
35 거기에서 나오는 자, 나의 자연의 성
전인 나의 교회, 너희가 손으로 지은
그 죄의 온상이 아닌 자연 속에서 살
아가는 그와 같이 아름답게 삶을 사는
것만이 너희가 구원을 받는 것이요,
36 가족 단위로 기도하며 나의 법전을 읽
고 깨우쳐 하늘에 오르는 길이요, 나
에게 회개하는 길이 무엇인가를 정녕
깨달아 너희가 그 길을 본다면 하늘에

오를 수 있으나,
37 지금은 너희가 손으로 지은 죄의 온
상인 교회는 진리를 가르치는 곳이 아
니요, 진리는 뒷전이요, 그저 진리라
는 것은 가르칠 줄도 모르며 진리가
무엇인지도 모르며 하늘에 오르는 길
이 무엇인지도 모르는 자들이 사악한
부정부패만 일삼는 것이 너희가 손으
로 지은 교회요, 그 성전 안에서 이루
어지는 것이니,
38 지금 괴물보다 더 흉악한 모습으로
타락되어 있으며 변한 것이 그곳이니,
그곳에서 너희는 절대 구원을 받을
수 없으며 하늘에 오르는 길을 볼 수
없다는 것을 알라.
39 너희 한 사람이 세상에 살아가면서
얼마나 많은 재물을 평생 바치는가,
그리고 얼마나 많은 것을 그들에게 현
혹되어 바치는가?
40 그들은 거둬들일 때 뭐라 하는가?
41 차라리 저희가 받아쓰려고 거둬들인
다 하면 나음이니라.
42 그러나 그 모든 것은 나 여호와의 뜻
이요, 나 여호와에게 바치며 하늘에
쌓아 놓는다는 그와 같은 해괴망측한
방법으로써 나의 백성을 유혹하고 농
간하니,
43 그곳이 죄의 온상이요, 사탄의 자식이
우글거리는 곳이라는 것을 잊지 말라.
44 너희가 그렇지 않거든 조용히 한번 생
각해 보라.
45 그렇지 않거든 나의 법전을 읽고 하늘
에 오르는 길이 무엇인가, 그 방법이
무엇인가를 비교해 그 점수를 매겨 보
면 알 것이니, 그리하여 법전을 한번
읽어 보라 함이니라.
46 그러나 너희가 그를 읽지 않고 이단이
요, 사탄이요, 마지막 시대에 사악한
거짓 선지자가 하는 짓이라 그리 태우
고 찢어 버리니,
47 너희가 사탄의 자식이라는 것을 증명
함을 알아야 할 것이니라.

5,890 번째 하나님 말씀

2003년 4월 9일 10시 37분

1 사랑하는 나의 아들아!
2 "네, 아버님! 말씀하옵소서."
3 너는 지금 과연 네가 오늘의 가는 길
이 힘들고 어렵다 그리 생각하며, 네
가 불안해하는 마음이요, 너 자신이
무너지는 그와 같은 마음을 갖고 살아
가야 하겠는가?
4 너 자신이 그와 같이 나약하며 그와
같이 네가 깨달음이 약하단 말이던가?
5 "아버님, 이제야 무엇인가를 알 것 같
사옵나이다.
6 아버님께서 제3의 시대, 마지막 심판
의 시대라 하셨으며, 개인이 깨달아
구원의 길에 오르라 하는 것이며,
7 이제 법전이요, 성령의 말씀으로써 만
백성에게 개인을 심판하는 시대라는
뜻이며 그 의미를 이제야 깨달았사옵
나이다.
8 아버님께서 예수님을 세상에 내보내
어 만백성을 구하고자 했던 것은,
9 그로 하여금 아버님의 뜻을 전하여 만
백성을 깨우쳐 그들을 깨우치고자 하
늘의 대표로서 세상에 내려왔으나, 사
악한 무리가 그 뜻을 이루지 못하도

록 하였사옵나이다.
10 그러하니 아버님께서 내리신 하늘의
뜻을 가지고 세상에 내려와 만백성을
구하고자 하는 예수님을 그리 죽게 하
였으며 그 고통스럽게 죽게 하였으니,
그 죄의 대가는 무엇이겠사옵나이까?
11 하늘에서 아버님께서 아들을 내려보
내 세상을 깨우치고자 하였으나 그를
거부하며 그를 죽게 만들었음이니,
12 이제는 인간 세속에서 각자가 깨우쳐
야 할 것이며 각자가 깨달아 하늘에
오르는 길을 가야 한다는 것을 알았
사옵나이다.
13 그리하기에 지금 법전을 내려보내는
것은 만백성이 그를 보고 각자 깨우
쳐 하늘에 오르도록 한 번의 기회를
더 주신 것을 알겠사오며,
14 저 또한 많은 사람 속에서 선택된 자
로서 모두를 대표하는 삶을 살아야
하며 모두를 대신하여 역사하는 중책
이 있다는 것을 알았사옵나이다.
15 마라톤 선수라 하여 월계관을 써 그
의 조국에 영광을 돌리는 것처럼 제가
만백성 중에서 선택된 자로서 만백성
이 보는 가운데 마라톤의 월계관을
써 그 민족에게 영광을 돌려주듯이,
16 아버님의 뜻에 따라 제가 일인자가 되
는 것, 그리하여 누구도 갈 수 없는 그
역경의 길을 가는 것,
17 그리고 한 점의 부끄러움이 없이 살아
가는, 마라톤 선수로서 월계관을 쓰는
그와 같은 길을 가야 한다는 것,
18 저의 제자들도 그 길을 가야 하며 그
리하기 위해 저희가 선택되었으며 그
길을 가라 선택하신 그 은혜를 알겠
사옵나이다.
19 이제는 두려울 것이 없으며 겁날 것이
없으며 제가 무엇인가를 확실히 알았
사오며,
20 아버님께서 제3의 시대에 심판하며
그 시대는 각자가 심판대에서 심판을
받는다는 그 말씀의 뜻을 알았사옵나
이다.
21 법전을 읽고 깨우쳐 깨닫는 자는 심판
을 받을 것이며, 그렇지 못하고 깨달
음이 없는 자는 지옥으로 갈 것이며,
그리하여 우등생이 되라 하는 그 말씀
의 뜻도 알았사옵나이다.
22 이 시대는 인간 스스로 변해야 하며,
아버님께서 모세를 보냈으며 또 사랑
하는 아들 예수를 보내어 그와 같이
역사하시고자 하나, 그를 배신했던 그
백성이 이제는 말씀으로써 내리는 것
을 보고 각자 깨우쳐 하늘에 오르는
길을 선택하여 가는 그 길뿐이니,
23 그 길이 얼마나 고통스럽고 힘든 것인
가를,
24 예수님이 세상에 와 만백성을 구하고
자 할 때 꽃방석에 앉아 기도하는 역
사라는 뜻도 이제 알았으며,
25 이제는 저희가 맨발로 가시밭길을 가
그 길에서 승자가 되려면 그 고통을
이겨야 하며, 그 역경을 이기는 자만
이 정녕 하늘에 오를 수 있는 자며 하
늘에 오르는 길이니 그 가시밭길에서
싸워서 이겨야 하는 것이 저희라는
것,
26 그리하여 그곳에서 바로 설 수 있는
제가 되어야 하며,
27 제가 만백성에게 인간이 천사가 될 수

있다는 것을 보여 줘야 하는 것이 저
의 대명이며,
28 저를 따르는 제자들이 천사가 될 수
있다는 것을 보여 주는 것,
29 이제는 인간은 죄를 짓지 않고 살 수
없다고 말하는 그들에게 인간이 죄를
짓지 않고 그 고비를 넘겨야 하는 그
단계에 와 있다는 것을 만백성에게 모
범이 되어 깨우쳐 주며 전하는 역사를
하겠사옵나이다.
30 아버님, 이제야 환히 보이옵나이다.
31 이제 무엇인가를 알았사옵나이다.
32 인간으로서 월계관을 쓸 수 있고 명
예를 차지할 수 있는 일인자가 되도록
그리하겠사옵나이다, 아버님!
33 저의 제자들과 더불어 그 일인자의 길
을 가도록 그리하겠사옵나이다."

5,891 번째 하나님 말씀

2003년 4월 9일 10시 45분

1 사랑하는 나의 아들아!
2 "네, 아버님! 말씀하옵소서."
3 너를 따르는 사랑하는 너의 제자들과
나의 법전을 읽고 깨우친 백성, 나의
성전에 와 강론을 듣는 그 사랑하는
나의 아들딸들에게 너는 두 무릎 꿇어
그들의 가슴에 심어 줘야 할 것이니
라.
4 '너희는 모두 일인자가 되라.' 그리 전
하라.
5 일인자가 되지 아니하면 나에게 올 수
없으며 나의 전사로서 역사할 수 없다
는 것을 알아야 할 것이며,
6 너희는 일인자가 되는 길을 마다하지
아니하며 달려가고 또 달려가 역사할
수 있도록 네가 무릎 꿇어 그들에게
전해야 할 것이니라.
7 이것이 나 여호와가 간곡히 너희에게
전하는 것이며 너희에게 가장 큰 사
랑이니라.
8 너희가 일인자가 되는 길밖에 없다 그
리 가르치라.
9 너희 제자들은 일인자가 되는 그것밖
에 없다는 것을 알아야 할 것이니라.
10 지금 모든 종교 집단이요, 지도자들이
얼마나 왜곡되며 어리석은 길을 가며
잘못 가고 있는지 아는가?
11 만백성에게 너희가 손으로 지은 성전
이요, 그 교회라는 곳에서 너희가 지
은 죄를 빌면 곧 그것이 모두 사라지
며 그 빛은 없어지는 것처럼 그리 가
르치고 있지 않던가?
12 너희가 살면서 지은 수천수만 가지 그
죄를 너희가 손으로 지은 교회라는
곳에 가서 빌고 회개하면 모두 다 지
워지며 그 죄는 하얗게 되어 너희는
죄가 없는 백성이라 그리 깨닫고 그리
가르치는 자들에게 현혹되어 그 착각
속에 지금 헤매며,
13 너희 자신이 진흙탕에서 벗어나지 못
하고 있는, 그리고 너희의 모습까지
알아볼 수 없는 그와 같이 진흙탕에서
뒹굴어 흉악한 꼴로써 믿음의 길을 가
는 형국이라는 것을 그들에게 전해 줘
야 할 것이니라.
14 너희는 알아야 할 것이니라.
15 내가 너희에게 무어라 말하였던가?
16 육의 세상에서 너희에게 아무리 소중
한 것, 그리운 것, 그리운 사람, 그리

고 아무리 사랑하는 사람이라도 대신
따라갈 수 없으며 같이 갈 수 없으며,
17 너희가 손발이 저리도록 모은 그 재물
이요, 명예요, 부귀영화, 그 무엇 하나
도 너희가 심판을 받을 때는 가져갈
수 없으며 따라올 수 없다고 내가 그
리 말하지 않았더냐?
18 그러나 너희가 선과 악을 육에서 행
하고 살았던 그 삶의 근본이요, 표본
은 하나도 빠지는 것이 없이 너희가
심판을 받는 데까지 따라온다고 내가
그리 가르쳤거늘,
19 어찌하여 그 무서운 뜻을 너희는 모르
는가?
20 어떠한 방법으로도 너희 죄는 지워질
수 없으며 지은 죄가 지워지지 아니하
며 선행을 베푼 것이 날아가지 아니
함을 알아야 할 것이니라.
21 너희는 나로부터 심판을 받는 그 순
간, 내가 너희에게 심판을 내리는 그
순간에 너희가 지금까지 지어 왔던
모든 죄요, 잘못된 것이 그 대가를 치
름으로 인하여 너희에게서 지워지고
떨어지는 것이니라.
22 너희 몸에서 결코 떨어질 수 없으며
지워질 수 없는 것이 너희가 지금까
지 살아오며 지은 죄요, 그 죄는 나로
부터 심판을 받는 그 순간에 용서를
받을 수 있으며,
23 그때 너희에게서 모두 떨어진다는 것
을 알아야 할 것이며, 그전에는 절대
로 떨어지지 아니함이니라.
24 너희의 죄목이 결정되면 지옥에 가서
어떤 고통을 겪을 것인지 죄의 대가를
명을 받아서 돌아설 때, 그때만 너희
에게서 그 무서운 죄목이 떨어진다는
것을 잊지 말라.
25 아무리 용서를 빌고 떨어 버리려 해도
떨어지지 아니하며 애원하고 몸부림
쳐도 떨어지지 아니함이니라.
26 다만, 나로부터 용서받을 수 있으며
그 모든 것이 떨어지는 것은 나 여호
와에게서 너희가 심판을 받아 그 죄목
을 결정짓는 그 순간에만 떨어진다는
그 무서운 사실을 너희는 알아야 할
것이니라.
27 나에게 와 심판을 받기 전까지는 하나
도 떨어지지 않는다는 그 사실을 알
아야 할 것이니,
28 이를 그들의 가슴에 심어 주도록 그리
하라, 사랑하는 나의 아들딸들아!
29 이제 깨우침의 일인자가 되고자 달려
가는 너희만이 그들을 깨우쳐 줄 수
있음을 알아야 할 것이니라.
30 너희가 교회라는 곳에 가 신도로서
울고불고 아무리 용서를 빌고 발버둥
쳐도, 재물을 산더미같이 갖다 바치고
또 바친다 해도 그는 떨어지지 아니함
이니라.
31 그러니 결국 무엇이던가?
32 나로부터 심판을 받는 그 순간에 떨어
짐을 알라.

5,892 번째 하나님 말씀

2003년 4월 9일 10시 55분

1 사랑하는 나의 아들아!
2 "네, 아버님! 말씀하옵소서."
3 나 여호와의 사랑이요, 나의 성령이
바람과 같이 없는 데가 없으며 너희와

같이한다 하였으며, 항상 너희와 더불
어 존재한다 내가 그리 가르쳤으며
그리 전하였음이니라.
4 그러니 너희가 하나하나 움직이는 것
까지 나의 눈에서 벗어나는 것이 없으
며 내 주관하에서 벗어나는 것이 없는
삶이라 내가 그리 말하지 아니하였던
가?
5 그리하여 너희 머리카락 숫자까지도,
털 하나까지도 다 알고 있으며 세는
것이 나 여호와라 너희가 감히 말하
지 않던가?
6 그러면서 너희는 어찌하여 한 입을
가지고 두말을 하는가?
7 그와 같이 나의 피조물 만백성에게 가
르치면서 너희가 손으로 지은 교회
안에 와야 나 여호와가 교회 안에 항
상 상주하며 너희와 다 같이 있기 때
문에,
8 거기에 와서 재물과 금화를 바치며 콧
물, 눈물 흘리며 기도를 드려야만 나
를 만날 수 있으며 나의 은혜를 영접
할 수 있다고 너희는 지금 가르치고
있음이니라.
9 그러니 그들이 얼마나 잘못된 것이며
한 입으로 두말하는 사악한 자인가?
10 이제는 너희가 그들의 실체를 알아야
할 것이며, 그들이 잘못 가르치는 교
리요, 설교를 너희가 이제 분석할 때
가 되었음을 알아야 할 것이니라.
11 너희는 그곳에서 내가 더불어 같이하
고 있지 않다는 것을 알아야 할 것이
니라.
12 내가 너희에게 일찍이 깨우쳐 주기를,
하늘나라에 오는 것은 천사와 같은 자
만 하늘의 사람이니,
13 천사처럼 되지 않은 자를 하늘나라에
내가 갖다 놓는다 해도 그는 숨이 막
히고 질식할 것 같아 견디지 못하며
제 스스로 지옥문으로 기어 내려간다
고 그리 말하지 아니하였던가?
14 너희는 이를 알아야 할 것이니라.
15 그들이 존재하고 살 수 없는 곳이 천
국이라 내가 너희에게 수없이 가르쳐
주지 아니하였던가?
16 더군다나 너희는 나와 더불어 살며
더불어 나와 같이한다 말하며 또한 내
가 그리 더불어 같이하고 있음이니라.
17 그러나 너희가 나와 더불어 하는 것은
나 여호와가 원하는 삶이요, 나와 같
은 심성이요, 천사와 같은 마음으로
변했을 때, 너희와 더불어 내가 같이
한다는 그 역사를 알아야 할 것이니
라.
18 너희가 마음이 잘못되었으며 천사와
같이 변하지 아니할 때, 너희는 나와
더불어 같이할 수 없으며 내 품에서
나와 같이 못 하는 것이며 같이 호흡
을 하지 못하는 것이 너희라는 것을
알아야 할 것이니라.
19 인간 세상에서도 너희는 어찌하는가?
20 물과 기름이라는 것은 정녕 하나가 될
수 없으며 하나로 역사할 수 없다고
너희가 말하며, 실제로 그와 같이 될
수 없지 않던가?
21 이 세상에 나의 사랑으로써 너희를
다 감싸고 있으며 나의 성령으로써 바
람처럼 너희를 감싸고 있으나, 너희가
천사와 같은 마음으로 살고자, 나 여
호와의 심성을 닮아가고자, 계명을 지

키고자 발버둥치고 노력하지 않는 백
성은 내 성령의 품 안에 있으면서도
정녕 나와 같이하는 자가 아니라는 것
을 너희는 알아야 할 것이며,
22 그와 같이 노력하는 자만이 나와 더불
어 같이하는 자라는 것을 너희는 알
아야 할 것이니라.
23 천사와 같이 할 수 없는 자, 그 심성을
닮지 아니한 자, 그와 같은 자는 나와
같이할 수 없음을 너희는 알아야 할
것이니라.
24 나의 아들 예수가 뭐라 그리 말하였던
가?
25 그는 이 모든 것을 지키며 명하는 것
을 또 순종하고자 그대로 살아가는 그
한세상의 삶을 나의 아들 예수도 그리
살았느니라.
26 그리하여 나의 아들 예수도 육의 삶
속에서 천사와 같은 마음이요, 아름다
운 마음을 지키고 살았으며 그 역사함
을 그리 지켰던 나의 아들 예수도 죽
음 앞에서 뭐라 나에게 기도를 했더냐?
27 그 예수도 나에게 그리 말하였느니라.
28 '아버지, 이 잔을 정녕 제가 받지 아니
하고 비켜 갈 수는 없나이까?' 그리
말하였음이니, 그가 왜 그리 말하였던
가?
29 그도 내 말을 듣지 아니하며 내 뜻을
따르지 아니할 때에는 물과 기름과 같
이 됨이니, 그리하여 그 또한 나에게
오를 수 없음이니라.
30 그리하여 그가 그와 같은 애절한 기도
를 드림은 무엇인가?
31 물과 기름이 합칠 수 없으니 물은 물
이요, 기름은 기름이 되어야 하기 때
문이니,
32 그 또한 천사와 같은 마음이요, 나 여
호와의 심성을 닮아야 하기에 그가
그와 같은 애절한 기도를 하였음이니
라.
33 그러면서 그는 마지막에 뭐라 말하였
느냐?
34 그는 '제 뜻대로 하지 마시고 아버지
여호와의 뜻대로 행하여 주옵소서.'
하고 기도하며 숨을 거두는 죽음의 길
을 갔느니라.
35 이는 곧 무엇이더냐?
36 순종이요, 순종은 곧 무엇이더냐?
37 나 여호와와 하나가 됨이니라.
38 너희가 이와 같이 천사가 되지 아니한
다면 나와 같이 있어도 같이 있는 자
가 아니라는 것을 알아야 할 것이니
라.
39 예수가 그와 같이 어려운 고통의 시련
을 거부하지 아니하며 그 길을 간 것
은 나 여호와와 같은 심성이요, 천사
와 같은 마음에서 변화되지 아니하며
순종하는 마음에서 변화되지 아니하
여 그가 나와 하나가 되어 하늘에 오
를 수 있는 길의 영광을 얻을 수 있었
기 때문이니라.
40 그가 그를 거부했다면 기름과 물이 됨
이니, 그 또한 내 옆에 올 수 없었기
때문이니라.
41 예수는 그를 알고 있었기 때문에 그와
같은 기도를 간곡히 드리면서도 나의
뜻에 역사하고자 순종하는 자세로써
모두를 다 받아들였음이니라.
42 그러니 너희도 알아야 할 것이니라.
43 너희가 정녕 육의 세상에서 살아가면

서 천사와 같은 마음으로 되지 아니하
면 육의 세상에서 너희가 내 품에 있
다 하여도 나와 같이 있지 못하는 자
라는 그 뜻을 깨우쳐야 할 것이니라.
44 기름과 물이 하나가 될 수 없듯이 너
희가 천사와 같은 자가 되지 아니하면
내 품에 있으면서도 내 품에 있는 것
이 아니요, 나의 가슴에서 벗어나는
삶을 사는 것이며, 나와는 관계없는
자라는 것을 알라.
45 너희가 이제 천사가 되어 나의 심성과
하나가 되는 것만 하늘에 오름이니라.
46 내가 물일 때 너희가 기름이 되어서
는 아니 되며 내가 기름일 때 너희가
물이 되어서는 아니 됨이니라.
47 내가 물이요, 생수라면 너희가 생수가
되어야만 나에게 오를 수 있음이니라.
48 이제 각자가 생수가 되는 백성을 내가
구원하며 각자 생수가 되고자 노력하
는 자, 나를 닮고자 하는 만백성을 구
원하며 그들을 구제함이니라.
49 진실로 나를 따르며 나를 닮고자 나에
게 순종하며 나와 하나가 되고자 하는
아름다운 심성으로 사는 백성 그들을
내가 구원하는 것이니 그리 알라.
50 각자가 구원받는 시대가 시작되었음
을 만백성에게 전하도록 하라, 사랑하
는 나의 아들딸들아!

5,893 번째 하나님 말씀

2003년 4월 9일 13시 53분

1 사랑하는 나의 아들아!
2 "네, 아버님! 말씀하옵소서."
3 내가 십계명 다음에 하나의 계명을
더 내렸음이니라.
4 '나의 법전을 가슴에 안고 정독하는
자 반석 위에 서서 하늘에 오르는 찬
란한 빛을 보게 되는 영광을 얻게 됨
이니라.' 이 한마디가 무엇을 의미하
는가?
5 모든 종파에 내가 경종을 울림을 너희
는 알아야 할 것이니라.
6 너희가 지금 믿음의 길만 가면 행함은
관계없다 말하니 바로 무엇이더냐?
7 나의 법전이 세상에 나갔으나 그를 읽
지 아니하고 보지 아니하면 너희가
하늘에 오르는 찬란한 빛을 볼 수 없
다고 내가 기록하여 전하는 것은,
8 행함이 없는 믿음의 길을 가도 된다는
너희에게 경종을 울리며 너희에게 내
가 깨우침을 주고자 십계명 다음에 하
나의 계명을 더 내렸음을 너희는 알
아야 할 것이니라.
9 바로 그 계명을 깊이 읽고 정독해 보
라.
10 나의 법전을 가슴에 안고 정독하는 자
는 그 모든 것을 알 수 있다고 내가 그
리하지 않았던가?
11 나의 법전을 안고 정독하는 자 반석
위에 서서 하늘에 오르는 찬란한 빛이
요, 빛이란 길을 말함이니, 하늘에 오
르는 길을 너희가 볼 수 있다 하였음
이니,
12 가슴에 안고 읽고 또 읽는 것이 행함
이 아니던가?
13 그와 같은 의미를 십계명에 한 줄을
더 넣어 지금 가르침이니 너희는 그
뜻을 알아야 할 것이니라.
14 지금 모든 종파가 가는 형국이 무엇

인 줄 알겠는가?
15 나의 아들 예수의 보혈로써 구원을 받으며, 믿음만 행하면 저희가 구원을 받는다 말함이니, 그는 바로 무엇이더냐?
16 세계의 일인자가 되려고 백릿길을 달려 명예의 월계관을 머리에 쓰는 그와 같은 선수들이 훈련하지 않고 말로만 해도 모든 것이 다 이루어질 수 있다고 말하는 것과 같은 어리석은 형국이라 내가 말하였으나,
17 너희는 그와 같은 것을 실감하고 그 뜻을 깨달아 너희 것으로 만들려 하지 아니하며, 지나가는 말로 듣고 없애는 그러한 형국으로 살아감이니 어찌하면 되겠는가?
18 그리하여 내가 계명을 하나 더 넣었음이니라.
19 나의 법전을 가슴에 안고 정독하는 자, 너희가 읽고 또 읽어 행하여야만 하늘에 오르는 길을 볼 수 있다는 것을 거기에다 넣었음이니,
20 너희가 말로써 믿으며 말로써 구원을 받는다는 그와 같은 꿈에서 깨어나야 함을 알아야 할 것이니라.
21 어떠한 것도 행함이 없이는 이룰 수 없다는 것을 너희는 알아야 할 것이니라.
22 지금 모든 종교 집단들이 얼마나 무서운 형국으로써 잘못 가고 있으며 잘못 깨우쳐 가고 있는지 너희는 알고 있는가?
23 너희는 나의 피조물 만백성에게 그리 가르치고 있음이니라.
24 너희는 인간이기 때문에 원죄를 지고 나왔으며, 그리하여 원죄를 지고 나왔기 때문에 죄인이요, 죄를 지고 있다고 그리 말하느니라.
25 그리하여 너희는 이미 죄인이 되었다 그리 말함이니라.
26 그리고 너희는 죄인이 되어 있기 때문에 스스로 노력해서 죄를 면죄 받을 수 없으며 인간으로서는 그 죄의 한계를 벗어날 수 없다고 그리 가르치느니라.
27 그리하여 아무리 선행을 하고 천사와 같은 삶을 산다 해도 너희는 결국 죄를 벗어날 수 없으며 죄를 짓지 않고 살 수 없다 그리 말하니,
28 그리하여 너희의 죄를 대속하는 것은 인간은 죄를 짓지 않고 살 수 없기에 인간은 죄를 대속할 수 없어,
29 죄를 짓지 아니한 깨끗한 사람을 대신 내려보내, 사탄과 싸워서 이길 수 있는 자를 스스로 하늘에서 내려보냈으니,
30 그가 바로 나의 아들 예수라 그리 말하고 있지 않은가?
31 인간은 아무리 깨닫고 아무리 노력하고 아무리 연구해도 인간은 사탄과 싸워서 이길 수가 없으며 사탄을 이길 수 없기 때문에 인간은 죄인으로서 그냥 살아가는 길밖에 없다고 너희가 그리 말하느니라.
32 그리하여 인간은 스스로 죄를 용서받지 못하며 아무리 노력하고 아무리 깨끗이 산다 해도 인간은 그 죄를 용서받지 못하고 깨끗해질 수 없다고 그리 지금 가르치고 있느니라.
33 죄가 없는 깨끗한 사람이 세상에 내려

와서 그가 모든 사탄과 싸워서 이길
수 있으며, 그만이 사탄과 싸워 이길
수 있다 하여 그게 바로 나의 아들 예
수가 세상에 내려온 뜻이라 너희는
그리 말하느니라.
34 그리하여 깨끗한 사람이 내려와 사탄
과 싸워 그 죄를 이기며 그들을 다스
릴 수 있는 그 사람으로 하여금 너희
죄를 다 대속하게 한다고 그리 너희
는 말하고 그리 지금 전하고 있음이니
라.
35 그리하여 나의 아들 예수가 그 역할을
하려고 세상에 내려왔으며 세상에 내
려와서 그 역할을 했다 너희가 그리
말하느니라.
36 인간은 죄를 짓지 아니하고 살 수 없
으며 인간은 사탄과 싸워서 절대 이길
수 없기 때문에 인간의 힘으로써는
대적할 수 없기에 깨끗하며 하나도 죄
가 없는 나의 아들이 내려와 그들과
대적하여 싸워서 나의 아들이 이기는
것을 바라는 것이라 그리 말하며, 나
의 아들은 그 역할을 하려고 세상에
나왔다 너희는 그리 말하느니라.
37 그리하니 사탄을 이길 수 있는 것은
나의 아들 예수 그 하나뿐이니 그가
싸워서 이기면 되며,
38 사탄과 싸워서 이길 수 없는 인간은
아무리 깨우쳐 하늘에 오르고자 죄를
짓지 않고 산다 해도 그를 이길 수 없
기에 너희를 포기한 것이며,
39 나 여호와가 인간에게 기대를 걸지 아
니하며 인간이 사탄과 싸우는 것을 포
기했다 그리 말함이니,
40 사탄과 싸우는 것은 나의 아들이 싸우
며 너희는 그저 뒷전에서 예수가 싸워
서 이기기만을 기다리며 너희는 소리
내어 응원만 하면 된다고 그리하느니
라.
41 그리고 너희는 아무렇게나 살아가도
상관이 없다고 만백성을 깨우치느니
라.
42 싸우는 것은 깨끗한 예수만이 사탄과
싸워서 이길 수 있으며 인간은 사탄과
싸워서 절대 이길 수 없으니, 너희는
그저 예수가 싸워서 이길 때까지 소리
나 지르고 응원이나 하며 찬송이나 부
르고 뒤로 재물이나 거둬들이고 즐기
고 놀면 된다는 심보로 지금 나의 피
조물 만백성을 가르쳐 가느니라.
43 너희가 아무리 십계명을 지키고 율법
을 지켜도 너희 인간은 사탄과 이길
수 없기에 그와 같은 것을 지킬 필요
가 없으며 나의 법전을 지킬 수도 없
으며 그리 지킬 필요도 없다고 지금
그리 가르치느니라.
44 너희가 지금 가르치는 그 골자의 내용
이 무엇이던가?
45 인간은 사탄과 싸울 수 있는 능력이
없기에 나 여호와도 인간이 사탄과 싸
워 이기길 바라지 아니하며, 그러니
나의 아들 예수만이 싸워서 이기면 되
기 때문에 너희는 십계명을 지키려
노력할 필요도 없으며,
46 그리고 너희는 율법을 지킬 필요도 없
으며,
47 지금 내가 새로 내리는 성경이 아무리
좋은 말이요, 아무리 좋은 뜻이요, 나
의 성령이요, 나의 가슴의 뜻을 내려
보낸다 해도 그를 지킬 필요도 없고

돌아다볼 필요도 없다고 그리 말하느니라.
48 싸우는 것은 예수이기 때문에, 너희는 그저 소리 지르며 싸워서 이길 때까지 즐기고 놀면 된다고 그리 말하느니라.
49 그리하여 율법을 지키고 십계명을 지키고 사는 것이 구원의 길이 아니며, 선행을 하는 것도 구원의 길이 아니요, 구원을 받는 것이 아니라 그리 말함이니,
50 인간은 어떠한 짓을 하고 살든 간에 그것은 관계없다 말하느니라.
51 인간은 사탄과 싸워서 이길 능력이 없기에 사탄과 싸워서 이길 수 있는 깨끗한 예수를 나 여호와가 보냈으니,
52 그가 싸워서 이기기만 바라면 된다 하여 '구세주여, 주 예수여!' 그리 부르짖고 있느니라.
53 그리하여 너희는 어떠한 짓을 하든 예수만 믿으면, 그가 싸워서 이기기만 하면 되며 그가 이길 수 있도록 소리나 지르는 그와 같은 짓만 하면 된다고 말하며,
54 어떠한 행위를 하든 그건 상관없다 지금 그리 가르치니, 이 세상이 이와 같이 험악하고 사악한 시대가 되었음이니라.
55 그리하니 나의 아들 예수가 사탄과 싸우기만을 너희가 응원하며 소리 지르면 되지,
56 무슨 십계명을 지킬 필요가 있으며 율법을 지킬 필요가 있으며,
57 160권이라는 법전 그게 무엇이기에 세상에 나와 사탄과 싸워서 인간이 사탄을 이긴단 말이더냐?
58 그리하여 종교의 지도자가 간음을 하며 강간을 하며 노름을 하며 사악한 방법으로써 재물을 갈취하는 그와 같은 죄를 짓고 살아가는 것이 종교 지도자며,
59 그러면서도 그들은 나 여호와의 이름으로 모두를 행한다 하며 그리하고 있으니,
60 이것이 이 세상에 너희가 가는 믿음의 형국이요, 나의 아들이 피 흘려 죽은 대가가 2천 년이 흘러온 지금의 형국이 그러하니라.
61 그러니 너희가 어찌하면 되겠는가?
62 사탄과 싸우는 것은 나의 아들 예수의 몫이라는 것이 지금 사탄이 된 종교 지도자요, 그 밑에서 배우는 백성이요,
63 그리고 모든 신도라는 자들이 지금 거기에 젖어 빠져나오지를 못하고 있으며 그 꿈속에서 헤어나지 못하는 것이니라.
64 내가 너희에게 다시 기록하여 전함이니라.
65 너희 종교 지도자가 뭐라 하느냐?
66 사탄과 싸워서 이기는 것은 하나님이 내린 깨끗한 예수며, 너희는 그저 싸워 이기면 그때 가서 축복과 영광이 있을 것이며,
67 사탄과 싸우고 이 세상에서 뿌리 뽑는 것은 관계도 없으니, 너희가 행하는 것은 아무런 관계도 없다,
68 다만, 예수가 사탄을 물리치면 너희는 천국에 오른다는 생각에 젖어 있어 너희가 마약을 하며 간음을 하며 사기를 치며 그와 같이 사악한 짓들을 하면서도 그건 죄가 되지 않는다 생각하

며,
69 그와 같은 죄는 간단하므로 그저 열심히 싸우는 예수에게 기도하고 경배하면 모두 다 용서받는 것이니 예수가 싸울 수 있도록 찬송 불러 주며 소리 지르고 하나,
70 이미 예수는 죽어 나에게 와 있는 형국이니, 과연 지금은 무엇으로 말하겠는가?
71 구약과 신약이 왜 필요하며 회개가 왜 필요하며 선행이 왜 필요하더냐?
72 놀고먹고 예수가 싸워서 이길 수 있도록 그저 응원만 하면 되거늘, 싸움은 예수의 몫이라 그리 말하고 있음이니라.
73 그렇다면 하늘에 재물을 바쳐야 한다, 재물을 많이 바쳐야 한다는 말을 너희가 어찌할 수 있는가?
74 너희는 예수가 사탄과 싸워서 이기기만 하면 구원을 받는다 하면서 어찌하여 나의 사랑하는 백성에게 재물을 받아 하늘에 쌓아 놓아야 구원을 받는다고 말하는가?
75 너희는 과연 어떠한 자인가, 한 입 가지고 열 가지 말을 하는 자들이 아니던가?
76 사탄과 싸울 능력과 자격이 있는 예수가 싸우는 것이요, 너희는 자격이 없고 이미 진다고, 나 여호와가 인간에게는 기대하지 않는다 하여,
77 선하게 살고 십계명을 지키고 율법에 사는 것은 무가치한 것이며, 그와 같은 것으로써 구원을 받을 수 없다고 말하는 종교 지도자가 있음이니,
78 이것이 지금의 형국이니, 너희는 이를 알아야 할 것이니라.
79 그렇다면 예수가 싸우는 것으로써 너희가 구원을 받을 수 있으며 예수가 사탄을 물리쳤을 때 너희가 하늘에 오를 수 있다면,
80 어찌하여 재물을 바치며 십일조를 바치며 수천 가지 감사 헌금을 바쳐야만, 그걸 하늘에 쌓아야만 구원을 받는다는 말은 어디서 나온 말이던가?
81 너희는 둘 중 무엇이던가?
82 둘 다 엉터리며 두 가지 다 나와 관계도 없는 사기극을 벌이는 것이 너희임을 알아야 할 것이니라.
83 그저 너희는 재물을 바치고 구원을 받아야 하며,
84 그리고 예수가 싸우니 그저 못된 짓, 나쁜 짓 다 하고 살아도 구경하며 소리 지르고 예수가 이길 수 있도록 북돋아 주면 된다 말하는 것이 너희니,
85 그렇다면 지금 너희가 재물을 거둬들이는 것은 무엇을 위해서 거둬들이는가?
86 나의 아들 예수가 싸워서 이길 수 있도록 그 군자금을 만들어 주려고 거둬들이는 것인가?
87 무엇 때문에 재물을 거둬들이는가?
88 예수가 단독으로 싸우며, 인간인 너희는 무엇인가 힘이 될 수 없으며 도움이 될 수 없는 그와 같은 형국이라면,
89 너희는 어찌하여 재물을 걷는가?
90 그게 과연 군자금으로써 예수를 도우려고 재물을 거둬들이는 것이던가?
91 너희는 이 웃지 못할 사기극에서 이제 깨어나야 함을 알라.
92 나의 아들은 이미 죽어 나에게 왔음이

니라.
93 그가 더는 싸우지 아니하며, 그가 싸
우지 못하는 이 형국에서 과연 누가
구원을 받으며 누가 스스로 구원을 얻
어야 할 것인가 너희는 깨우치라.
94 나의 아들은 너희에게 사탄과 싸우는
길이 무엇이며 얼마나 깨끗한 자가 사
탄과 싸울 수 있는 것인가, 사탄과 싸
워서 이길 수 있는 방법을 너희에게
가르쳐 주었음이니, 그게 사랑이니라.
95 그것으로써 나의 아들의 임무는 끝났
음이니,
96 이제는 각자 너희가 사탄과 싸워 이
겨 하늘에 오르는 그와 같은 길밖에
남지 않았거늘,
97 너희는 인간은 절대 이길 수 없다고
말함이니, 그리하여 나의 백성을 지옥
으로 이끌어 가느니라.
98 나의 백성이 계명을 지키고 살 수 있
으며 십계명을 지키고 살 수 있으며
너희 인간들이 예수와 같이 변하여 천
사와 같은 마음을 가질 때 그들이 싸
울 수 있으며 사탄을 이길 수 있음이
니라.
99 내가 나의 법전에 기록하여 전하기를
사탄과 너희는 똑같은 능력과 똑같은
힘을 주어서 세상에 내보냈다는 것을
믿지 않는가?
100 사탄이 너희보다 강하며 너희가 사탄
을 이길 수 없다면, 내가 어찌 너희에
게 사탄과 싸워서 이기라 그리 말하겠
는가?
101 너희가 사탄과 싸워서 이길 수 없는
자를 싸워 이기라 하면 공의의 하나
님이 아니요, 나는 하나님도 아니며
창조주도 아니니,
102 이제 종교 지도자들이 입을 다물 때
가 되었으며, 그들의 잘못된 설교요,
가르침을 너희가 보고 깨우쳐야 할
것이니라.
103 나의 아들은 이미 죽어서 여기 와 있
음이니라.
104 그 사악한 자들이 나의 아들 예수를
죽였음이니,
105 그가 지금 와 있으니 지금도 나의 아
들 예수가 그리 싸운단 말이던가?
106 너희를 대신하여 지금 사탄과 싸우고
있단 말이던가?
107 그리하여 하는 변명이 무엇이더냐?
108 부활하여 예수가 다시 내려와 싸움을
시작할 것이라 너희가 그리 나의 백
성을 우롱하고 속이고 있음이니,
109 이와 같은 말도 안 되는 짓을 하며 생
각조차 할 수 없는 그 간악한 방법으
로써 나의 피조물 만백성을 이끌어 가
고 있으니,
110 그를 보는 나 여호와의 가슴이 찢어지
고 터지는 것을 너희가 알겠는가?

5,894 번째 하나님 말씀

2003년 4월 9일 14시 10분

1 사랑하는 나의 아들아!
2 "네, 아버님! 말씀하옵소서."
3 너희가 사악한 마음을 갖지 아니하며
사탄에게 빠져들지 아니하며 사탄의
종이 되지 아니하여야 나에게 오를 수
있음이니라.
4 그러나 사탄이 너희를 호시탐탐 노리
며 너희가 눈 깜짝하는 순간에 잘못

생각하며 그 짧은 시간에 마음을 잘못
먹는다 해도 사탄에게 넘어짐이니라.
5 너희가 선행하는 것은 나의 백성이요,
천사가 되는 것이요,
6 너희가 사악한 마음을 먹는 그 순간에
사탄이 됨이니,
7 수시로 너희가 사탄에 넘어지며 사탄
의 유혹에 따라 움직이게 되는 것은
마음 하나 잘못 다스리면 그와 같이
되느니라.
8 그러니 너희 주변에서 그 모든 사탄
을 제거하여 하늘의 백성이 되려면
부단한 노력과 너희 자신과 싸움의 연
속이니라.
9 고통과 시련을 겪으며 사탄과 싸워 이
겨 너희가 천사가 되는 길이니라.
10 그러나 지금 모든 종교 집단이요, 지
도자들은 단상에 서서 나의 사랑하는
백성에게 뭐라 말하느냐?
11 사탄과 싸워 이기는 것은 너희 자신의
싸움이 아니요,
12 나의 아들의 싸움이요, 예수의 몫이
요, 이기고 지는 것은 예수의 책임이
라 하느니라.
13 너희가 과연 그러한가?
14 너희가 남에게 가격을 당했을 때 너
희가 아프던가, 예수가 아프던가?
15 너희가 지옥으로 가는 것을 나의 아들
예수가 고통의 지옥으로 가는가, 너희
가 가는가?
16 그와 같은 꿈 같은 소리 하지 말라.
17 너희가 싸워서 이기는 자만 구원을 받
는 것이며, 그 모두는 너희 몫이니라.
18 나의 아들 예수는 내가 그에게 명하여
직접 가르쳐 세상에 내보내는 것은 너
희에게 싸우는 방법이요, 싸우는 무기
를 쓰는 방법이요,
19 무기가 무엇이며, 사탄을 이길 수 있
는 방법을 가르쳐 주고자 하였으나,
20 그 사탄들이 그를 배운 나의 백성을
이길 수 없으며 그들이 완전히 전사가
되었을 때는 사탄이 설 자리가 없기
에,
21 나의 사랑하는 백성이 전사가 되기
전에 나의 아들 예수를 그와 같이 죽
여 그 선생이 제자를 육성하지 못하게
했으며 가르치지 못하도록 한 것이 그
사탄들의 사악한 행위이니라.
22 나의 아들은 사탄에게 져서 사탄에게
죽었음이니라.
23 그러니 너희는 이와 같은 형국을 바라
다보며 이 내용을 너희가 알아야 할
것이니라.
24 나의 아들은 너희를 위해 싸우다가
사탄에게 져 처참히 죽어 왔건만, 2천
년이 흐른 지금도 부르짖는 것이 무엇
이냐?
25 인간은 절대 사탄과 싸워서 이길 수
없으며 나 여호와도 인간에게 그리 기
대를 걸지 아니하고 있다며 내 마음까
지도 그리 아는 양하니,
26 그러니 너희가 나보다 높이 있는 자가
아닌가?
27 나는 그와 같은 생각이 아니거늘, 내
가 그와 같은 생각을 한다고 말하는
너희가 네 조상과 같은 자가 아니냐?
28 이것이 그와 같이 사악한 자며 오만한
짓을 하고 있음이니라.
29 그저 싸움은 예수의 몫이라 뒤로 빠지
는 종교 지도자, 너희가 사탄은 이길

수 없다면 지금의 믿음의 행위는 무엇
때문에 가고 있으며,
30 성전이라는 것은 왜 지어 놓았으며
거기서 성서라 하여 사랑을 베풀고 살
며 아름답게 살라 너희가 그리 말하
고 가르치는가?
31 그저 나의 아들이 싸워서 이기기만 바
라면 되는 것이 너희이거늘, 믿음의
행위 자체도 그리해서는 아니 될 것
이니라.
32 그렇다면 사탄과 싸우는 것은 나의 아
들만이 싸워서 이길 수 있으며 그를
위하여 내가 나의 아들을 세상에 내려
보냈으니,
33 그만이 싸울 자격이 있으며 너희는
싸울 자격이 없으니 싸울 생각도 하지
말라 그리 가르치는 종교 지도자, 그
들이 사탄의 자식이기 때문에,
34 사탄에게 대항하지 못하도록 나의 백
성을 말리며 그들을 속이고 있으며,
35 그들이 사탄과 대적하는 마음을 누르
며 그들을 달래며,
36 사탄을 치려고 칼을 빼는 자들에게
칼을 빼지 말라, 너희는 사탄에게 가
면 죽는다 하고 달래니,
37 누가 피 흘려 싸우면서 그 사탄을 이
기려 하겠는가?
38 그저 가만히 있으면 이긴다 하며 대
신 누가 싸워 준다 하며 대신 싸워서
역사하며 그 전쟁을 승리로 거둔다
하니, 제 자식을 전쟁터로 내보낼 사
람이 어디 있으며,
39 제 스스로 칼을 빼들고 전쟁터에 나가
피 흘리고 팔다리가 떨어지며 피가 튀
기며 제 목숨을 잃는 그와 같은 전쟁
을 하겠는가?
40 그리 칼을 빼지 못하게 함이니, 그 사
탄들만 득세하며 사탄이 이 세상을 다
덮었음이니라.
41 이를 보는 나 여호와가 지금 나의 아
들에게 하늘의 비밀이요, 천기를 내려
보냄이니,
42 이게 사실이며 이 지상에 있는 형국이
라는 것을 알라.
43 너희는 죄 없는 자만 사탄과 싸워서
이길 수 있다면, 그리고 나의 아들 예
수 같은 깨끗한 자가 전쟁터에서 사탄
과 싸워서 이길 수 있다면, 너희 자신
이 예수와 같이 깨끗한 자로 변하여
죄 없는 사람이 되어 예수를 도와주며
예수와 더불어 싸울 수 있는 그 노력
의 길이요, 그 역사의 길을 너희는 감
히 생각하지도 못함이니라.
44 지금 예수가 살아 예수가 사탄과 싸우
는 방법을 다 가르쳤다면,
45 지금의 백성이 제대로 선 백성이라면
천사보다 더 깨끗하게 나 여호와의 성
령으로 너희 자신이 변하여 사탄과 싸
우겠다고 칼을 빼들고 사탄의 목을 치
려 대드는 백성이 세상을 덮었을 것이
니라.
46 그러나 너희는 지금 사탄이 되었으며
사탄의 종이기에,
47 사탄을 치려 하는 것을, 나의 백성에
게 너희가 싸우지 아니하고 나의 아
들 예수가 너희에게 승전보를 전해
줄 것이며 영광과 부귀영화를 갖다 줄
것이니,
48 어찌하여 너희가 변화되며 깨끗해져
예수와 같은 그 전사가 되고자 하느냐

하여, 예수는 혼자 싸우다 힘이 부쳐 죽었음이니,
49 그리 변한 자들이 나의 아들 예수를 지켰다면, 많은 병사가 있었다면 나의 아들 예수는 그리 죽지 아니하였을 것이니라.
50 사탄의 자식들이 싸우고자 하는 나의 백성까지도 사탄으로 몰고 왔으니 이 형국이 지금 그리되었느니라.
51 그리하여 지금 내가 나의 법전을 세상에 내려보내 나의 아들을 통하여 나의 아들을 따르는 그 제자들에게 뭐라 가르치는 줄 아는가?
52 천사가 되어야 한다는 것이요,
53 나의 성령을 받아 깨끗한 자가 되며 한 점의 죄도 없는 자가 되라 그리 말하였음이니라.
54 그 깨끗한 자는 사탄을 이길 수 있으니,
55 예수와 같은 나의 백성이 각자 너희를 보호하며 너희가 싸워 이겨서 하늘에 오르는 그 영광을 받는 일대일의 싸움의 시대라는 것을 알아야 할 것이니라.
56 사탄은 셀 수 없이 많은 숫자이거늘, 나의 백성은 그 숫자에 밀리니 그리 죽음이니라.
57 그리하여 나의 아들을 통하여 내가 160권의 법전을 만들어, 천사와 같은 백성을 세상에 만들어 각자 싸워서 이길 수 있도록 그들을 깨우치고자 하며,
58 사탄에게 속아 제가 사탄인 줄도 모르는 백성이 나의 법전을 읽고 깨우쳐 되돌아와 하늘에 오르는 길을 볼 수 있게 하고자 내가 지금의 이 역사를 하고 있음을 알아야 할 것이니라.
59 너희가 죄 없는 사람이 되면 사탄과 싸울 수 있으니 그 길을 가라, 깨끗한 사람이 되어 천사가 되라고 가르쳤다면, 오늘날 이처럼 되지는 아니하였을 것이니라.
60 그러나 너희는 그와 같이 가는 것이 힘들고 고통스러우며 아무나 갈 수 없는 힘들고 어려운 길이기에,
61 종교 지도자 저 자신이 갈 수 없기에, 그저 싸움은 예수의 몫이니 너희는 되는 대로 살라 그리 가르치고 있음이니라.
62 이 사악한 자들아!
63 너희가 예수처럼 깨끗한 자가 되었다면 사탄과 싸워서 이길 수 있는 것을,
64 그리되라 가르쳤더라면 지금 사탄과 싸워서 이길 수 있는 백성이 이 세상을 덮었을 것이니라.
65 그러나 너희는 노력함이 없이 싸움을 하지 아니하고 싸움을 피하며,
66 그저 예수에게만 힘겨운 싸움을 하게 하였으며,
67 예수만 그들과 싸우며 너희는 뒷전에서 사악한 짓을 일삼으며 즐거운 인생과 육의 행복을 위해 살아온 것이 지금의 너희의 삶이 아닌가?
68 나의 아들 예수는 너희를 위해 사탄과 싸워 목숨을 잃었음이니라.
69 그 처참하게 사탄에게 짓밟혀 가장 고통스럽게 그는 죽었음이니라.
70 지금도 예수가 계속 싸워 줄 것이라 너희는 생각하며, 예수가 재림하여 너희를 대신해 싸워 줄 것을 바라고 있으나,

71 나의 아들은 사탄에게 밀려 죽었으니, 그를 보는 나의 가슴이 얼마나 찢어지고 아팠는지 너희는 아는가?
72 이제는 깨끗하게 변화되어 사탄과 싸우려 대드는 그와 같은 용감한 나의 백성을 나 여호와가 도울 것이며, 그들이 나의 아들딸이니, 내가 그들만을 기억할 것이며 그들을 생각할 것이니라.
73 이제 나의 아들을 따르는 백성이요, 그리고 나의 법전을 읽은 백성, 너희는 나의 아들 예수가 혼자 그 많은 사탄과 싸워서 죽었음이니,
74 너희가 예수와 같이 깨끗한 마음으로 변화되어 사탄과 싸워 사탄을 물리치는 용감한 나의 백성이요, 나의 아들딸로서 거듭나는 그와 같은 역사를 이루고자 하는 것이 나 여호와의 뜻임을 알아야 할 것이며,
75 그리하여 너희가 깨끗한 자가 되며 완벽한 자가 되라 하였음이니라.
76 너희가 깨끗한 자가 되어 완벽한 자가 되었을 때 나 여호와는 너희를 나의 아들 예수처럼 내가 내보낼 것이니, 그때는 너희의 칼을 막을 자가 없으며 당할 자가 없을 것이니라.
77 이제는 너희를 위해 다 싸워야 할 것이며 너희를 위해 힘을 합쳐 너희가 사탄을 죽이는 그와 같은 역사를 이루어야 할 것이니라.
78 처참히 죽어 간 나의 아들 예수가 다시 내려와 사탄과 싸워 주기를 바라며 그가 온다 하며 나의 백성을 속이고 있음이니라.
79 나의 아들이 다시 와서 싸워 준다는 그 명분으로 지금 나의 모든 백성이 천사가 되어 사탄과 싸우고자 하는 것을 막으며 그를 행하지 못하게 하는 것이 지금의 종교 집단들의 지도자이니라.
80 나의 아들이 싸우다 힘이 달려 역부족으로 사탄에게 죽임을 당하였으나, 이제 나의 아들을 대신해 싸울 사람이 없으니,
81 나의 아들이 부활하여 다시 내려와서 또 사탄들과 싸워 그들을 이긴다고 그리 말하고 있음이니, 그것이 바로 너희가 나의 피조물 만백성을 속이는 것이며,
82 나의 백성이 예수의 뒤를 따라 천사와 같은 마음으로 사탄과 각자가 싸우고자 하는 것을 사탄의 자식이요, 사탄의 종이 되었기에 단상에서 나의 백성이 가만히 있어도 이긴다 하며,
83 나의 아들 예수가 부활하여 다시 싸워주며 너희는 싸우지 않아도 된다, 너희는 그저 살다 죽으면 나의 아들이 너희의 영혼을 살릴 것이며 무덤에서 너희를 구원하는 역사가 있을 것이니, 그저 예수만 믿으라, 믿으라 그리 말하나,
84 나의 아들은 역부족으로 그들에게 처참히 죽어 왔음이니라.
85 그가 역부족이 아니며 그들을 이길 수 있었으면 죽었겠는가?
86 그리 처참히 죽어 간 나의 아들이 다시 온다고 또 나의 백성을 그리 속이고 사기극을 벌이고 있으니,
87 이것을 파헤치고 이것을 깨우쳐야 하는 것이 너희임을 알아야 할 것이니

라.
88 그러면서 나의 아들이 다시 내려와 사
탄과 싸워 이기기를 바라며 그때가 온
다, 그때를 기다리면 된다 하면서 너
희는 뒤로는 사악한 행위를 하니 사악
한 행위를 하는 자를 내가 사랑하겠는
가?
89 나의 아들을 죽게 한 그 사탄들을 비
호하는 자, 그들을 보호하는 자, 그리
고 칼을 빼 들고 사탄을 치고자 하는
나의 백성에게 나의 아들이 부활하여
세상에 다시 내려와 그가 천병을 데리
고 와서 사탄을 쓸어버릴 것이니,
90 너희는 피 흘릴 것이 없다, 땀 흘릴 것
이 없다, 그저 먹고 즐기고 장가가고
시집가고 흥청망청 육의 행복을 위해
서 살면 되지, 무엇 때문에 감히 상대
도 안 되는 자들이 싸우려 하느냐 그
리 말하느니라.
91 능력도 안 되며 한 주먹 거리도 안 되
는 너희가 감히 사탄과 싸우려 대드느
냐?
92 너희 몸을 다칠 것이 두려우며 네 살
이 떨어질까 두려우며 네 뼈가 부러질
까 두려우니, 절대 사탄과 대적하지
말라 하여 사탄을 비호하며, 나의 백
성을 사탄의 자식으로 이끌어 가는 이
와 같은 형국이니, 내가 그들을 사랑
하겠는가?
93 지금 나의 아들을 따르는 제자들이요,
나의 법전을 읽고 깨우친 백성이 예
수처럼 깨끗이 변화되어 너희 힘으로
써 각자 사탄과 싸워 이기겠다 대드는
나로부터 선택된 백성을 사랑하겠는
가,
94 사탄과는 싸워서는 절대 이기지 못하
니 피하라, 숨어라 가르치는 그들을
내가 돕고 사랑하겠는가?
95 너희는 여기서 깨우쳐야 할 것이니라.
96 이제 사랑하는 나의 아들딸 너희는
들어야 할 것이니라.
97 너희와 사탄과 싸우는 그 마음이 50
대 50만 넘어도 너희가 이길 수 있는
것이며, 그게 바로 나에게 선택된 백
성임을 알아야 할 것이니라.
98 너희가 열 개의 마음 중에서 다섯 개
의 마음을 가지고 나는 여호와 하나님
의 자식으로서 사탄과 싸우겠다는 굳
은 결의를 하고 50 대 50의 그 선만
넘기 시작한다면, 사탄들은 너희 앞에
감히 대적하지 못할 것이며,
99 그 무서운 힘은 성장하여 모두를 다
제거할 것이며 사탄을 물리칠 것이니
라.
100 나의 백성 너희는 최선을 다하라.
101 그리고 너희는 바로 서는 깨끗한 백성
이 되라.
102 내가 너희에게 무어라 하였느냐?
103 너희의 그 마음에서 50만 버리고 50
만 선한 쪽으로 천사가 되고자 하는
마음만 갖고 지탱했어도 너희는 당당
히 사탄과 대적할 수 있는 자가 될 수
있으며, 내가 너희를 도울 것이며 인
도할 것이니라.
104 인간은 할 수 없다, 예수만이 할 수 있
다, 모든 사탄과 싸우는 것은 인간으
로서는 할 수 없으며 오로지 예수만이
역사할 수 있고 예수만이 싸워서 거둘
수 있다고 말하는 자는 이제 고통의
죽음으로 흘러감이니라.

105 그러니 이제는 예수의 변한 모습, 예
수의 사랑하는 모습, 예수가 베푸는
그 모두를 보고 배워야 할 것이며,
106 나의 법전을 읽고 깨우친 백성이요,
그리고 나의 법전을 읽고 나의 아들을
따르는 제자들이요, 너희는 이제 천사
가 되어 사탄들과 싸우며 사탄과 싸워
지쳐 죽어 온 나의 아들을 좀 더 쉬게
하는 그와 같은 마음 자세로써 오늘
을 살아갈 때,
107 나 여호와에게 영광을 돌리는 길이라
는 것을 잊지 말라, 사랑하는 나의 아
들딸들아!

5,895 번째 하나님 말씀

2003년 4월 9일 14시 25분

1 사랑하는 나의 아들아!
2 "네, 아버님! 말씀하옵소서."
3 인간은 아무리 용감히 싸우며 아무리
발버둥치며 아무리 지혜를 짜낸다 해
도 사탄과 싸워서 이길 수 없는 것이
인간이며 인간으로서는 한계가 있다
고 종교 지도자들이 지금 그리 가르치
고 있음이니라.
4 그리하여 너희는 스스로 사탄과 싸워
서 이기는 것을 아예 생각지도 말며
거기에 도전하는 것은 하늘에 도전하
는 것과 마찬가지인 무모한 짓이라 그
리 말함이니,
5 너희는 선과 악에서 선을 선택하고 살
려는 그 백성에게 선한 마음을 갖지
말며 악한 마음으로 살라고 가르치는
것이 아니던가?
6 그렇다면 지금 종교 지도자들이 가르
치는 방법이 나 여호와의 백성으로서
가르치는가, 사탄의 백성으로서 가르
치는가?
7 나의 법전을 읽고 깨우친 나의 백성이
요, 나의 아들을 따르는 제자 너희만
이라도 바로 깨우쳐야 할 것이니라.
8 너희는 악과 선이 마음속에 있음이니,
마음속에서 악을 뿌리치고 선을 선택
하는 것이 천사가 되는 길이며, 만백
성이 천사라 말하는 자, 천사가 된다
말하지 아니하였던가?
9 그러니 너희는 악과 싸워서 이기는 자
만이 구원을 받는 것이라 나의 법전이
요, 내가 너희에게 가르치는 뜻이거
늘, 지금의 종교 지도자들이 그와 같
이 말하느니라.
10 인간은 사탄과 싸워 이길 수 없으니
감히 인간이 사탄을 이기고자 하는
것은 나 여호와에게 거역하는 행위와
같은 무서운 죄를 짓는 것이라 이렇게
가르침이니,
11 이 말을 듣고 '옳소, 아멘, 할렐루야!'
소리 지르며 '믿습니다!' 하고 소리 지
르나, 그게 얼마나 무서운 말이던가?
12 사탄의 자식이기에 사탄에게 도전하
는 것은 죄를 짓는 것이라는 말을 듣
고 '옳소, 아멘, 믿습니다!' 그리 말함
이니,
13 그게 바로 너희가 사탄의 자식으로서
이미 물들었으며 너희가 썩어 있는
것이니 어찌해야 바로잡겠는가?
14 그리하여 너희는 말하느니라.
15 모든 종교 지도자가 그리 말하느니라.
16 인간은 사탄과 싸울 수 없기에, 인간
의 능력은 한계가 있기에,

17 인간은 죄를 짓지 않고 살 수 없으며
인간은 십계명대로 살 수 없으며 율법
대로 살 수 없으니,
18 나 여호와 창조주가 너희가 말하는
하나님께서 대표하여 싸울 수 있는
예수를 대표자로서 세상에 내려보냈
다 너희는 그리 말하느니라.
19 그러면서 종교 지도자들이 어찌 비유
해서 나의 백성을 현혹해 가는가?
20 이 비유하는 말을 너희는 들어야 할
것이며 이것이 사탄의 소리라면 들어
야 할 것이니라.
21 너희는 그리 말하느니라.
22 마라톤이라는 그 멀고도 긴 인간의 한
계에 도전하는 선수가 1등을 하여 그
가 명예를 이루었을 때 그들은 뭐라
하느냐?
23 마라톤 선수 한 사람이 뛰는 것이지,
그 국민은 뒤에서 손뼉 치고 소리 지
르고 응원하면 되며 대표자 한 사람
이 뛰는 것이니,
24 바로 나의 아들 예수가 그와 같은 대
표자로서 세상에 나왔다고 그리 말하
느니라.
25 너희는 이 작은 나라에서 그 젊은이
들의 열정이요, 작은 나라의 능력이
요, 작은 나라의 그 무서운 힘을 만방
에 보이려고 '붉은 악마'라 하여 월드
컵을 하는 그 경기장에서 그들의 육성
을 들었으며 그들이 환호하는 것을 들
었을 것이니라.
26 그러면서 그 백성을 뭐라 말했으며
종교 지도자들이 강단에 서서 설교하
기를 뭐라 말하는지 아느냐?
27 월드컵 대표 선수는 국민이 다 뛰는
것이 아니요, 그 좋은 성적을 내는 것
도 선수 몇 사람이 뛰었음이니,
28 국민 전체가 뛰어 그 결과를 얻은 것
이 아니요, 그저 선수들이 뛰었다고
말하였느니라.
29 그러나 그들이 뛸 수 있도록 그 뒤를
받쳐주며 응원을 해 주며 그 붉은 악
마의 피나는 노력은 과연 무엇이었던
가?
30 종교 지도자가 그리 비유하여 나의 피
조물 만백성에게 가르치느니라.
31 그리하여 나의 아들 예수가 그와 같이
대표자로 왔다 하니,
32 너희는 거기에 '아멘, 할렐루야, 맞습
니다, 믿습니다!' 소리 지르는 것이 너
희니라.
33 사탄과 싸우는 것은 나의 아들 예수의
몫이니, 인간은 착하게 살 필요도 없
으며, 착하게 살려 노력할 필요도 없
으며, 율법대로 살 필요도 없으며, 그
리 살고자 고통스럽게 갈 것도 없으며,
34 십계명을 지킬 필요도 없으며 십계명
대로 살려고 노력할 필요도 없으니,
35 그와 같이 지키고 살려 하는 것은 나
여호와에게 감히 도전하는 자요, 사악
한 자라 그리 가르침이니,
36 과연 너희는 마라톤에서 1등 하는 선
수를 어디서 뽑았던가?
37 그를 하늘에서 뽑아 왔던가, 그가 인
간의 노력으로 자신이 섰으며 너희가
그를 추천하며 그를 밀었던가?
38 인간 중에서 선출되며 인간 중에서 뽑
힌 자가 마라톤 선수요, 거기 가서 영
광을 차지했느니라.
39 월드컵 대표라 하여 그 선수들은 과연

어디서 뽑았는가?
40 하늘에서 대표로 뽑아서 내렸는가?
41 인간 중에서 너희가 뽑은 것이니라.
42 그러니 인간 중에서 사탄과 싸울 수 있는 자를 뽑으려고 내가 지금 나의 법전을 세상에 내려보내니,
43 14만의 전사가 바로 이것임을 알아야 할 것이니라.
44 지금 이를 모르고 종교 지도자들이 그리 비유하여 가르치며 그와 같이 말함이니,
45 그들이 사탄에게 도전하는 것을 막는 짓이라는 것을 내가 나의 법전에 기록하여 너희에게 전했으니, 그 뜻을 알아야 할 것이니라.
46 내가 지금 법전을 내려보내어 나의 백성이요, 나의 아들딸들이요, 나의 아들을 따르는 제자들이 바로 전사로 임명할 자니,
47 너희를 뽑아 쓰고자 하는 것이며 인간을 그리 다스려 사탄과 싸우는 그 결과를 얻고자 하는 것이 나 여호와의 뜻이니라.
48 모든 선수가 명예를 차지할 때는 인간 속에서 뽑으며, 인간이 힘을 합쳐 응원하고 격려할 때, 그들이 좋은 결과를 거둬들이지 않던가?
49 여기서 너희는 하나 알고 넘어가야 할 것이 있느니라.
50 나의 아들 예수는 세상에 태어날 때 성령으로써 태어났으며,
51 그는 지상의 인간의 대표로서 뽑힌 것이 아니요, 하늘을 대표하여 나 여호와를 대신하여 나 여호와의 명을 받아 하늘의 천사들을 대표하여 나의 아들이 세상에 내려가 너희를 구원하고자 하였으며 너희를 역사하고자 한 것임을 알아야 할 것이니라.
52 이제 인간 중에서 내가 대표를 선별하는 그 기준이 바로 법전이라 그리 말하였음이니라.
53 내가 지금 인간 중에서 그 대표를 선별하여 인간이 사탄과 싸울 수 있는, 그리고 인간이 천사와 같은 마음으로 살아갈 수 있으며, 나의 아들 예수를 대신하여 그 모든 사탄을 물리칠 수 있는 그 전사들을 선별하기 위하여 내가 지금 제3의 시대요, 심판의 시대를 열었으며, 나의 법전을 세상에 내려보낸 그 뜻이니,
54 나의 법전이 바로 인간 중에서 대표를 뽑아 사탄과 싸워 이길 수 있는 나의 백성을 육성시킬 수 있는 교본이며 교과서임을 너희는 잊지 말아야 할 것이니라.
55 그리하여 나의 법전을 읽는 자만이 하늘에 오를 수 있는 자격이 있으며 심판을 받을 자격이 있으며 천국의 문을 들어올 수 있는 자격이 있다는 뜻이 여기에 있음이니라.
56 나의 법전을 읽고 깨우치는 자, 그리 바르게 살고자 하는 자, 악을 뿌리치고 선을 행하며 살아가고자 노력하는 자,
57 그와 같이 목숨을 내걸고 선을 지키고 가는 너를 따르는 제자들이요, 나의 법전을 읽고 깨우쳐 변하는 백성, 그들을 인간 중에서 내가 대표자로 선발할 자니,
58 너희 제자들에게 이르기를 너희는 반

드시 최고의 선수가 될 것이며, 최고
의 우등생이 될 것이며, 제일인자가
되라 전하도록 하라, 사랑하는 나의
아들아!

5,896 번째 하나님 말씀

2003년 4월 9일 21시 59분

1 사랑하는 나의 아들아!
2 "네, 아버님! 말씀하옵소서."
3 너를 따르는 제자들이요, 나의 법전을
가지고 공부하는 백성, 너희는 내가
너희에게 내려 주는 그 성령의 뜻이
요, 그것을 읽고 깨우치며 과연 무엇
을 느끼는가?
4 너희가 어찌 살아야 하며 어찌 가야
하는가를 나의 법전을 읽으면서 그와
같이 변화의 역사가 계속 이루어져야
하는 것이 나의 법전을 정독하는 백성
이 깨닫는 길임을 알아야 할 것이니
라.
5 너희가 어찌 변하느냐에 따라서 이 법
전이 세상에 나가 만백성을 구하고 못
구하는 답은 거기에 있음을 알아야 할
것이니라.
6 내가 나의 아들을 통하여 너희에게
강론하며 내가 너희를 얼마나 아끼고
사랑하며 너희가 나로부터 얼마나 소
중하게 선택된 백성인가 하는 것을 먼
저 알아야 할 것이며,
7 나로부터 선택된 것에 대해 감사한 마
음이요, 내가 나의 아들을 통하여 너
희에게 강론하는 그 성령의 뜻을 듣
는 그것으로써 너희가 감사함을 느껴
야 할 것이며,
8 그리고 살아가면서 너희 스스로 변하
는 자신을 보며 감사함을 가져야 할
것이니라.
9 너희가 스스로 도저히 넘을 수 없고
깨우칠 수 없는 것, 버릴 수 없는 악습
을 나의 법전을 읽으며 강론을 듣고
배우는 그 속에서 너희가 하나하나
그 악습을 덜어 가며 변화되는 것을
발견할 때,
10 너희는 그 감사함과 기쁨의 기도를 나
에게 드리는 것이 너희가 해야 할 것
이며,
11 나 여호와의 은혜에 감사하는 마음을
잊어서는 아니 될 것이니라.
12 그것이 바로 천사가 되는 길이며 하늘
에 오르는 길이라는 것을 너희는 알
아야 할 것이니라.
13 너희는 아침에 눈을 뜨고 직장에 나가
며 이동하는 그 시간에 오늘 하루를
어찌 살아야 할 것이며, 어찌 바르게
살아야 할 것인가를 마음속에 굳게 다
짐하며 그와 같은 계획을 반드시 세우
는 삶을 살아야 할 것이며,
14 하루의 일과를 마치고 귀가하는 그 시
간에도 과연 하루를 어찌 살았으며 아
침에 계획한 것을 얼마나 지켰는가를
들여다보는 그와 같은 완벽한 삶을 살
아가야 함을 알아야 할 것이니라.
15 그리하여 너희가 지킬 수 없던 악습
을 하나하나 버렸을 때 나 여호와의
은혜에 감사하며, 악습을 버리지 못했
을 때 눈물로 회개하며 반성을 해 다
음날 그를 지키는 그와 같은 변화되는
노력을 하지 아니하면 너희는 나에게
오르는 그 역사의 길을 올 수 없음을

알아야 할 것이니라.
16 아침에 하루 일과를 어찌 시작할 것이
며, 너희가 하루 동안 어떠한 아름다
움으로 살 것이며 어떻게 선한 일을
행하며 남에게 부끄럽지 않은 행동을
하겠다는 그와 같은 다짐을 하며 그날
하루를 거기에 맞추어 살았을 때 그
기쁨은 이루 말할 수 없을 것이니라.
17 그러나 너희가 그 기쁨을 느끼지 못
하고 그리 행하지 못했을 때, 너희는
눈물로써 회개하며 반성하며 다음에
그를 지키는 그와 같은 변화되는 삶을
살아야 나에게 오를 수 있으며 천사와
같은 마음으로 변할 수 있다는 것을
잊어서는 아니 될 것이니라.
18 그러면서 너희가 하나씩 깨닫고 하나
씩 변화되었을 때 그것이 나로부터
받는 상이며 은혜요, 축복이라는 것을
알고 감사하는 마음으로 살아야 할
것이니라.
19 그와 같이 하나가 변할 때마다 그를
나 여호와에게 감사하며,
20 나의 법전이요, 나의 아들을 통하여
내리는 강론을 듣지 않고는 너희가 변
할 수 없으며, 변화될 수 없는 너희가
변화되는 그 모습은 그 모두가 나로부
터 받는 은혜니,
21 그 받은 은혜에 대해 감사한 마음을
가지고 산다면 정녕 너희는 바른 삶
을 살 수 있음을 알아야 할 것이니라.
22 지금의 믿음을 간다는 모든 백성 너
희가 아무리 뭐라 말해도 진심으로 나
여호와를 믿으며 내가 존재하는 것을
믿는다면, 너희는 절대로 죄를 짓지
아니하며 사악한 마음으로 살아갈 수
없음이니라.
23 너희는 진심으로 나를 믿지 아니하며,
나로부터 심판받는 것을 믿지 아니하
며, 그 두렵고 무서움을 너희 마음속
깊이 뿌리를 내리지 아니하고 있기에,
24 너희가 실수하는 것이며, 악한 행위를
할 수 있으며 부끄러운 짓을 할 수 있
는 것이요,
25 그리하여 너희가 회개하는 그 눈물을
흘리고 반성하며 깨달으면서도 그를
행하지 못하고 또 고통 속에서 하루의
삶을 살아가는 것은 진정한 믿음이 아
니요,
26 나 여호와가 존재함을 믿는 확실한 마
음이 없는 백성이라는 것을 너희는
먼저 알아야 할 것이니라.
27 나 여호와가 존재함을 믿는 자는 절대
죄를 짓지 아니하고 살 수 있다는 것
을 알라.

5,897 번째 하나님 말씀

2003년 4월 9일 22시 04분

1 사랑하는 나의 아들아!
2 "네, 아버님! 말씀하옵소서."
3 지금 2천 년 동안 흘러오면서 그 믿음
의 집단이요, 종교 지도자들이 나의
피조물 만백성을 하늘에 오르는 길로
인도한다 하며 저희가 손으로 지은
성전에 와 울고불고 기도하며 재물을
바치지 아니하면 구원을 받지 못한다
그리하고 있음이니라.
4 그러니 지금 내가 내려다보는 교회라
는 집단이 어떠한 줄 알겠는가?
5 그들은 살아 있는 잡신을 모시는 그와

같은 형태로 변화되었다는 것을 알아
야 할 것이니라.
6 나 여호와가 지금 교회요, 성전이요,
너희가 공부하며 설교하며 나의 백성
을 하늘로 이끌어 온다는 그곳이 살아
있는 잡신이요, 미신을 섬기는 그와
같은 형태로 변화되어 있음이 내가
보는 형국이니라.
7 그러니 너희가 어떠한 형태이기에 나
여호와의 눈에 그리 비치는지 너희는
알아야 할 것이며 깨달아야 할 것이
니라.
8 나 여호와의 모든 뜻을 거역하여 행하
는 집단으로 변질되어 있음이니라.
9 그리하여 너희가 잡신을 믿는 형국이
되어 있음이니라.
10 너희가 말하는 잡신이라 하며 미신을
믿는 자들은 돼지머리를 놓고 절하며
그 믿음에 의하여 죽은 영혼을 위해
빈다고 하지만,
11 너희가 그와 같은 형국으로 하는 것도
미신을 믿는 자들이요, 잡신을 믿는
자들이니라.
12 그들은 그와 같이 죽은 자의 영혼에
빈다 말하느니라.
13 그러나 지금의 종교 집단은 어찌하는
가?
14 교회는 종교 지도자를 신선처럼 받들
며 신처럼 받들며 제왕처럼 받들고
있음이니, 이게 무엇인 줄 알겠는가?
15 나 여호와가 아닌 다른 신, 살아 있는
인간 신을 받들며 믿는 곳이 바로 교
회라는 것을 너희가 알아야 할 것이
며,
16 너희가 하는 그 행위는 살아 있는 잡
신이요, 살아 있는 인간을 믿는 그와
같은 집단으로 전락하였다는 것을 알
아야 할 것이니라.
17 너희 종교 지도자가 얼마나 우상화되
어 있으며 신처럼 받들며 그들 위에
군림하고 있는지, 그와 같은 현실을
봐야 할 것이니라.
18 그렇지 않으면 나를 믿음이요, 내가
원하는 그 장소에서 너희가 그와 같
은 행위를 정녕 할 수는 없는 것이니
라.
19 너희가 나를 믿는 장소요, 나의 아들
을 믿는 장소라는 것은 얼마나 신성시
되는 곳이며 얼마나 아름다운 장소이
던가?
20 그러나 그곳에서 인간인 종교 지도자
가 제왕적인 위치를 지키며 신처럼
대우를 받으며 구원을 받겠다는 모든
신도가 종교 지도자를 그와 같이 받들
고 있음이니라.
21 그 누구도 거부하는 자 없으며 절대적
이며 그가 하는 것은 나 여호와의 뜻
이며 나 여호와의 뜻에 움직인다고
그리 말하고 있음이니,
22 그게 바로 잡신인 살아 있는 인간을
모시는 집단으로 전락한 것이 지금의
종교 집단이라는 것을 너희는 알아야
할 것이니라.
23 이제는 너희가 변하지 아니하면 아니
될 것이니라.
24 지금 너희가 그와 같은 장소에서 뛰쳐
나와 세상의 넓음을 보며 이 세상이
내가 만든 성전이라는 것을 깨닫고 바
로 서지 않는 한, 너희는 정녕 구원을
받을 수 없다는 것을 알아야 할 것이

니라.
25 나의 사랑하는 아들 예수도 뭐라 말하
였느냐?
26 모든 나의 백성을 형제라 말하였으며
그 백성 위에 군림하고자 한 것이 아
니니라.
27 그러나 지금의 종교 지도자들은 어찌
하던가?
28 나의 백성 위에 저희가 군림하며 제
왕적인 행위를 하고 있으며, 하나의
대가도 없이 주는 것 없이 평생 그들
에게 재물과 금화를 거둬들여 제가 더
큰 성전이요, 더 많은 물질을 쌓아 놓
는 그것에만 모든 것을 다 바치고 있
음이니, 이것이 바로 무엇이던가?
29 그 신도는 살아 있는 인간의 잡신을
모시는 것이요, 지도자라는 자는 살아
있는 잡신의 형태를 하는 것이 너희
니라.
30 무당이요, 돼지머리를 놓고 제사 지내
는 사람들은 죽은 자의 영혼 앞에 거
짓을 하고 있으나,
31 너희는 살아 있는 잡신에게 지금 그를
받드는 그와 같은 사악한 이단 행위를
하는 것이 오늘의 교회라는 것을 잊
지 말라.

5,898 번째 하나님 말씀

2003년 4월 9일 22시 12분

1 사랑하는 나의 아들아!
2 "네, 아버님! 말씀하옵소서."
3 너희가 세상사 살아가면서 추하고 더
러운 것을 보지 않으려면 눈을 감으
면 그만인 것이니라.
4 너희가 눈을 감으면 세상의 추하고 더
러운 것을 보지 아니할 수 있으며, 너
희가 추한 말을 하려 하면 입을 닫으
며 입을 봉하면 그 추한 말을 하지 아
니할 수 있음이니라.
5 그러니 나 여호와가 너희가 모두를
통제하고 다스릴 수 있도록 만들었음
이니, 내가 얼마나 정밀하고 세심하게
너희가 다스리며 살아갈 수 있게 하여
세상에 내보냈는지 아는가?
6 너희가 세상의 추하고 더러운 그 모든
것을 보지 않을 때는 눈을 덮을 수 있
도록 눈을 그리 만들었으며,
7 너희가 남과 시시비비하며 흉보며 남
을 욕하며 남에게 고성을 지르며 복과
화를 부를 수 있는 그 입 또한 너희가
통제할 수 있도록 나 여호와가 만들어
주었음이니라.
8 그러니 너희가 입을 다물고 그 뚜껑을
덮어 버리면 거기에서는 아무것도 나
올 수 없음이니라.
9 그러니 너희가 그 모두를 다스리고 통
제할 수 있도록 나 여호와가 만들었으
나, 이를 너희 자신이 잘 통제하지 못
하여 불행한 일을 초래하는 것이 아니
던가?
10 이제 너희는 더러운 것을 보지 아니
하고 눈을 감을 수 있으며,
11 추한 말을 하기 싫으면 입을 다물면
될 것이며, 남을 칭찬하고 아름다운
말을 할 때 그 입을 열면 되느니라.
12 또한, 귀는 너희가 말하는 소리요, 모
두를 다 들을 수 있으나 반대로 내보
내는 역할을 하지 아니함이니,
13 그저 들어서 머릿속에 차곡차곡 쌓아

놓고 입을 통하여 내보내지 아니하면
되니, 너희가 그리 다 통제할 수 있도
록 나 여호와가 만들었으나,
14 너희가 마음을 비우지 못하며 사악한
마음이요, 사탄의 마음이 너희 가슴에
있기에 그를 통제하지 못함이니라.
15 그리하여 너희가 남의 잘못된 것, 추
하고 더러운 것을 보는 눈이 즐거움을
더 얻으며, 아름다움을 보는 속에서
기쁨을 얻는 것보다 불행한 일, 남이
잘못된 것을 보는 것을 즐거움으로 봄
이니,
16 이것은 너희의 눈이 어떠한 역할을
하느냐?
17 너희가 눈을 한 번 잘못 뜨며 잘못 바
라봄으로 인하여 화와 복을 부를 수
있는 그와 같은 역사가 있으며, 눈으
로써 마음을 전달할 수 있느니라.
18 그러니 아름다운 마음을 전달하는 눈
으로 쓸 때 그는 한 송이의 꽃이 되나,
사악한 마음으로써 남을 바라보는 눈
빛을 보낼 때 그것은 독소가 되고 독
화살이 되어 날아오는 그와 같은 역사
를 이루는 것이 그 눈이 하는 것이니
라.
19 그러니 너희는 이 눈을 덮을 때 덮으
며, 뜰 때 뜰 수 있는 그와 같이 통제
하는 능력을 갖추도록 해야 할 것이
며,
20 눈이 한 송이의 아름다움으로써 보이
는 것은 너희 마음이 아름다울 때 너
희 생각이 그리 아름다울 때임이니라.
21 그러면 너희 입으로 나오는 소리는 무
엇이더냐?
22 너희가 좋은 음식이요, 맛있는 것을
마음껏 취하면서 그 입속에서 아름다
운 말이 나오는 것은 이 세상에서 가
장 아름다운 꽃에서 풍기는 향기보다
도 더 아름다운 말을 할 수 있으나, 너
희가 마음을 비우지 못하며 너희 자신
을 다스리지 못하고 나오는 말은 독소
가 되며 독화살이 되어 너희를 해하
는 그와 같은 형국으로 되돌아오는 것
이 너희 입에서 나가는 말이라는 것을
잊어서는 아니 될 것이니라.
23 모두는 다 그것에서 이루어짐이니, 너
희가 모두를 다스리되, 너희 마음 자
세를 가짐에 달렸느니라.
24 너희가 어떠한 마음을 갖느냐에 따라
서 그 눈이 한 송이의 꽃으로 변하는
것이며, 너희가 어떤 마음을 가지고
말을 하느냐에 따라서 그 말은 세상에
서 가장 예쁜 꽃의 아름다운 향기로
변한다는 것을 알아야 할 것이니라.
25 이와 같은 이치를 깨달았다면 너희가
마음을 비우고 안 비우는 것은 얼굴에
서 표현되는 것이 바로 그것이니라.
26 그러니 너희는 마음속에 있는 것을 외
형의 얼굴에서 감출 수 없으며 그것을
속일 수가 없는 것이니라.
27 그러니 진정 마음이 비어 있는 자, 아
름다운 마음을 가지고 사는 자, 천사
와 같은 본심을 갖고 살아야 할 것이
며,
28 위장된 마음이요, 남을 속이려고 그와
같은 행위를 하며, 남을 속이고자 아
름다운 마음을 갖는 체하며 천사와
같은 마음을 갖는 체하는 것은 그 눈
이 아름다운 한 송이 꽃으로서 비치지
못하며, 너희 입에서 나오는 그 말은

향기가 될 수 없다는 것을 너희는 알
아야 할 것이니,
29 너 자신을 다스려 너희 그 육신의 얼
굴에 있는 눈이 한 송이의 꽃이요, 너
희 입에서 나오는 말이 가장 아름다운
꽃의 향기가 되어 만백성에게 그를 전
하는 그 역사를 이루는 삶을 살도록
하라.
30 너희 자신을 그리 다스렸을 때, 얼마
나 너희에게 복이 있으며 영광이 있
으며 나 여호와로부터 큰 상이 있다는
것을 알게 될 것이니 너희는 그리 알
라.

5,899 번째 하나님 말씀

2003년 4월 9일 22시 18분

1 사랑하는 나의 아들아!
2 "네, 아버님! 말씀하옵소서."
3 몇천 년을 흘러오는 그 종교 집단이
사랑을 베푸는 백성이요, 그리고 천사
와 같은 자들이요, 나의 아들 예수의
보혈로써 구원을 받으며 하늘에 오를
수 있는 백성이라 그리 말하며 자신
있게 천국의 문을 들어설 수 있다 하
니,
4 과연 그렇다면 나로부터 가장 큰 축복
과 영광을 받은 자요, 그리고 남은 백
성은 지옥 불로 가는 것을 두려워하며
나로부터 심판받기를 두려워하는 그
와 같은 백성이니,
5 구원을 받았다 하는 백성 너희는 차별
화되어야 할 것이며 높은 경지에 와
있는 백성이 아니던가?
6 그렇다면 너희는 모든 것을 사랑으로
베푸는 나 여호와의 뜻에 살며 정녕
구원을 받았다 하는 백성 너희는 그래
도 나의 일반 백성과는 차별화되는 삶
을 살아야 할 것이니라.
7 그러니 차별화되는 삶이 무엇이던가?
8 종교 집단에서 지도자들이 거둬들일
때 그저 너희는 가난하고 어려운 자에
게 헌금을 걷는 것을 삼가야 할 것이
며,
9 최소한 가난하고 어려운 자에게는 재
물을 바치라는 소리를 하지 말아야 할
것이며,
10 그들에게 재물을 거둬들이는 그와 같
은 행위를 하지 않는 것이 사랑을 베
풀며 나로부터 선택된 백성이 하는
행위일 것이니라.
11 그러나 너희는 정녕 가난한 자에게도
가차없이 많이 바치도록 하며 바치는
것을 사양하지 아니하고 거둬들이며,
12 더 가져오라 더 가져오라 하며, 너희
보다 어렵고 가난한 자에게 그와 같이
부담을 주며 요구한다면, 이것은 사탄
이요, 진정한 사랑을 베푸는 백성이
아니니라.
13 구원을 받은 자요, 사랑을 베푸는 백
성은 가난한 자에게 최소한 헌금을 걷
지 아니하며,
14 가난한 자에게 돌려주며 사랑을 베푸
는 마음의 행동을 한 가지라도 해야
한다는 것을 잊지 말라.
15 너희가 세상사에서 살아가며 만백성
과 거래하는 것도 그러하니라.
16 너희가 물건을 사고파는 것도 길거리
에서 파는 가난한 장사꾼, 간신히 꾸
려 나가는 장사꾼, 그리고 길거리에서

상점 하나 없이 노점에서 물건을 파는
자, 그리고 길거리에 오고 가는 사람
에게 무엇인가를 팔기 위해 애걸하는
사람,
17 그 가난한 사람들에게 물건을 살 때
흥정하는 행위를 해서는 안 되는 것이
최소한 너희의 근본이요, 기본자세가
아니던가?
18 그러나 너희는 과연 어찌하는가?
19 그 가난하고 어려운 장사꾼에게, 가게
하나 없이 노점에 서서 물건 몇 개를
놓고 파는 자에게 물건을 사고팔고
거래하며 흥정하는 종교 지도자요, 그
백성이 있다 하면 너희는 사탄만도
못한 것이니라.
20 너희는 천사가 아니라 사탄만도 못한
백성이며 짐승만도 못한 자니,
21 사랑이라는 말을 너희 입에서 부를
자격도 없으며, 너희는 사랑을 베풀며
산다 할 수도 없으며,
22 천국의 문을 들어올 수도 없으며 구원
을 받았다는 소리를 감히 하지 말라.
23 그와 같이 가장 작은 차별화된 삶도
살지 못한다면, 너희는 나의 백성이
아니라는 것을 알아야 할 것이니라.

5,900 번째 하나님 말씀

2003년 4월 9일 22시 25분

1 사랑하는 나의 아들아!
2 "네, 아버님! 말씀하옵소서."
3 믿음으로써 구원을 받았다 하는 자,
천국의 문에 들어가는 기회를 받았다
말하는 백성, 그들은 하늘에 오르는
길이 얼마나 고통스럽고 힘든 길인지
모르는 자들이니라.
4 고통스러운 행함의 길을 가는 것이 중
요하다는 것을 그들은 알지 못하며,
5 그리하여 그 고통스러운 길에서 구원
의 영광을 얻고자 하는 것이 아니라,
그저 믿음이라는 말로써 구원을 받았
다는 그 백성이 얼마나 어리석은 백
성인 줄 너희는 알고 있는가?
6 너희가 인간 세상에서 허위 광고하며
선전하는 것을 볼 것이니라.
7 너희는 그 물건을 화려하게 하여 그를
보는 사람들의 눈을 현혹하여 세상에
다시없는 가장 귀하고 아름다운 물건
인 것처럼 광고하고 선전하느니라.
8 그러나 나의 피조물 만백성이 허황된
광고를 보고 물건을 사며 그를 샀을
때, 제대로 용도에 쓰지도 못하며 저
자신이 망신을 당했을 때 속상한 마
음에 너희를 속인 자에게 뭐라 말하
는가?
9 사탄이요, 간악한 자들이라 욕할 것이
며 그를 얼마나 원망하겠는가?
10 그러니 허위 선전이요, 허위 광고의
잘못된 그들의 속성에 너희가 눈으로
본 것만 가지고 그 물건을 샀을 때 패
가망신하게 되어 있음이니라.
11 그러니 너희가 바로 지금 어떠한 형국
인 줄 알겠는가?
12 말로써 구원을 받으며 하늘에 오르는
길이라 말하는 자들이 허황된 선전을
지금 하는 자들이니라.
13 그와 같이 저희가 지은 성전에 와 재
물을 바치며 기도하고 경배하면 무조
건 천국에 갈 수 있으며, 너희가 지은
죄를 가서 빌면 하얀 눈처럼 깨끗이

씻어진다고 그리 말하는 그 허위 선전
에,
14 너희 자신을 팔아 버리며 너희 자신
을 그리 던져 버리는 그와 같은 어리
석은 것을 하는 것이 지금 구원을 받
았다는 신도 너희가 가는 행위라는 것
을 알아야 할 것이니라.
15 내가 여기서 너희에게 전함이니라.
16 너희는 지옥 불이라는 것이 무엇인 줄
알겠는가?
17 지옥이 무엇인 줄 너희는 알겠는가?
18 한 번 들어가면 영원히 돌아올 수 없
는 곳이 지옥이라는 것을 너희는 알
아야 할 것이니라.
19 돌아올 수 없는 것이 지옥이니라.
20 지금 너희 말대로 너희가 지은 죄를
말로써 용서를 빌며 눈물로써 회개하
여 그 죄를 다 씻을 수 있다는 것을 내
가 왜 과대 선전이며 허황된 광고며
허황된 선전이며 너희를 지옥으로 이
끌어 가는 그와 같은 행위라 말하는가?
21 너희 말대로 너희가 기도하고 눈물로
회개하고 죄를 다 씻었다 하면, 죄 없
는 사람들이 사는 곳이 이 세상의 천
국이요, 천사들만이 사는 세상이 지금
이 지상이 되어야 했을 것이니라.
22 그러나 너희가 지금 사는 이곳이 과
연 지상의 천국이던가?
23 너희가 말하느니라.
24 말세요, 종말의 시대요, 그리고 도둑
이 들끓은 세상이요, 인간사 눈을 뜨
고 살 수 없으며, 서로 신뢰하고 버팀
목이 되어 같이 살아갈 인간을 보기
두려워하며 인간이 하는 말을 믿지 못
하는 이처럼 사악한 형국으로 되었음
이니,
25 과연 너희가 지은 죄를 다 용서받았다
그리 말하는가?
26 너희가 지은 죄를 말로써 다 용서를
받았다면 이 지상은 지금 천국이요,
천사와 같은 자만이 이 세상을 그득히
메우고 살아야 할 것이니라.
27 그러나 너희는 죄가 지워지지 아니함
이니라.
28 너희 죄는 지워질 수 없으며 아무리
너희가 울고불고한다 해도 그 죄는
떨어지지 아니함이니라.
29 그 죄가 너희에게서 떨어지는 것은 내
가 뭐라 내 법전에 기록하여 전했던가?
30 너희가 죽어 나한테 와 심판을 받아
그 죄의 대가에 따라 지옥으로 갈 자,
지옥으로 가며, 끓는 기름 가마에 들
어갈 자, 불바다로 갈 자, 맨발로 바늘
방석을 걸어갈 자, 그 죄의 대가를 받
았을 때 그때야 너희에게 붙어 있던
지은 죄가 떨어져 나간다 내가 너희
에게 그리 깨우쳐 주었음이니,
31 이 엄연한 사실이요, 이 두려운 사실
을 너희는 알아야 할 것이니라.
32 이 세상이 천국이 안 되었음이니라.
33 그러니 바로 무엇이더냐?
34 너희가 말로써 죄를 씻는다는 것, 그
리고 믿음 한 가지로써 너희가 지은
죄를 다 용서받을 수 있으며,
35 눈물 콧물 흘리며 찬송 부르며 광란의
짓을 하면 죄가 다 씻어진다, 그리고
많은 재물을 갖다 바치는 자, 그리고
가재도구까지 다 팔아서 갖다 바치는
정성이 있는 자,
36 그와 같은 자는 죄가 다 씻어지며 구

원을 받는다 말하는 것이 얼마나 허황
된 선전이며 허황된 광고인가?
37 그리고 너희 자신을 지옥 불로 이끌어
가는 거짓 선전인지 이제는 알아야 할
것이니라.
38 너희의 죄가 씻어졌다면 지금은 천사
와 같은 자만이 이 세상에 존재함이
니, 이 세상이 아름다운 삶으로 살아
가는 세상으로 변화되었을 것이니라.
39 그러나 그리 변화되지 아니함이니라.
40 이 세상은 오로지 그 믿음이라는 것에
맹종하고 맹신하는 자들이 지금 저희
가 지은 죄를 감히 말로써 다 씻었다
는 그 착각 속에 살아가는 자들이 이
세상을 이끌어 가고 있음이니,
41 그들 자신이 공허한 마음이요, 불안한
마음이요,
42 저희 자신이 어찌할 것인가를 지금
두려워하고 있으며, 그리하여 숨을 거
두는 그 순간에 공포와 불안 속에 나
에게 와 심판을 받고 너희는 지옥으
로 가는 백성이라는 것을 알라.
43 단 1초를 위해서 너희가 당당히 살 수
있는 그 아름다운 삶을 살라 내가 그
리 말하였음이니, 그는 바로 행함이니
라.
44 너희가 고통스러움 속에서 선을 행하
며 살아가는 것만이 너희가 구원을
받을 수 있는 것임을 절대 잊지 말라.
45 이제 과대 광고요, 과대 선전에 너희
자신을 지옥 불로 던지는 그와 같은
어리석은 자가 되지 말며, 눈을 바로
뜨며 길을 열도록 그리하라, 사랑하는
나의 아들딸들아!

5,901 번째 하나님 말씀

2003년 4월 9일 23시 55분

1 사랑하는 나의 아들아!
2 "네, 아버님! 말씀하옵소서."
3 인간 세속에 살면서 오늘 약속한 자가
내일에 더 큰 상품을 준다 하여 오늘
약속한 자를 배신하며 등을 돌리는 것
이 과연 인간 세상에 인간이 할 수 있
는 일이며 인간이 할 행동이라 그리
말하는가?
4 인간으로서 그와 같은 행위를 할 수
없음이니라.
5 그러나 너희는 지금 그와 같은 일을
서슴지 않고 행하고 있으며,
6 정의요, 의리요, 지난 신뢰 같은 것은
생각지도 않고 살아가는 나의 백성으
로 그리되었음이니,
7 이 모두가 이기적이요, 자기를 위주로
살아가는 마음으로 그리 변한 것이 무
엇인 줄 알겠는가?
8 지금의 모든 종교 집단들이 이 세상에
들어와 뿌리를 내리기 시작한 그들이
바로 가르치지 못하며 참진리를 가르
치지 못하였기 때문이니라.
9 믿음의 길이요, 하늘에 오르는 길이
나의 아들 예수가 사탄과 싸워서 그들
을 다 물리치면 사탄이 없는 세상이
되니, 너희는 구원을 받을 것이며 하
늘에 오를 것이라는,
10 아무도 상상할 수 없는 그와 같은 방
법으로써 믿음을 가고 있기 때문이니
라.
11 어찌하여 나의 아들 예수가 사탄과 싸
워 물리쳐 이 세상에 사탄이 없으면

너희는 천사와 같은 자들만 세상에 산
다 생각하는가?
12 그것이 너희가 얼마나 어리석은 믿음
이요, 잘못 가르치는 줄 알겠는가?
13 사탄이요, 사악한 것은 너희 마음속에
도사리고 있음이니라.
14 나의 아들 예수가 너희 말대로 하늘에
서 나의 명을 받은 자요, 그리고 죄를
짓지 않은 자요, 죄가 없는 자요, 깨끗
한 자이기에 나의 아들만이 세상에 나
가 너희를 대표하여 사탄과 싸울 수
있으며,
15 그리하여 나의 아들이 사탄을 물리치
기만 하면 이 세상에는 사탄이 없으니,
16 너희는 사탄에게 물들 일이 없으며 사
탄의 종이 될 수 없음이니, 너희는 그
저 구원을 받으며 하늘에 오르는 길이
라 그리하여, 행함이 소중하지 아니하
며 그저 믿음만이 소중하고 귀하다 그
리 말함이니,
17 이것이 오늘날 종교 지도자 너희가 가
르치는 것이요, 2천 년 동안 흘러온
그 역사이니라.
18 그러나 아무리 나의 아들 예수가 사탄
과 싸워 사탄을 다 물리친다 해도 너
희 마음속에 있는 그 사악한 마음이
요, 행동을 악하게 하는 그 마음이요,
인간과의 약속을 저버리는 그와 같은
사악한 마음을 가지고 사는 자,
19 그리고 오늘 약속한 자를 내일 더 큰
떡을 준다 하여 오늘의 약속을 헌신
짝처럼 버리는 그와 같은 마음을 가진
백성, 너희가 이 세상에 존재하는 한,
20 나의 아들이 아닌 누가 사탄을 물리친
다 해도 너희가 천사처럼 깨끗한 그
와 같은 천사가 되지 않는다는 것을
알아야 할 것이니,
21 너희는 지금 그와 같은 믿음의 길을
가는 것이니라.
22 나의 아들 예수의 보혈로써 구원받으
며 나의 아들 예수가 사탄을 다 물리
치니, 너희는 인간으로서 사탄과 싸울
자격이 없으니 그저 구경만 하고 향락
을 즐기며 육신의 즐거움을 위해 살아
가기만 하면 된다는 것이 바로 지금의
가르침의 길이 아니더냐?
23 그러니 나의 아들만 찾으면 되며 나
여호와를 찾으면 되며 믿음의 길만 들
어서기만 하면 너희는 다 구원을 받
는다 그리 가르치는 것이 잘못된 형
국이요,
24 그 모두가 죄의 온상이 되었다는 것을
내가 나의 법전에 기록하여 너희에게
전하였으니,
25 이 뜻을 내가 다시 한 번 너희에게 심
어 줌은 이것이 얼마나 잘못된 것인가
를 내가 너희에게 말하고자 함이니라.
26 너희는 최소한의 인간의 도리요, 믿음
의 길을 가는 백성은 무엇을 해야 한
다 했던가?
27 일반 백성과 차별화되는 삶을 사는 것
은, 너희가 가난한 자들에게 헌금이
요, 재물을 사악하게 거둬들이지 말
며, 가난한 자를 도와주며 그들에게
베푸는 마음을 가지고 사는 것이 종교
집단이요, 믿음의 길을 가는 자들이라
그리 말하였으며,
28 길거리에서 조그맣게 놓고 파는 가게
라는 것, 상점 하나 없이 물건을 파는
자, 그리고 가난하게 들고 온 자, 불쌍

한 자들에게 너희가 흥정하지 말며 깎
지 말고 사 주는 그와 같은 마음 자세
로 그 두 가지만 지키는 것만으로도
너희는 믿음의 길을 가는 백성이라 할
수 있다 하였음이니라.
29 너희는 그를 지키지도 못하는 자들이
니라.
30 그러니 너희가 지금 나의 피조물 만
백성을 얼마나 사악하게 만들었겠는
가?
31 그러니 지난날의 과거요, 지난날의 역
사한 것을 모르며, 지난날의 은혜 입
은 것을 모르며, 지난날의 고마운 것
을 모르며,
32 그저 앞으로 베풀어 줄 자, 앞으로 더
큰 것을 갖다 줄 자, 그러한 자들만 존
경하며 그러한 자들의 이름을 불러 주
며 그러한 자들 앞에 가서만 기도하는
것이 지금의 종교 지도자요, 집단이
가는 형국이니,
33 그 모습을 보는 나 여호와가 너희의
추하고 더러운 모습을 보기가 역겨울
정도라면 너희는 믿겠는가?
34 지금의 모든 종교 지도자는 너희와
더불어 처음에 역사했던 사람들을 기
억하지 아니하며 그들을 뒷전으로 보
내고 뒷전으로 밀어내며,
35 오로지 더 많은 것을 역사할 수 있는
사람, 더 많은 것을 바칠 수 있는 사
람, 그와 같은 자들만 찾아다니니, 그
것이 바로 무엇이더냐?
36 꿀을 찾아 그저 날아다니는 나비처럼
더 많은 것을 위해, 더 큰 것을 위해서
찾아다니는 것이 종교 지도자요, 그
집단이니,
37 바로 너희가 오늘 약속한 것을 내일
더 큰 떡을 준다면, 오늘 약속한 자를
헌신짝처럼 버리는 바로 그와 같은 행
위를 하기에 그것을 보고 배운 백성이
지금 그와 같은 형국으로 되었음이니,
38 사탄의 세상이요, 도둑이 들끓는 세상
이요, 저 자신만을 위하는 세상이요,
39 이제는 부모가 자식을 모르며 자식이
부모를 모르는 그와 같은 무서운 세상
으로 만들어진 것이 모든 종교 집단
지도자 너희가 이와 같이 잘못 가르
치며 잘못 왔기 때문이니,
40 그 원죄는 너희라는 것을 잊어서는
아니 될 것이니라.
41 나의 사랑하는 아들이요, 나의 법전을
따르고 배운 백성, 너희는 지난 그 과
거에 역사한 공을 인정해 주며 지난날
에 역사한 사람을 생각하며,
42 미래에 오는 사람과 현재의 사람과 더
불어 똑같이 한마음이 되며 물질 앞에
마음을 팔며 권력 앞에 마음을 던지는
그와 같은 마음으로 살아가서는 아니
될 것이니라.
43 지난날 역사한 사람을 슬프게 만들며
미래에 오는 사람을 위해 기도하며 그
들을 위해 경배하며 그들만의 이름을
불러주는 그와 같은 종교 집단이요,
지도자가 되어서는 아니 될 것이니,
44 나의 법전을 읽고 가르치는 백성 너희
가 전사가 되어 세상에 나갔을 때, 그
와 같은 행위를 해서는 아니 됨을 유
념하도록 그리하라, 사랑하는 나의 아
들딸들아!

5,902 번째 하나님 말씀

2003년 4월 10일 0시 03분

1 사랑하는 나의 아들아!
2 "네, 아버님! 말씀하옵소서."
3 사랑하는 나의 아들아! 눈물을 거두
라.
4 어찌하여 네가 그리도 눈물을 흘리며
오늘 나 여호와에게 이리 기도를 하는
가?
5 네가 깨우치지 못하며 네가 변하지 못
하며 너의 제자들을 돕지 못한다 하여
울지 말라.
6 네가 아무리 운들 무엇을 역사할 수
있으며, 네가 운다 하여 무엇이 이루
어지겠는가?
7 그 모두는 그들이 받을 자격이 되어야
받을 것이며, 그들이 나로부터 상을
받을 수 있는 제일인자요, 우등생이
되었을 때 그 모두를 받을 수 있음이
니라.
8 네가 너 자신을 다스리지 못하며 네
제자들을 다스리지 못하며 네 제자들
의 어렵고 힘든 그 길을 열어 주지 못
한다 하여 네가 눈물로써 나에게 기도
를 드린다 하여 오늘의 어떠한 역사가
이루어짐이 아니니라.
9 내가 네 눈물에 의하여 네 제자들을
도와주며, 잘못 가고 깨우치지 못한
네 제자들을 거두었을 때,
10 그는 영영 구원의 길을 올 수 없으며
구원을 받지 못함이니, 그를 네가 사
랑함이 아니니라.
11 그러니 너는 오늘의 그 눈물을 거두라.
12 네가 눈물을 흘린다 하여 그것이 역사
하는 것이 아니며 네가 가슴 아파한다
하여 그것이 모두 이루어지는 것이 아
님이니라.
13 네가 그들을 사랑한다면 눈물을 거둬
야 할 것이며, 그들에게 혹독한 매를
들어야 할 것이며, 너 자신에게 무서
우리만큼 무서운 가죽채로써 너 자신
을 다스리는 그와 같은 삶을 살아야
할 것이니라.
14 네가 나의 뜻대로 살지 못하며 네가
변하지 못하는 그 아픈 마음이 괴로워
오늘 눈물을 흘리나니, 그 모두 네가
변해 가고 있으며 네가 역사하고 있음
을 나 여호와는 알고 있음이니라.
15 너는 슬퍼하지 말며 눈물을 거두도록
하라, 사랑하는 나의 아들아!
16 지금 모든 백성이 다 지옥으로 가고
있음이니라.
17 천국의 길이라 하여 달려오는 그들이
지금 지옥으로 가는 길을 계속 달려가
고 있으니, 오늘도 수많은 백성이 지
옥 불로 가고 있음이니라.
18 그들을 구하는 것이 너의 대명이요,
네가 역사하는 것이니,
19 네가 바로 설 날이 있으며 바로 깨우
칠 날이 있을 것이니,
20 너는 오늘의 네가 변하지 못하는 그
아픔 때문에 눈물을 흘리지 말라.
21 다 세월이 지나고 때가 되면 모두 역
사할 것이니라.
22 너는 나 여호와가 직접 다스리며 나의
성령으로써 너를 이끌어 감이니, 오늘
의 너 자신이 바로 서지 못함을 괴로
워하지 말라, 사랑하는 나의 아들아!
23 이제 지금 살아가는 모든 종교 집단

그들을 다스려야 할 것이니라.
24 그들이 과연 지금 어찌 살아가는지 아
는가?
25 그들이 얼마나 썩었는지 너는 모를 것
이니라.
26 구원은 나의 아들 예수와 같은 삶을
살아야만 구원을 받는 길이요, 하늘에
오르는 길이거늘, 그들은 그리 생각하
지 아니하느니라.
27 예수는 사탄과 싸워 그들을 모두 이기
고 평정해 주며 사탄을 다 멸망시킨
그 길을 그저 찬송 부르며 즐거운 마
음으로 따라가면 된다는 그와 같은
생각을 하는 것이 나의 피조물 만백
성 그들이니라.
28 그러니 그들이 과연 어찌 구원을 받으
며 그들이 나의 뜻에 사는 백성이라
말하는가?
29 이제는 사탄과 싸워서 구원을 받는 것
은 각자 해야 할 일이며 너희가 같이
역사할 길이라는 것을 알아야 할 것
이니라.
30 나의 아들은 너희를 구원하기 위하여
사탄과 싸우다 역부족하여 죽음을 당
했으며 그는 슬픈 인생의 삶을 마쳤음
이니라.
31 그러니 예수가 너희를 구원하고자 그
고통과 시련 속에 사탄과 싸우다 역부
족하여 그를 당하지 못하고 죽었다면,
너희는 과연 무엇으로써 그 보답을
해야 하겠는가?
32 예수가 역사하지 못했던 그 사탄과의
싸움을 이제는 너희가 맡아야 할 때
가 아니던가?
33 그리하여 너희가 예수와 같이 천사와
같은 마음으로 이 세상을 지배하는 백
성이 생길 때 너희는 그 힘으로써 사
탄을 이길 수 있음이니라.
34 너희가 예수를 믿고 예수의 이름으로
구원을 받으며 하늘에 오른다 하면,
예수와 싸워서 예수를 그리 처참하게
죽게 한 그 사탄들을 멸망케 하여 그
들을 불 칼로써 다스리는 것이 너희
임무지,
35 너희가 예수의 보혈로써 구원받았으
며 또 예수가 죽은 자 가운데 다시 살
아나 그가 부활하여 너희를 위하여
사탄과 싸우기를 바라며 사탄과 싸우
는 그날만을 기다리는 너희가 지금
얼마나 잘못된 것이며 어리석은 믿음
이요, 얼마나 사악한 자들인가?
36 나의 아들 예수가 재림하여 다시 사탄
과 싸워 너희를 하늘로 인도한다는
것은 너희는 사탄의 자식이기에 나의
아들이 사탄을 멸망케 하는 것을 못
하게 함이니라.
37 나의 백성이 예수의 삶을 본받으며
예수의 죽음을 분하게 생각하는 나의
백성이 예수를 대신하여 사탄과 싸우
고자 하나,
38 너희는 예수가 재림하여 사탄과 싸워
이기는 그 길밖에 없으며 예수 이외에
는 사탄을 이길 수 없으니, 이길 수 없
는 싸움을 하지 말라 하여,
39 그 사탄 앞에 목숨을 내걸고 싸우고자
하는 나의 백성까지도 그리 가지 못
하게 하는 것이 바로 누구이던가?
40 종교 지도자요, 너희 집단이니, 곧 너
희가 사탄의 자식이기에 사탄과 싸우
지 못하도록 나의 백성을 그리 짓누른

다 내가 나의 법전에 기록하여 전했으니,
41 지금 이 세상에 믿음의 길이며 종교
집단들이 처해 있는 형국이 그러하니
라, 사랑하는 나의 아들아!
42 그를 다 깨우쳐야 할 것이며 그들을
단죄해야 할 것이며,
43 그 신도라 하는 자들이 하늘에 오르는
길이 아니요, 지옥 불로 인도하는 그
들을 단죄할 수 있는 그와 같은 깨달
음을 얻도록 나의 법전을 전하는 것이
너희의 대명이며 너희가 해야 할 일
이며,
44 예수가 재림하여 다시 사탄과 싸우는
역사는 없으니, 이제는 나의 백성 너
희가 예수와 같이 깨끗한 자가 되어
천사와 같은 자가 되어 사탄과 싸울
수 있는, 그리고 사탄과 일대일로 싸
워 이기는 자가 구원을 받을 것이며,
45 일대일의 싸움에서 지면 지옥 불로 간
다는 이 엄연한 사실을 그들에게 깨우
쳐 줘야 할 것이니 그리 알라.
46 이제 너희가 가야 할 길이 무엇인지
알겠는가?
47 사탄과 싸워서 이기는 자를 내가 반
겨 줄 것이며,
48 너희는 사탄과 싸울 자격이 없으며 능
력이 없으며 사탄과 싸워야 백전백패
한다고 가르치는 사탄의 뿌리요, 사탄
의 자식의 말에 현혹되지 말고,
49 깨끗한 마음으로 다스려 천사와 같은
마음으로 변하며 나의 법전을 읽고 또
읽고, 정독하고 또 정독하여 천사와
같은 자세로써 너희가 예수를 대신하
여 사탄과 싸우는 그와 같은 역사를
이루는 것이 내가 이루고자 하여 지금 선택한 나의 백성, 그리고 너를 따르는 제자들, 그 모두가 그와 같이 역사할 자임을 잊지 말라 전하라.

5,903 번째 하나님 말씀

2003년 4월 10일 0시 09분

1 사랑하는 나의 아들아!
2 "네, 아버님! 말씀하옵소서."
3 너희가 하늘에 오르는 길은 나 여호와
의 뜻을 거역하지 아니하며 나의 뜻에
순종함이라 내가 그리 말하였느니라.
4 그리고 내가 원하는 길이요, 내가 역
사하고자 하는 길에 동참하는 것이 나
로부터 선택된 백성이 가야 할 길이
라 하였으며,
5 내가 싫어하는 일, 내가 얼굴을 붉히
는 일을 하지 말며, 내가 기뻐하는 일,
나 여호와가 즐거워하는 그와 같은 일
을 생각하고 행하며 살아가는 것이 나
에게 오르는 길이라 하였음이니라.
6 너희가 가장 나를 기쁘게 하며 나 여
호와가 기쁨으로 충만할 수 있는 일
이 무엇인 줄 알겠는가?
7 이 세상에 모든 백성이 나에게 가장
큰 기쁨이요, 나에게 큰 선물은 내가
성령으로 내리는 나의 법전을 책으로
만들어 만백성에게 전하는 것보다 더
한 기쁨이 없으며 나 여호와에게 더한
영광이 없음을 너희는 알아야 할 것
이니라.
8 그보다 더 위대한 일이 없으며 그보다
더 위대한 역사가 없다는 것을 너희는
알아야 할 것이니라.

9 나 여호와의 기쁨이 이보다 더한 것이
없음이니, 너희야말로 나의 사랑하는
아들딸이요, 너희가 이 세상에 어떠한
선한 일을 하는 것보다도 내가 더 기
뻐함은 나의 법전을 만들어 세상에 전
하는 것이니,
10 나 여호와가 가장 기쁜 일이요, 내가
즐거워하는 일이요, 나 여호와를 위해
서 너희가 최선을 다하는 백성이라는
것을 알아야 할 것이니라.
11 그러니 너희가 여기서 주저하지 말며
두려워하지 말며 최선을 다하여 법전
을 만드는 데 온갖 정성을 다하도록
그리 전하라.
12 만백성을 위하여 너희가 나의 뜻을 기
록하며 나의 법전 160권을 만들어 하
얀 눈이 세상을 덮듯이 세상을 모두
다 덮어 버리는 그날이 나 여호와의
가장 기쁨이요, 내가 인간을 세상에
만든 기쁨이니라.
13 내가 아담과 이브를 세상에 만들고 그
들을 얼마나 사랑했기에 가장 아름다
운 모습으로 만들었다 했던가?
14 그러나 아담과 이브가 나의 뜻을 듣지
아니하였으며 내 명령을 듣지 아니하
였으며 내가 원하는 것을 듣지 아니하
여 나를 고통스럽게 했으며 나를 슬프
게 했음이니라.
15 그리하여 그다음에 이루어진 것이 무
엇이던가?
16 몇백 년 동안 고통과 시련 속에 사는
선택된 그 백성을 내가 인도하였음이
니,
17 그 역사를 맡았던 모세의 구약 시대도
어찌하였던가?
18 모든 백성이 우상을 만들어 나를 능
멸했으며 하늘을 향하여 기도하고 경
배하는 것이 아니요, 너희가 만든 금
송아지 앞에 기도하고 경배하며 우상
을 만드는 그와 같은 형국으로 나를
배신하지 아니하였던가?
19 그것이 인간 너희가 지금까지 나 여
호와를 아프게 했던 것임을 알아야 할
것이니라.
20 그리하여 신약 시대에 나의 아들을 세
상에 보내 너희에게 하늘에 오르는
길이 무엇인지 깨우쳐 주고자 했으며,
사탄과 싸워 이겨 너희가 하늘에 오
르는 길을 가르쳐 주고자 내가 나의
아들을 내려보냈으나,
21 믿는 자, 나 여호와를 찾는다는 백성
이 그를 그리 죽게 하여 나로 하여금
이와 같이 2천 년이라는 긴 고통의 세
월동안 나 여호와를 아프게 울렸음이
니라.
22 그 또한 너희가 무엇이던가?
23 나를 배신했으며 나에게 등을 돌린 것
이 아니던가?
24 그리하여 제3의 시대, 내가 심판의 시
대를 열어 나의 법전을 세상에 내려보
내니,
25 그와 같이 나의 백성이 배신하고 등
을 돌리며 나 여호와를 욕되게 했으며
나를 분노케 했으며 나를 능멸하며 내
가 재앙으로써 세상을 다스리고자 하
는 마음을 가질 수 있도록 너희가 그
리 사악하게 나에게 등을 돌렸음이니
라.
26 그러니 그 모든 역사를 다 덮으며 그
것을 모두 이길 수 있는 것은 바로 무

엇인 줄 알겠느냐?
27 너희 제자들과 힘을 합쳐 나의 성령을 받아 법전을 세상에 만들어 내어 만백성을 구하는 것,
28 그리고 나의 법전이 하얀 눈이 세상을 덮듯이 온 세상을 덮어 나의 백성이 보고 그를 보고 하늘에 오르는 길이 무엇이며 진정한 구원의 길이 무엇인지 알아,
29 그들이 너희를 따라 하늘에 같이 올라올 수 있는 그 역사를 이루는 것이 나에게 가장 큰 기쁨이요, 나 여호와의 가장 큰 행복함이라는 것을 너희는 잊어서는 아니 될 것이니라.
30 나의 이 뜻을 너의 제자들에게 전하라.
31 너희가 나의 법전을 만드는 것이 나 여호와의 가장 큰 기쁨이요,
32 내가 너희를 세상에 만든 더할 나위 없는 보람을 느낄 수 있는 그 길이라는 것을 너희는 잊지 말라, 사랑하는 나의 아들딸들아, 그리고 선택된 나의 아들딸들아!
33 너희가 아담과 이브의 시대요, 구약의 시대요, 예수의 시대요, 그 모든 것을 덮고 잊을 수 있는 것은 너희가 나의 법전을 만들어 내는 그 역사함이라는 걸 전하라.
34 사랑하는 나의 아들이 그와 같이 고통스럽게 죽어 갔으며, 그가 나에게 그 길을 가지 않으려고 그리 기도했던 것을 들어주지 않았던 나 여호와의 찢어지는 아픔의 끈을 너희가 위로하고 달래는 것은,
35 법전을 만들어 세상에 전하는 것보다 큰 역사는 없으며 그것보다 더 위대한 것이 없음을 꼭 전해 주도록 그리하라, 사랑하는 나의 아들아!

5,904 번째 하나님 말씀

2003년 4월 10일 06시 29분

1 사랑하는 나의 아들아!
2 "네, 아버님! 말씀하옵소서."
3 모든 것이 역사하는 것은 너희의 능력이 아니요, 나 여호와가 주관하여 이루고자 함이니라.
4 나의 새로운 성경이요, 법전이 세상을 덮는 것, 그리고 만백성이 이를 보고 깨우쳐 천 년에 걸쳐 지상에 사는 백성 너희가 하늘에 사는 백성과 같은 형상이 이루어지며 천국이 이루어지는 것은 나 여호와의 계획에 의해 내가 주관하여 이루어지는 역사이니,
5 지금 동양의 작은 나라요, 또 선택된 백성으로서 나의 법전을 읽고 깨우치는 백성 너희가 지금 스스로 역사하는 모든 것은 다 내가 주관하여 계획한 그 역사 속에서 가는 것임을 알아야 할 것이니라.
6 너희는 그를 알지 못하고 있으나 모든 것은 오늘을 위하여 준비하여 이루어졌다는 것을 알아야 할 것이니라.
7 그러나 나의 아들은 그 스스로 변화하는 모든 역사가 내가 주관하는 것을 알고 있음이니, 그리하여 그는 기적이요, 역사가 이루어지는 것을 알고 있음이니라.
8 다만, 너희에게 말하지 아니할 뿐이요, 너희에게 그를 설명하지 아니하지만,

9 그 모두는 다 나의 주관하에 치밀한
계획에 따라 하나하나 이루어지고 진
행된다는 그 두려움을 아는 것이 나
의 아들이니라.
10 그러니 나의 법전을 읽고 깨우친 백성
이요, 나의 아들을 따르는 제자 너희
는 두려워하지 말라.
11 동양의 작은 나라요, 언어가 준비되는
것, 그리고 너희 백성의 성격, 그리고
지금 너희가 쓰는 그 언어요, 문자가
다 내가 미리 준비한 것이라는 것을
너는 믿지 아니할 것이며 너희는 믿
지 않겠지만,
12 이 모든 것은 다 준비된 역사 속에서
흘러간다는 것을 알아야 할 것이니라.
13 그러니 너희는 하나부터 열까지 그
작은 모두가 나의 계획하에 주관하게
됨이니 두려워하지 말며 좌절하지 말
라.
14 너희가 오늘의 시련과 고통도 그를 다
겪게 되며 그리 넘어가면서 훈련된
백성이요, 전사로서 설 수 있는 것이
니라.
15 이 세상에 나의 뜻은 이루어지며 이
세상에 내가 직접 주관하여 역사하는
것이 얼마나 무섭게 변할 것인지를 너
희는 지금 모르고 있으나 그를 걱정
하지 말라.
16 때가 되고 세월이 흘러 그 행할 때가
되면 다 행하게 될 것이니라.
17 법전을 만드는 것도, 모든 역사하는
것도 다 준비된 사람들이 올 것이니,
18 너는 마음 편안히 기도하며, 나의 법
전을 만드는 데 최선을 다하며, 너의
제자들이 지금 어렵고 힘들다 하여 네
가 눈물로써 나에게 무엇을 얻고자 하
지 말라.
19 그들이 그 과정을 다 거쳐야 하며 그
훈련을 받아야 하며 그 고통의 세월을
지나야 하기 때문이니,
20 그리하여 남는 자 너를 따라갈 것이
며, 그렇지 못한 자 저희 스스로 물러
날 것이니,
21 이제 모세가 광야에서 내 백성을 기다
리고 기다렸듯이 내가 오늘에 쓰고자
하는 백성으로 남는 자, 그리고 인내
하는 자, 그리고 견디고 가는 자, 어떠
한 역경에서도 변하지 않고 흔들리지
않는 자, 나 여호와가 존재함을 믿는
자를 모두 선별하여 선별됐을 때 그
역사는 이루어질 것이니 그리 알라,
사랑하는 나의 아들아!

5,905 번째 하나님 말씀

2003년 4월 10일 06시 35분

1 사랑하는 나의 아들아!
2 "네, 아버님! 말씀하옵소서."
3 나 여호와가 너희에게 모두를 다 주
었으며 모두를 다 너희에게 내렸음이
니라.
4 너희가 세상에 태어나는 그 생명이요,
이 세상의 모든 것을 취하며 살 수 있
도록 나 여호와는 너희를 위하여 완
벽하게 다 주었으며 모두를 만들어 주
었음이니라.
5 그러나 너희는 이 뜻을 깨우치지 못하
며 위대한 역사요, 그 모두가 다 너희
를 위하여 준비된 것을 알지 못하니
하늘의 뜻을 너희가 모르고 있음이니

라.
6 너희는 무엇을 더 나에게 원하며 무엇
을 더 요구하는가?
7 나는 너희에게 생명을 주었다 말하였
느니라.
8 그리고 너희가 노력하여 구하면 구할
수 있도록 세상의 모든 물자요, 그 모
든 것을 다 너희에게 내려 주었으며
준비시켜 주었음이니라.
9 그리고 너희가 깨우쳐 하늘에 오를
수 있도록 사랑하는 나의 아들 예수의
목숨까지도 너희를 위해서 내가 다
내주었으며 그 고통을 겪은 나 여호
와니라.
10 그러니 너희가 나로부터 무엇을 더
얻고자 하며 무엇을 더 이루고자 하는
기도를 하지 말라 함이 여기에 있음
이니라.
11 내가 너희에게 무엇을 더 내려 주며
무엇을 내가 너희에게 역사해야 한단
말이냐?
12 내가 어떠한 희생을 더 너희에게 보
여 주며 내가 어떠한 고통을 더 겪어
야 한단 말이던가?
13 모든 것을 다 너희에게 내가 내려 주
었으니 너희가 얻고 못 얻는 것은 너
희 노력에 따른 너희 삶에 달렸음이
니라.
14 지금 제3의 시대에 심판의 길인 나의
법전을 글로써 책으로 만들어 세상에
내려보내는 이 뜻 또한 내가 너희를
얼마나 사랑하기에 이 역사가 이루어
지는 것인지 알겠는가?
15 마지막 시대에 하늘에 오르는 길을 보
고 깨우치고 못 깨우치는 것은 너희
며, 너희가 모두를 보고 행하면 그대
로 하늘에 오를 수 있는 법전이요, 새
로운 성경을 책으로 만들어 내가 세상
의 너희에게 전함이니,
16 그것도 또한 내가 너희에게 다 주었으
며 너희를 위해 내려보낸다는 것을 어
찌 모르는가?
17 나의 아들딸들아, 무엇이 더 너희에게
필요하던가?
18 내가 너희 한 사람 한 사람을 얼마나
소중히 사랑하고 아끼면 이처럼 모든
것을 너희에게 주며 내가 너희를 위하
여 다 내려보낸단 말이던가?
19 이제 너희는 무엇이던가?
20 너희 한 사람 한 사람이 다 남남이 아
니라, 나 여호와의 사랑의 일부분이며
나의 결정체가 너희라는 것을 알아야
할 것이니라.
21 그리하여 나의 사랑의 일부분이요, 나
의 결정체인 너희가 수없이 등을 돌
리며 나의 뜻을 거역한다 해도,
22 내가 마지막 제3의 시대에 또 너희에
게 이 법전을 만들어 하늘에 오르고
못 오르는 길을 너희가 볼 수 있도록
마지막으로 역사하는 것이니,
23 이를 보고도 내가 얼마나 너희를 사랑
하는 것인지를 너희는 정녕 모른단
말이던가?
24 나의 법전을 세상에 전하여, 나 여호
와가 너희를 얼마나 사랑하며 내가
너희를 얼마나 기다리는지,
25 너희가 바른 삶을 살고 나에게 오르도
록 하고자 하는 것을 지금 선택된 나
의 아들딸 너희가 만백성을 깨우쳐야
할 것이며,

26 그들에게 나의 뜻을 전하는 그와 같은
역사를 이루어야 함을 너희는 알아야
할 것이니라.
27 너희는 모두 나의 사랑의 결정체며 사
랑의 일부분이니라.
28 그리하여 내가 너희를 위하여 모든
것을 다 주었으며, 이제 마지막 기회
를 너희에게 내린다는 것을 깨닫지
못하는 만백성에게 나의 뜻을 전하라.
29 그리고 내가 너희를 위해서 얼마만큼
희생했으며 너희를 얼마나 내가 사랑
하며 너희가 나에게 돌아올 수 있도
록 천국의 문을 열어 놓고 기다리는
것인가를,
30 그러니 너희가 그 문을 통과할 수 있
도록 그와 같은 아름다운 삶을 살도록
하라.
31 너희만이 전할 수 있으며 너희만이
그들에게 법전을 쥐여 줄 수 있는 선
택된 자들이니라.
32 너희가 법전을 만드는 것을 소홀히 하
며 법전을 전하는 것을 게을리할 때,
많은 나의 백성이 구원을 받을 수 없
다는 것을 알아야 할 것이니,
33 너희의 책무가 얼마나 중요한지 깊이
깨달으라 그리 전하라.

5,906 번째 하나님 말씀

2003년 4월 10일 06시 44분

1 사랑하는 나의 아들아!
2 "네, 아버님! 말씀하옵소서."
3 이 세상에 교회라는 것이 바로 섰으며
나의 아들 예수가 전하고자 했던 그
뜻을 계승하여 지금까지 흘러왔다면,
4 진정 모든 백성이 그 교회 앞에 고개
를 숙일 것이며, 그곳에 있는 모든 백
성을 존경하는 마음으로써 나의 백성
은 살아갈 것이며 너희를 그리 받들
것이니라.
5 그리고 너희를 그리 볼 것이니라.
6 그러나 너희는 과연 어찌 되었는가?
7 나의 뜻을 대신하여 가르친다는 그 종
교 지도자가 존재하는 곳이요, 너희가
손으로 지은 성전이요, 교회라는 곳은
신성시되어 있어야 할 것이며,
8 감히 누가 그곳을 지나가 너희를 보고
인간 잘못된 자들의 집합소라 그리
말할 수 있단 말이던가?
9 너희가 진심으로 나의 뜻을 바로 가르
치고 전하는 그 전당이 되었다면, 모
든 백성은 너희를 존경할 것이며, 너
희 보기를 두려워할 것이며,
10 너희 앞에 감히 보통 인간의 집단보다
도 더 사악한 집단으로 전락하였으며
그 속에서 이루어지고 행하는 것은 추
하여 보지 못한다는 그와 같은 말은
하지 아니할 것이니라.
11 그러나 지금의 교회는 죄의 온상이 되
어 버렸으며,
12 지금의 교회라는 것은 지옥의 형상을
그대로 닮아간다고 말할 수 있을 만큼
타락되어 쓰러져 있으며,
13 그와 같이 형편없는 곳이 교회요, 모
든 죄의 온상이 거기서부터 시작됨이
니라.
14 그리하여 내가 너희를 단죄하고자 하
는 것이며 너희를 파괴하고자 하는 것
이며 너희의 뿌리를 뽑아 버리고자 하
는 것이 나 여호와의 뜻이며, 그것은

반드시 이루어질 것이라는 것을 알아
야 할 것이니라.
15 모두 신성시되어야 할 그 교회라는
곳이요, 성전이라 부르는 그곳이 세상
의 질서를 파괴하는 짓은 거기서 다
시작되며,
16 인간의 가장 소중한 본성이요, 원초적
인 초심까지도 다 파괴하였으며,
17 사랑을 모르게 하며, 메마르게 하였으
며 서로 시기하고 질투하는 그와 같
은 세상을 만들었음이니,
18 바로 지옥과 같은 이 세상을 만들었으
니 지옥의 축소판같이 되었음이니라.
19 그러니 그 모든 죄는 누가 만들었던가?
20 이 세상을 지금 지배하는 사탄 너희
가 만들었으며, 사탄의 소굴로 되어
있는 것이 지금 나의 아름다운 지상이
요, 내가 만든 성전이 그와 같이 전락
하였음이니라.
21 이를 내가 더는 용서하지 아니하며,
이를 더는 보지 아니할 것이며, 이를
내가 더는 인내하고 기다릴 수 없기
에, 재앙으로써 다스려야 할 것을,
22 너희에게 다시 한 번 법전이라는 책으
로써 너희의 인성을 돌리며 세상의
이치를 알게 하며 타락된 백성의 마음
을 돌이키고자 마지막으로 내가 역사
한다는 뜻이 여기에 있으며,
23 그를 위하여 내가 지금 나의 아들을
통하여 160권의 법전을 세상에 내려
보내며 하늘에 있는 진리의 뜻을 내려
보낸다는 것을 너희는 알아야 할 것
이니라.
24 나 여호와의 종이요, 만백성의 종이
되는 것이 종교 지도자요, 만백성을
가르치는 자들이 가야 할 길이라 내가
그리 말하였으며, 그들이 또한 나의
뜻을 받아 역사하는 자들이니라.
25 그러나 지금 교회 안에서 하는 행동은
나 여호와가 눈을 뜨고 볼 수 없으며
너희의 그 타락된 행위는 내가 용서
하려 해도 용서를 할 수 없음이니라.
26 너희가 얼마나 자만심에 차 있으며
오만함의 극치가 하늘을 찌르는 것인
가?
27 내가 말하기를 모두는 다 똑같은 백성
이라 하였거늘, 더군다나 낮은 자라는
너희가 제왕적인 자리를 지키고 있으
며, 그 자리를 위하여 나의 피조물 만
백성에게 물질을 거둬들이는 데 정신
이 없으며,
28 참믿음으로 변함이요, 참진리로 변함
이요, 나의 아들 예수가 전하였던 사
랑을 실천하는 것으로써 변화될 수 없
으며,
29 그리하여 그곳에서는 나의 참진리를
받아들이지 못하며 나의 참진리를 연
구하지도 아니하는 것이니라.
30 참진리요, 아름다운 교리요, 나의 법
전이 세상에 내려가며 새로운 성경의
뜻이 내려가도, 그를 받아들이지 아니
하는 고집불통들만 집합해 있는 것이
너희 종교 집단이요, 지도자요, 교회
라는 곳에서 이루어지고 행하는 너희
행동임을 알아야 할 것이니라.
31 교회라는 집단의 지배권을 위하여 너
희가 싸우며 서로 할퀴고 물어뜯는 그
와 같은 행위를 부끄러운 줄 모르고
하며,
32 끊임없이 그러한 역사가 반복되는 것

이 너희 교회 안에서 이루어지며 성전
안에서 이루어지는 것이 아니던가?
33 너희는 인간이 가장 소중하며, 인간의
생명이 얼마나 소중한 것이며 나로부
터 받아 나간 너희 생명이 살아 있는
그 자체가 소중함이라는 것을 너희가
알아야 하거늘,
34 너희는 과연 교회라는 곳이요, 너희가
지은 성전의 집단 속에서 사람의 가
치를 무엇으로만 따지는 것인가?
35 물질로써 얼마나 많이 갖다 바치며
그가 얼마나 부귀와 영화를 누리는
자로서 성전이요, 교회라는 곳에 재물
을 바치는 것으로써 인간의 등급을 매
기며,
36 신앙심 또한 그것으로써 평가하는 그
와 같은 웃지 못할 형국이 되어 있음
이니,
37 이것이 바로 오늘의 교회 안에서 이루
어지는 잘못된 행위이니라.
38 교회라는 곳에서 서로 물질로써 사람
의 등급을 매기며, 신앙심이라는 것을
찾아볼 수도 없으며,
39 타락된 자들이 그 안에서 악을 쓰며
서로 말로는 사랑하나, 사랑의 그 씨
도 찾아볼 수 없고,
40 작은 이해관계에 달렸을 때 자매요,
형제라는 자들에게 얼마나 무섭게 돌
변하여 공격의 자세가 되는가?
41 그와 같은 추한 모습을 나 여호와는
더는 볼 수 없어 내가 너희를 단죄한
다는 것을 알라.
42 그러니 너희가 나로부터 단죄를 받으
며 뿌리를 뽑는 그 역사가 시작되는
것은 너희 스스로 원했던 것이며 너
희가 만든 결과라는 것을 이제 알아
야 할 것이니, 나 여호와를 원망하지
말라.
43 그리고 많은 백성에게 전하도록 하라,
사랑하는 나의 아들딸들아, 선택된 나
의 백성들아!

5,907 번째 하나님 말씀

2002년 4월 10일 09시 16분

1 사랑하는 나의 아들아!
2 "네, 아버님! 말씀하옵소서."
3 동양의 이 작은 나라가 선택된 나라며
준비된 나라라 내가 그리하였음이니
라.
4 그리하여 내가 새로운 성경을 내리며
나의 성령을 내리는 것을 너희 동양의
작은 나라의 문자요, 글로써 세상에
내려보냄이니,
5 이를 너희가 감사하지 아니하며 그 은
혜를 모르고 이것을 사탄이요, 사악한
자라 지금처럼 밀어붙이며 나의 아들
예수를 죽게 했던 그와 같은 행위를
한다면,
6 동양의 작은 나라에 환란이 계속 그치
지 아니할 것이며,
7 너희가 나의 법전을 사탄이라 말하는
것만큼 너희에게는 고통이 있을 것이
니 내가 너희를 그리 두지 아니할 것
이니라.
8 동양에서 지금 나오는 나의 법전 160
권은 창조주 나 여호와의 뜻이 아니면
이 역사를 할 수 없다는 것을 깨달아
너희가 순종하며 따르는 백성으로 변
할 때 너희에게 환란과 고통이 없을

것이니라.
9 내가 나의 백성들을 400년이라는 그 기나긴 세월동안 종살이요, 남의 집 더부살이를 해서 그들에게 깨우침을 주고자 했듯이,
10 지금 160권의 법전이 너희 문자요, 글로써 세상에 나가는 것을 너희가 나에 대한 은혜요, 영광이요, 축복이라 그리 생각하지 아니하며,
11 도리어 그를 거역하며 나를 능멸하며 이건 사탄의 장난이요, 사탄이 하는 짓이요, 마지막 거짓 선지자가 세상을 혼란케 하는 방법이라 그리 밀어붙여 나의 법전을 태우고 찢어 버리고 묻어 버리는 행위를 계속할 때,
12 너희 동양의 작은 나라의 백성은 너희 스스로 깨우칠 때까지 고통과 환란이 있을 뿐이니라.
13 내가 천 년에 걸쳐 세상에 새로운 역사를 이룰 것이니,
14 너희가 몇백 년의 환란과 고통이 계속 반복한다 해도 지금 바로 그와 같은 시련을 겪느냐, 겪지 않느냐 하는 것은 너희 선택이니라.
15 너희 민족이요, 동양의 작은 나라의 백성 너희가 지금까지 살아오면서 오늘의 인성과 마음을 갖기까지 얼마나 많은 시련과 고통을 겪었는가?
16 어느 민족도 너희처럼 시련을 그리 겪은 민족이 없음이니라.
17 그 모두가 나 여호와의 주관하에 너희를 훈련하였으며 다스려 왔음이니라.
18 그러면서도 너희가 하나가 되지 못하며 동양의 작은 나라 너희 문자로써 내가 법전을 만들어 세상에 내려보낸 그 큰 영광과 은혜를 거역하며,
19 도리어 나를 능멸하는 그와 같은 행위를 할 때, 너희 스스로 깨우칠 때까지 고통과 시련이요, 그 환란은 너희는 정녕 견디기 어려울 것이니라.
20 그리하여 너희가 스스로 굴복하며 오로지 나의 법전만을 정독하며 만백성이 하나가 되는 것,
21 그리고 동양의 작은 나라의 백성이 나에게 경배하고 기도하며 나의 법전에 입맞추는 그와 같은 백성이 되었을 때 너희는 환란과 고통에서 벗어날 것이며,
22 나의 법전에 입맞추며 이게 나 여호와 성령의 뜻이라 은혜에 대한 감사의 기도를 드리지 아니하고 거역할 때, 너희가 겪는 그 고통과 시련은 상상할 수 없을 것이니라.
23 내가 환란과 고통으로써 너희를 굴복시킬 것이며,
24 내가 너희에게 법전을 주어 이제 스스로 그를 깨우치라 하였거늘, 그러한 영광을 너희가 역으로 받아들임이니,
25 이제는 고통과 환란으로써 너희를 다스릴 것이니 그리 알라.
26 나의 아들 예수를 찾으며 하늘에 오르고자 하던 그 시대는 꽃방석에서 기도하는 것이요,
27 그러한 때에 바로 서지 못하였기에 오늘과 같은 나의 법전이 내려오며 너희를 단죄하는 역사를 이루듯이,
28 바로 내가 문자로써 내리는 160권이라는 대장정의 법전을 나의 것이 아니며 나 여호와의 뜻이 아니라 나를 비방하며 나를 거역하며 능멸하는 백성,

29 그와 같은 자들에게 내가 고통으로써
다스릴 것이며,
30 그리하여 너희가 나의 법전에 입맞추
는 그와 같은 스스로 너희가 굴복하는
역사를 내가 할 것이니라.
31 그를 너희가 받아들일 것인가, 그렇지
아니하면 너희가 감사하는 기도로써
축복과 영광 속에서 나의 법전에 입맞
출 것인가?
32 이제는 너희가 알아서 선택하라 전하
라.
33 모든 백성에게 전하라.
34 나의 법전이 사탄이요, 이단이요, 사
악한 자의 장난이라 말하는 백성, 너
희가 끝까지 그리 간다면 너희는 환란
을 당할 것이며 고통을 계속 당할 것
이며,
35 그렇지 않고 깨달음을 얻는다면 너희
는 축복과 영광 속에서 가장 선택된
민족으로서 모든 영광과 영화를 누릴
수 있다는 것을 잊지 말도록 만백성에
게 전하라.
36 나의 법전에 입맞추는 자는 구원을 받
으며, 나의 법전에 입맞추는 너희 동
양의 작은 나라의 백성이 되었을 때
너희에게 축복이 있다는 것을,
37 그렇지 않을 때는 너희가 고통과 시련
과 환란을 너희가 견디지 못할 만큼
겪어야 한다는 것을 잊지 말라.

5,908 번째 하나님 말씀

2003년 4월 10일 09시 33분

1 사랑하는 나의 아들아!
2 "네, 아버님! 말씀하옵소서."
3 내가 법전에 기록하여 너희에게 전하
기를 '허허!' 웃는 그와 같은 인생의
삶을 살라 그리하였음이니라.
4 너희가 '허허!' 웃을 때는 너희를 향하
여 날아오던 그 독화살도 너희 앞에서
떨어지며 너희를 맞히지 못한다 내가
그리하지 아니하였던가?
5 이제 나의 법전을 읽고 깨우친 백성
너희는 내가 법전에 기록했듯이, '허
허!' 웃는 그러한 인생의 연습을 해야
할 것이니라.
6 남이 너희를 공격할 때 '허허!' 웃으
며, 또한 너희가 무안할 때도 '허허!'
웃으며,
7 그리 모두가 '허허!' 웃는 마음 자세
요, 그 훈련을 해야 한다는 것을 가르
쳐 주라.
8 너희 백성이요, 너를 따르는 제자들
그 모두는 다 너희 삶이 아니요, 나로
부터 선택된 삶이요, 나의 명으로 삶
을 살아가는 자들이니,
9 세상사 그 무엇과도 대적해서는 아니
됨이니라.
10 너희는 나로부터 선택된 그 영광이요,
축복보다 더 큰 것이 없으며 더 위대
한 것을 나로부터 받은 것이 없음이니
라.
11 너희가 생명을 받아 세상에 태어난 것
도 나로부터 받은 선물 중에 가장 귀
하고 소중한 선물이나,
12 너희가 구원의 길에 들어설 수 있으며
구원의 길이 무엇이며 하늘을 향하여
구원의 빛을 보고 달려오는 길에 선택
됨보다 더 큰 영광과 은혜가 없으니,
13 이 세상에 무엇과도 바꿀 수 없는 그

와 같은 은혜를 받은 자들이 무엇을
생각하며 무엇을 시시비비하겠는가?
14 내가 너희에게 나 여호와가 존재함을
진정으로 믿는 자는 죄를 지을 수가
없으며 죄를 짓지 아니하고 산다 하였
음이니라.
15 나로부터 선택된 자라 생각하는 자,
나의 법전이 나의 성령을 태워 만백성
을 구하기 위해 세상에 내려보내는
나의 뜻이라 믿는 백성이요, 나의 아
들딸이라면 너희는 이 세상에 무엇을
더 원하며 무엇을 얻고자 하는 생각이
어디에 있는가?
16 세상 것을 다 쥐고 세상 것을 다 아는
너희는 바로 행할 것이 무엇이며 '허
허!' 웃는 그 삶을 가는 길밖에 없다
함을 알아야 할 것이니라.
17 너희가 '선생 앞에 문자를 쓴다'는 말
이 있지 않더냐?
18 가르치는 선생이 정답을 모두 다 아는
것을, 배우는 학생이 그 앞에서 더 아
는 체하며 아는 것처럼 말할 때, 선생
이 거기에 뭐라 시시비비를 하겠는가?
19 그보다 박식하지 못하며 그보다 배우
지 못한 사람이 아는 자 앞에서 아는
체를 할 때, 그가 무엇으로써 답하겠
는가?
20 그저 '허허!' 웃으며, 웃음으로써 사랑
으로 넘기는 것밖에 더 있겠는가?
21 그러니 너희는 얻을 것을 다 얻었으
며 가장 큰 축복이요, 영광된 것을 나
로부터 받은 너희는 '허허!' 웃으라.
22 '허허!' 웃는 모습으로 살아가야 한다
는 것을 절대 잊지 말라.
23 그와 같은 훈련을 너희가 해야 할 것
이니라.
24 그리하여 너희가 '허허!' 웃는다 하여
속이 없는 백성이 아니요, 심지가 없
는 백성이 아니니라.
25 너희는 그저 모든 백성을 '허허!' 웃는
사랑으로써 대하되,
26 진실만을 말하며, 진실을 지킬 수 있
으며, 진실을 굴복한 비굴한 행위를
하지 아니하며, 사악한 자 앞에 진실
이 묻히는 그와 같은 행위를 해서는
아니 될 것이니,
27 진실만을 말할 수 있고 진실 앞에 너
희가 부끄러운 행위를 하지 않는 용기
를 가진 나의 백성으로서 거듭나야
함을 잊지 말아야 할 것이니라.
28 그러한 삶을 사는 것이 너희니라.
29 그리고 너희가 살아가면서 모든 물질
을 함부로 쓰고 남용해서는 아니 되는
것 또한 깨우쳐야 할 것이니라.
30 너희는 필요하지 아니한 것, 나 여호
와가 원하지 않는 것에 인색해야 할
것이며, 내가 행하고자 하지 않는 일
에는 가장 인색한 자로 남아야 할 것
이며,
31 내가 역사하고자 하는 것, 내가 이루
고자 하는 것, 아름다움을 위하여 물
질을 쓸 때는 또 용감하게 쓸 수 있는
그와 같은 마음 자세로써 변화되며
그와 같은 훈련으로써 내면을 다져 가
야 할 것이니라.
32 모든 변화의 역사를 이루었을 때 너희
는 '허허!' 웃을 수 있듯이 그와 같이
너희 자신을 다스리라.
33 진실을 말하지 못하는 용기없는 자는
'허허!' 웃으며 살 수도 없으며, 그 웃

음으로써 모두를 덮어 줄 수 있는 그
와 같은 용기도 없으며, 그와 같은 행
위를 할 수도 없음이니,
34 진실만을 말할 수 있는 용기 있는 나
의 백성이요,
35 그리고 나의 뜻이 아닐 때는 인색한
백성이요,
36 나의 뜻에 따라 그저 모두 베풀고 쓸
때는 너희 것을 모두 다 던질 수 있는
그러한 깨달음을 가지고 옳고 그름을
따져 행할 수 있는 그와 같은 백성으
로 다스려지고 성장해야 함을 잊지
말라.

5,909 번째 하나님 말씀

2003년 4월 10일 09시 40분

1 사랑하는 나의 아들아!
2 "네, 아버님! 말씀하옵소서."
3 나 여호와가 하늘에서 이루어진 것같
이 이 땅에 이루고자 하여 내가 만든
지상의 낙원에 모든 종교 집단이요,
성전이라는 것이 들어서며 교회라는
것이 들어서기 시작하면서부터 이 교
회요, 성전이 죄의 온상으로 탈바꿈하
기 시작하였으며,
4 죄의 온상이 건립되며 죄의 온상이 서
기 시작한 것을 너희는 알아야 할 것
이니라.
5 너희가 만든 교회요, 성전이라는 것이
세상에 존재하지 아니할 때 나의 백성
은 이와 같이 황폐하지 아니하였으며,
이 지상이 이와 같이 사악한 자들에
의해 파괴되지 아니하였음을 알아야
할 것이니라.
6 내가 만든 이 성전에 죄의 온상인 교
회요, 성전이 들어서기 시작하면서부
터 이 세상은 사탄이 지배하게 되었으
며, 이 세상은 파괴되고 무너졌으며,
7 나의 백성은 인간 본질의 마음까지도
다 무너졌음이니,
8 이제는 지상과 나의 백성의 가슴이
황폐해졌으며 그 황폐함이 이루 말할
수 없어 지금은 아무것도 존재할 수
없게 그리 파괴되고 무너졌으니,
9 그리하여 그들을 구원하는 길이 없음
을 너희는 알아야 할 것이니라.
10 너무나도 메말라 있으며 또 너무나도
황폐화되어 있음이니,
11 아무리 씨앗을 뿌린다 해도 거둘 수
없을 만큼 지금 이와 같이 무너지고
파괴된 것은 바로 교회요, 성전이 세
상에 들어와 그 숫자가 늘어남으로 인
하여 나의 백성이 그와 같이 무너져
가기 시작하였음을 알아야 할 것이니
라.
12 그러니 이제는 내가 이들을 더는 볼
수 없으며 내버려둘 수 없어서 대수
술을 시작하고자 하는 것이 나의 뜻임
을 알라.
13 그리하여 내가 마지막 시대, 심판의
시대를 열었으며, 그 심판의 기준인
나의 법전을 세상에 내려보냈음이니
라.
14 이 지상의 사탄을 모두 베어 버리고자
하며 쓸어버리고자 하며 그 뿌리를
뽑고자 하는 것이 나 여호와의 뜻임을
알아야 할 것이니라.
15 너희는 지금 대역사요, 대개혁이요,
대변화가 시작되지 아니한다면 나의

피조물 만백성은 오로지 그저 죽음이
요, 지옥으로 가는 길을 가고 있음이
니,
16 그리하여 내가 너희에게 그 한 번의
기회를 더 주기 위해 법전을 세상에
내려보내니,
17 너희가 나의 법전을 가슴에 안고 정독
하고 깨우쳐 개혁과 변화의 역사를 이
루어야 할 것이니,
18 그를 행하지 아니할 때 나로부터 선택
된 백성 너희는 환란과 고통과 시련
이 계속 중단 없이 너희에게 있음을
알아야 할 것이니라.
19 내가 이제 시련과 고통으로써 너희에
게 나의 법전의 소중함을 알게 할 것
이며, 내가 재앙으로써 너희를 다스리
는 그와 같은 역사는 있지 아니할 것
이니라.
20 잘못 가르치는 종교 집단이요, 지도자
들 때문에 나의 사랑하는 백성이 눈
이 멀고 귀가 닫혀 진정한 참진리의
부르짖음을 모르며, 내가 너희에게 전
하는 강론을 듣지 못하며,
21 내가 너희에게 내 품에 올 수 있는 것
은 오로지 나의 법전을 가슴에 안고
정독하는 것이라, 그리고 계명을 지키
고 사는 것이라 그리 가르치고 가르쳐
도 너희가 이를 듣지 못하며 이를 보
려 하지 아니함이니라.
22 그리하여 잘못 가르치는 종교 지도자
로 하여금 눈이 멀고 귀가 막혀 아무
리 참진리를 소리 지르고 외쳐도 듣지
못하는 이와 같은 험악한 세상이 되었
음이니,
23 나 여호와가 무엇을 이루며 내가 무엇
을 더 역사하고 무엇을 더 기다리겠는
가?
24 그리하여 더 이상 기다릴 수 없으며
더 이상 인내할 수 없기에 지금 심판
의 시대를 열어,
25 나의 법전을 읽지 않는 자는 내가 다
스릴 것이며, 읽는 자는 내가 구원의
길을 열어 줄 것이니, 이 역사가 시작
되었음을 너희는 알라.
26 그러니 지금의 모든 종파에서 구원을
받았다는 그 믿음, 너희가 손으로 지
은 성전이요, 교회라는 곳이 모두가
다 나의 뜻에 따라 백성을 가르치는
것이 아니요,
27 나의 뜻을 거역하며 나의 뜻을 역행하
는 짓만 하는 것이 교회요, 너희가 손
으로 지은 성전이요, 회당에서 하는
짓이라는 것을 만백성에게 전하도록
하라, 사랑하는 나의 아들딸들아, 그
리고 선택된 나의 아들딸들아!

5,910 번째 하나님 말씀

2003년 4월 10일 12시 12분

(강론을 마치며)

1 사랑하는 나의 아들아!
2 "네, 아버님! 말씀하옵소서."
3 내가 너희에게 세상에서 일인자가 되
라 그리 말함이니, 과연 일인자의 그
고통과 시련이 얼마나 힘들더냐?
4 너희가 먼 거리를 달려와 우승이라는
영광의 명예를 차지하는 그 선수가 달
릴 때 그는 일인자가 되기 위해 어떠
한 고통과 시련의 길을 가는가?
5 그는 주저앉고 싶을 것이며, 그저 모

두를 다 포기하고 싶을 것이며, 그저
물이나 실컷 마시고 누워 쉬고 싶은
그러한 마음에 얼마나 고통스럽고 갈
기갈기 찢어지는 시련이 있겠는가?
6 그는 죽지 못하여 그 길을 또 달리고
달리는 것이며, 그동안 쌓았던 훈련이
너무 억울하여 인내하기 어려운 그 길
을 달리고 또 달리는 것이니,
7 너희가 표현하는 말로 죽지 못해서 달
리는 그와 같은 심정일 것이니라.
8 인간이 먼 길을 달리는 것의 세계 일
인자가 되기도 그리 어렵고 힘든 것이
거늘,
9 너희에게 내가 일인자가 되라 함은 무
엇이더냐?
10 하늘의 명을 받아 살아가는 일인자가
되라 함이니,
11 수천수만 가지 부닥치는 세상 속에서
일인자가 된다는 그 고통이 얼마나 힘
들고 어려운 것인지 너희는 알 것이
니라.
12 나 여호와가 인생을 살 만큼 산 자들
이요, 그리고 세상사를 알 만큼 아는
것이요, 삶에 얽히고설킨 세속의 생활
속에서 그 모두를 다 쓸어버리고 너
희에게 일인자가 되라 명하는 것은 나
여호와의 욕심이요, 내가 너희에게 지
킬 수 없는 것을 명한다 할 것이나,
13 그러나 너희는 그 길을 가야 하며, 그
길이 구원의 길이며 너희가 이루어야
할 대명이니, 어찌할 수 없느니라.
14 너희는 결코 주저할 수도 없으며 그
길을 가야 함이니,
15 이왕에 가는 그 길에 일인자가 되는
삶을 살라는 것이 나 여호와가 너희에
게 부탁하는 것이니라.
16 너희가 일인자가 되지 아니하고 살다
죽을 때 나에게 심판을 받지 아니하
며, 너희가 죽지 아니하고 영원히 살
수 있다면, 내가 너희에게 일인자가
되라는 말을 하지 아니할 것이니라.
17 부족하고 부족한 너희에게 일인자가
되라 말하는 나 여호와의 마음이 얼마
나 아픈 줄 아는가?
18 그러나 그것은 내가 너희를 사랑함이
며, 내가 너희를 소중히 아낌이라는
걸 잊지 말라.
19 너희는 육의 죽음이라는 것을 면하는
자 없으며 그를 넘을 수 있는 자가 아
무도 없음이니라.
20 결국, 너희는 죽음에 오느니라.
21 그러니 너희가 지금에 넘지 못하며
피할 수 없는 그 죽음이요, 나에게 심
판을 받는 그 삶을 살되,
22 너희가 패자가 되어야 하겠는가, 일인
자가 되는 그 영광을 차지해야 할 것
인가?
23 내가 너희에게 일인자가 되라 하며 일
인자가 꼭 되어야 한다는 것은, 나의
음성을 직접 듣는 백성이 과연 얼마나
있으며 나의 법전을 읽고 깨우치는 백
성이 과연 그 뜻을 얼마나 알겠느냐?
24 그를 알지 못함이니라.
25 그러나 너희는 알지 않느냐?
26 내가 너희의 손을 잡고 간곡히 너희
에게 부탁하느니라.
27 너희는 일인자가 되라.
28 내가 사랑하는 나의 아들딸, 너희는
나에게 올라와야만 되는 자들이니,
29 너희가 지금까지 살아오며 영원히 사

는 천국의 문을 들어오지 못한다면 너
희가 얼마나 고통스러우며 얼마나 괴
로운 길인가?
30 그때는 너희가 나를 아버지라 찾을
수도 없으며 나를 볼 수도 없으며 나
의 아들 선지자를 볼 수도 없으며 그
와 더불어 걸을 수도 없는 것이니라.
31 그리하여 그 모든 영광을 주는 것이
내가 너희에게 일인자가 되라 함이니
라.
32 내가 너희에게 재물을 줘서 너희가
비대해졌을 때, 너희가 일인자가 될
수 있다면, 내가 너희에게 왜 재물을
안 주겠는가?
33 그 재물은 아무것도 아니니라.
34 나의 아들이 말하지 않더냐?
35 떨어진 옷을 기워 입고 살아갈 것이
며, 옷을 사지 아니하며 물질을 사지
아니하고 살아간다는 그 마음이 무엇
인 줄 너희는 그리도 모르는가?
36 모두를 다 버렸음이니라.
37 그 모두를 다 버리는 것이 일인자가
될 수 있는 길이요,
38 하늘에 오를 수 있는 길에 무너지지
아니하기 때문에 그는 그와 같은 말을
하며 그리 살아가고자 애를 쓰는 것이
니라.
39 내가 너희에게 물질이 무엇이며 명예
가 무엇이라 하더냐?
40 너희는 내 품에 와야 하며 천국의 문
을 넘어야 할 것이니, 그것이 너희가
가야 할 길이니라.
41 내가 너희에게 일인자가 되라는 매를
때리는 것은 너희를 얼마나 사랑함이
며 너희가 얼마나 값지고 소중한 보
배인가를 알라.
42 나의 아들을 통하여 나의 음성으로써
너희에게 전함이니라.
43 일인자가 되라는 그 뜻을 가슴 깊이
새기며, 너희는 꼭 일인자가 되어야
할 것이며 일인자의 삶을 살라.
44 일인자가 되어야 할 것이니, 일인자가
되지 아니하면 나의 아들과 너희가
같이 거닐 수 없으며, 나의 아들이 너
희를 끌어올릴 수 없으며, 나의 아들
이 너희를 볼 수 없음이니라.
45 지금 육을 가지고 있는 나의 아들이
그 제자들의 어렵고 힘든 것 때문에
그가 밤마다 눈물지며 우는 것을 나는
알고 있느니라.
46 너희 앞에 그는 웃고 소리 지르나, 너
희가 다 가고 난 다음에 그는 너희가
어렵고 힘든 것 때문에 밤마다 울고
있음이니라.
47 나의 사랑하는 아들이 우는 모습을 보
며 내가 너희에게 주지 않는 그 이유
를 너희는 알겠는가?
48 나의 아들 예수가 십자가에 못 박혀
죽어 가는 것을 그냥 보고 참았던 내
가 왜 그랬겠는가?
49 너희를 바로 세우기 위해 그리했거늘,
오늘같이 사악한 자들이 세상을 지배
하게 되었음이니라.
50 나의 아들이 죽음으로써 너희에게 준
선물이 이러할진대,
51 내가 지금 나의 아들의 눈물을 거둬들
이기 위하여 너희들에게 무엇을 준다
하면 너희가 일인자가 될 수 있겠는가?
52 예수가 죽는 그 고통보다도 나의 아들
이 밤에 눈물을 흘리는 그 고통을 보

기가 더 내 가슴이 아프고 저려 오느니라.
53 이는 다 너희가 일인자가 되기 위한 것이니라.
54 이것이 내가 너희에게 줄 수 있는 가장 큰 사랑이요, 내가 너희를 사랑함이라는 것을 잊지 말라, 사랑하는 나의 아들딸들아! 일인자가 되도록 그리하라.

5,911 번째 하나님 말씀

2003년 4월 10일 21시 41분

1 사랑하는 나의 아들아!
2 "네, 아버님! 말씀하옵소서."
3 너희가 이 세상을 살아가며 누구나 다 인생을 살아감이니라.
4 그리고 인생의 삶을 살다 너희는 누구나 넘지 않을 수 없는, 그리고 그를 피할 수 없는 죽음의 길을 맞이하게 됨이니라.
5 그러니 너희가 죽음의 준비를 위한 삶을 살라 내가 너희에게 그리 말하였음이니라.
6 그러니 너희가 죽음을 대비하여, 단 1초도 안 되는 그 죽음의 순간에 가장 행복한 자로서 숨을 거둘 수 있는 그와 같은 준비된 삶을 살라 내가 너희에게 그리 말하였음이니라.
7 그는 바로 무엇이던가?
8 너희가 변하는 역사이니라.
9 아름답게 변하는 그 삶이니, 그 변화는 바로 무엇이던가?
10 너희가 행함이 있으며 행동으로써 너희가 살아가는 데 그 기본이 되며 근본이 되는 것이니라.
11 그와 같이 너희가 살아감을 어찌 살았느냐, 어찌 행했느냐에 따라서 너희가 마지막 순간에 웃을 수 있는 자가 있으며 웃지 못할 자가 있는 것이니,
12 너희는 그와 같은 선함을 행하고 사는 것을 먼저 배워야 할 것이며, 그것이 너희에게 가장 중요한 구원의 길이라는 걸 잊어서는 아니 될 것이니라.
13 그러나 너희는 그를 생각하지 못하며 그를 의식하지 못하며 너희와 관계없는 다른 사람들의 일인 것처럼 착각 속에 지금 살아가는 것이 나의 백성이니라.
14 그리하여 내가 나의 법전을 읽고 깨우쳐 너희가 죽음에 대비하는 삶을 살라 하여 너희에게 그리 가르치거늘,
15 너희가 나의 법전을 사탄이요, 사악한 자라 하여 보지 아니하며 들여다보지 아니함이니, 이를 과연 어찌하여야 하겠는가?
16 이제 나의 법전을 읽고 깨우친 백성 너희가 하나하나 그 허물을 벗어 나감이니,
17 그 허물을 벗어 가는 그와 같은 삶을 살아가는 너희 자신을 볼 때 과연 너희가 죄를 짓지 아니하고 살 수 없다 생각하는가?
18 이제 나의 법전을 읽고 깨우치는 백성 너희는 알고 있을 것이니라.
19 인간이기에 죄를 짓지 아니하고 살 수 있다는 것을,
20 너희가 얼마만큼 노력하느냐에 따라서 너희는 죄를 짓고 안 지을 수 있다는 것을 나의 법전을 읽고 깨우친 백

성은 알고 있을 것이니라.
21 너희가 노력하는 것만큼 얻어지는 것
이며 너희가 변하고자 하는 것만큼
변할 수 있다는 것을 알 것이니라.
22 나의 법전을 읽고 너희가 그를 보고
그대로 행하고자 노력한다면 스스로
바로 설 수 있으며 너희는 변화된다
는 것을 알고 있음이니,
23 나의 법전을 읽는 백성은 그들이 변
하는 것을 알며 죄를 짓지 아니하고
살 수 있다 생각하는 마음을 가지고
살아가고 있건만,
24 수천 년 동안 믿음이요, 그 집단 속에
서 왔던 백성 너희는 어찌하여 그를
그리 행한다 할 수 없다 말하는가?
25 지킬 수 있다 해서 지키고 노력하는
백성과 지킬 수 없다 하여 포기하며
지키지 않으려 하는 백성은,
26 너희는 나에게 왔을 때 그 단 1초도
안 되는 죽음의 순간에서 웃는 자와
고통 속에서 가는 자의 그 차별화가
그때 이루어진다는 것을 잊어서는 아
니 될 것이니라.
27 이제 나의 법전을 읽는 백성이요, 나
의 아들을 따르는 제자들은 스스로 자
신이 변화되는 것을 두려움을 알고 있
으며 그 무서움을 알고 있으며,
28 그리고 용기를 가지고 있으며, 한 점
의 부끄러움이 없이 나 여호와에게 기
쁨을 안겨 주는 그와 같은 삶을 살아
가는 모습을 너희는 봐야 할 것이니
라.
29 이제 그들 속에서 너희가 깨달을 것
이니라.
30 또한, 지금 변하는 나의 아들을 따르
는 제자 너희 또한 알아야 할 것이니
라.
31 너희가 완벽히 변해야 하느니라.
32 너희가 바로 서고 완벽히 변하여 천사
와 같은 모습으로 보여 줄 때, 모든 백
성은 너희를 보며 놀랄 것이며,
33 너희에게 끌려오는 그 마음을 자신도
억제하지 못하며 주체하지 못하여 너
희 앞에 선생이라 고개 숙이며 너희에
게 가르침을 원할 것이며, 그 가르침
을 받고자 하는 자들이 줄을 이을 것
이니라.
34 너희가 그와 같이 무섭게 변화된다는
것을 알아야 할 것이니라.
35 너희가 말하기를 '물 묻은 바가지에
깨알 붙는다'는 말이 있듯이,
36 너희가 천사와 같이 변하는 모습이요,
너희 실제로 살아가는 모습이 그렇게
변화되었을 때, 모든 백성은 그리 붙
을 것이니라.
37 너희 자신이 천사처럼 변화되지 아니
하며 너희가 거짓 하며 가식적인 삶
을 사는 것, 진정으로 아름답게 변하
지 아니한 백성 너희를 보고는 아무
도 따라오지 아니하며 아무도 너희를
존경하지 아니하며,
38 너희를 스승으로 부를 수 없으며 선생
으로 모시지 아니함을 알라.
39 너희가 진정 변했을 때 남들이 먼저
알며 나의 백성이 먼저 알기에,
40 그들이 스스로 너희를 존경하는 마음
이요, 선생이라 부를 수 있는 그와 같
이 너희가 변하는 것이 가장 위대한
복음이니라.
41 한 사람씩 한 사람씩 너에게 접근할

수 있는, 자석에 쇠붙이가 들러붙듯
이, 그 강한 자석만이 많은 쇠붙이와
큰 쇠붙이를 끌어당길 수 있듯이,
42 너희가 자석의 힘을 발휘할 수 있는
그와 같은 강력한 자석의 자세로써 너
희 마음이 굳어져야 함을 잊지 말라,
사랑하는 나의 아들딸들아!

5,912 번째 하나님 말씀

2003년 4월 10일 21시 46분

1 사랑하는 나의 아들아!
2 "네, 아버님! 말씀하옵소서."
3 너희가 지금 손으로 지은 성전이요,
교회라는 것, 또 그 회당에서 너희가
지도자라 하여 단상에 서서 나의 피조
물 만백성을 하늘로 인도한다 하며 가
르치는 자들, 그들이 과연 어떠한 모
습인지 너희가 알겠는가?
4 너희가 가르친다는 손으로 지은 그 성
전에서 설교하고 가르치는 종교 지도
자들이 악마의 자식이 되어 있으며,
5 그들이 악마의 자식으로서 설교하며
악마의 자식으로서 나의 피조물 만백
성 너희를 가르치고 있다면 너희는
믿겠는가?
6 그러나 나 여호와가 내려다보는 너희
그 교회요, 성전에서 하는 짓이 바로
그와 같이 되어 있음을 알아야 할 것
이니라.
7 그들이 하는 모든 작태를 나 여호와
가 바라다볼 수 없으며 역겨워 그를
바라다볼 수 없으니, 내가 그들을 그
리 말함이니라.
8 너희는 이를 믿어야 할 것이니라.
9 그리고 그들이 지금 믿음의 길이라 하
여 나의 피조물 만백성을 이끌며 가르
치는 종교 지도자요, 그 집단에 속해
있는 자들, 단상에서 설교하는 자들,
10 저희 스스로 저희를 잘 알고 있으며
저희가 아무것도 아니라는 것을 알고
있을 것이니라.
11 그리고 저희 자신이 살아가는 그 모습
을 만백성이요, 신도들이 본다면 신도
들의 돌팔매에 저희가 견딜 수 없으
며 저희로부터 등을 돌리고 떠날 것이
라는 걸 잘 알고 있을 것이니라.
12 그들 스스로 나보다도 더 잘 알 것이
며 저 자신이 더 잘 알 것이니, 그들이
사탄의 자식이 아니라 그리하거든 그
들에게 물어보라, '과연 네가 그리 말
할 수 있는가?'.
13 저희가 하는 행위가 얼마나 부끄러운
짓을 하는지를 그들은 다 알고 있음이
니라.
14 다만, 나의 사랑하는 피조물 만백성
너희만이 그를 모르고 있으며,
15 그리하여 너희가 그들을 작은 신처럼
받들며 그를 따라가며 그 말에 그저
'아멘, 할렐루야!' 소리 지르는 그와
같이 너희가 불쌍한 백성이니라.
16 그들이 천사와 같은 자요, 사탄의 자
식으로서 사악한 짓을 하지 아니한다
면, 내가 뭐하러 160권의 법전을 세상
에 내려보내며 너희를 바로잡겠다, 그
리고 너희 인간의 본성을 찾아주고자
나 여호와가 이리 어렵고 힘든 길을
선택해서 가겠는가?
17 이는 너희가 정녕 잘못 가고 있으며
너희가 사탄의 자식으로서 사악한 짓

을 하고 있으며 불쌍한 나의 백성을
너희가 지옥 불로 이끌어 가기 때문에,
18 내가 사랑하는 그 백성을 구원하고자,
그들을 내가 구제하고자 지금 내가 오
늘 이 길을 가고 있다는 것을 너희는
알아야 할 것이니라.
19 이제 너희는 알아야 할 것이니라, 사
랑하는 나의 백성들아!
20 너희가 얼마나 불쌍한 처지에 있는 것
인가, 너희는 내가 보기에 얼마나 가
련하고 불쌍한 짓을 하고 있는가?
21 너희가 가는 길이 나에게 오르는 천
국의 길이 아니요, 지옥의 길로 가고
있다는 것을 너희는 알아야 할 것이
니라.
22 이제 너희가 행함이 없는 것은 죽음
의 믿음이요, 행함이 없는 것은 하늘
에 오르는 길을 볼 수 없다는 것을 알
라.
23 행함의 믿음을 너희가 가도록 하라.
24 너희는 믿기만 하면 그저 구원을 받는
다는 그 어리석은 생각을 지워 버려야
할 것이니라.
25 너희가 착하고 아름답게 사는 것, 그
리고 너희가 사랑으로써 베풀며 사는
것, 나누며 사는 것, 그 마음의 행함이
중요함이니라.
26 너희가 가장 큰 악습 하나를 버리기
위해 평생을 노력해도 버리지 못하며
너희가 바로 서지 못하며 고치지 못하
는 것이 너희 마음이니,
27 그와 같은 잘못된 마음이요, 의지 없
는 마음이요, 너희 자신이 육의 생각
이요, 육의 즐거움 때문에 너희가 버
려야 할 악습 하나도 버리지 못하는
것이 너희이니,
28 얼마나 너희가 많은 죄를 가지고 살아
가며 너희가 스스로 지은 그 많은 죄
의 대가를 과연 누가 치르고 누가 받
는단 말이던가?
29 그것은 반드시 너희 몫이며 너희가
그 대가를 치른다는 것을 잊지 말라,
사랑하는 나의 아들딸들아!

5,913 번째 하나님 말씀

2003년 4월 10일 21시 54분

1 사랑하는 나의 아들아!
2 "네, 아버님! 말씀하옵소서."
3 내가 너에게 일찍이 깨우쳐 전하기를
뭐라 말하였더냐?
4 나를 만나러 오는 자, 나에게 오르고
자 하는 자, 그는 나의 아들딸이니, 나
의 자식들이 나 여호와 부모를 만나러
오는 자들이니,
5 너희는 마음의 부담이요, 마음의 고통
이요, 힘든 그와 같은 마음을 가지고
나에게 오지 말라 하였음이니라.
6 나 여호와를 만나러 오는 너희는 가장
편안한 자세요, 가장 행복한 마음으로
써 아무런 부담없이 나를 만나며 나를
찾으며 나에게 경배의 기도를 드리는
것이 너희가 할 수 있는 자격이며, 너
희는 그와 같이 역사할 수 있는 것이
라 내가 너희에게 그리 가르쳐 주었음
이니라.
7 그러나 지금의 잘못 가는 모든 종교
집단이요, 그들이 과연 어찌하는가?
8 나 여호와를 만나러 오는 너희에게 부
담을 주며 재물을 거둬들이며 노동력

을 착취하며 너희에게 각종 마음의
고통을 다 갖도록 평생 그와 같이 부
담을 주며 이끌어 가는 것이 그들이
아니던가?
9 너희가 고통과 부담을 느끼는 만큼 그
들은 육의 행복을 느끼며 즐거움을 느
끼며 향락을 위해 살아가는 것이니라.
10 그러니 이제 나의 법전을 읽고 깨우친
나의 백성이요, 그리고 나의 아들을
따르는 제자, 너희는 나 여호와를 만
나고자 하는 그 백성에게 어떠한 정
신적인 부담이요, 육체적인 부담이요,
물질적인 어떠한 고통이나 부담을 줘
서는 절대 안 된다는 것을 너희는 알
아야 할 것이니라.
11 그 뜻이 어디에 있는지 알겠는가?
12 이 세상 수십억 인구들이 다 격차가
있으며 다 차이가 있게 살아감이니라.
13 너희가 부귀와 영화를 누리는 자, 재
물을 가지고 누리는 자, 그리고 권력
을 가지고 누리는 자, 그 모두도 다 나
로부터 선택된 백성이요,
14 어렵고 힘들고 또 신체가 불편하게 태
어난 자, 어려운 모습으로써 태어난
자, 장애를 가지고 세상에 태어난 자,
15 그리고 가난 속에 허덕이며 사는 자,
어려운 삶을 사는 자, 고통 속에서 살
아가는 자,
16 그와 같이 고통과 시련 속에 살아가는
것도 다 나 여호와의 뜻이며 나에 의
하여 그리 이루어졌음이니,
17 어렵고 힘든 백성을 보는 내 마음이
얼마나 아프고 저리겠는가?
18 너희는 더불어 살아가게 되어 있으며,
재물을 거둬들이는 자, 그리고 부귀와
영화를 누리는 자, 그리고 권력을 가
진 자, 또한 이와 같이 다 차등이 되어
있으며,
19 또 고통을 겪는 자는 누군가는 겪어야
함이니, 그러니 지금의 고통을 겪는
백성이 바로 내가 그들에게 그와 같은
임무를 부여하여 그들의 어렵고 힘든
육의 삶을 살아가는 것이니,
20 그와 같은 나의 아들딸들을 바라보는
내 마음이 얼마나 아프겠는가 너희는
생각해 보았는가?
21 하물며 내가 그들을 보기에 너무나 가
슴 아파하며 그들을 보기에 미안한 마
음을 가지는 것이 나 여호와거늘,
22 어찌하여 그 백성을 너희가 무시하며
그들을 차등하며 같은 인간으로서 차
별하여 그를 대하는가?
23 너희는 절대로 그러한 행위를 해서는
아니 됨을 잊지 말아야 할 것이니라.
24 못난 백성이요, 부족한 백성이요, 몸
이 불편하게 태어난 백성이요, 힘이
없는 백성이요, 어렵게 사는 백성이요,
25 그 모두도 나의 뜻에 누군가는 그 길
을 가야 하기에 그들이 선택되어 그와
같이 아프고 고통스러운 삶을 살아감
이니,
26 너희 인간 자체에서 그들에게 차등을
두며 그들을 경원시하는 그와 같은 행
위를 하지 말라.
27 너희가 그 길을 그와 같이 살아갈 수
있는 자들이나 너희가 다만 거기에
선택되지 아니하여 부귀와 영화를 누
리는 삶으로 그와 같이 선택된 자들이
기에,
28 너희가 그와 같은 삶을 사는 것은 남

의 복을 너희가 가지고 살며, 남의 불
편한 그 장애의 몸의 형태는 너희가
가져야 할 것을 그들이 겪고 있다는
것을 안다면,
29 그들에게 겸손한 마음이요, 그들을 사
랑하는 마음이요, 그들에게 너희가 미
안한 마음을 가지고 살아야 하는 것
이 너희의 도리거늘,
30 어찌하여 그들에게 차등을 두며 그들
을 무시하며 너희가 그들의 고통을
들여다보지 않는 그와 같은 사악한 마
음으로 사는가?
31 이제 나의 법전을 읽고 깨우친 백성이
요, 그리고 나의 아들을 따르는 제자,
너희 모두는 몸이 불편한 백성, 또 못
사는 백성, 그 모두가 다 너희가 겪어
야 할 일을 그들이 대신 겪고 있다는
것을 생각하며
32 그들이 정녕 너희를 위해 평생 봉사
하며 사는 그와 같은 정신으로써 이루
어지는 백성이라는 것을 잊지 말라.
33 그러니 그들에게 미안한 마음, 감사하
는 마음을 가지고 살아야 할 것이거
늘,
34 어찌하여 그 백성을 차별하며 경원시
하며 그들을 무시하며 그리 살아가며,
35 세상에 너희만 다 선택받은 자요, 너
희만이 특혜를 받았다는 착각 속에서
지금 살아가는가?
36 그와 같은 백성 너희는 바로 서야 할
것이니라.
37 더군다나 너희가 믿음의 길이요, 구원
을 받았다 너희 말로 그리 말하는 자,
38 육의 삶을 행복하게 살며 또 하늘에
오를 수 있는 구원까지 받았다는 너희
는 그들을 위해서 과연 어떠한 마음을
가지고 사는가 너희 자신을 들여다보
도록 하라.
39 일반 나의 백성보다도 너희가 배는
더 그들을 생각하며, 그들을 사랑하
며, 그들에게 봉사하는 마음을 갖고
살아야 하거늘,
40 너희가 과연 어떠한 자세로 사는가 보
라.
41 그러하니 너희가 잘못된 자라 내가
말함을 너희는 잊어서는 아니 될 것이
니라.

5,914 번째 하나님 말씀

2003년 4월 10일 22시 11분

1 사랑하는 나의 아들아!
2 "네, 아버님! 말씀하옵소서."
3 내가 법전에 기록하여 너에게 일찍이
깨우쳐 주었음이니라.
4 너희가 아무리 뭐라 말하여도 너희
손으로 지은 성전에 가 재물을 바치며
회개하며,
5 그리고 너희가 며칠 간 살면서 지은
죄를 하루고 이틀이고 너희 손으로 지
은 그 성전이요, 교회라는 곳에 가 울
고불고하면 그 죄가 다 사해지며 감면
된다 그리하였음이니라.
6 그러나 그와 같이 되지 아니한다 함을
내가 나의 법전에 기록하여 만백성에
게 전했음이니 그리 알라.
7 너희가 알면서 짓는 죄, 죄라는 것을
알면서 짓는 그 행위는 절대로 용서할
수 없으며 용서받을 수 없다는 것을
너희는 알아야 할 것이니라.

8 네가 죄가 되며 죄가 무엇이란 것을
알면서 짓는 죄는 너희가 아무리 울
고불고 광란의 짓을 하며 나의 아들
예수의 이름을 부르짖으며 나를 찾으
며 손발에서 피가 나오도록 빈다 해도
내가 그를 용서하지 아니한다 하였음
이니라.
9 너희가 죄라는 것을 알면서 짓는 자가
죄라는 것을 모르고 짓는 자보다 얼마
나 사악한 자인지 아는가?
10 그리하기에 내가 그와 같이 알며 지은
죄는 용서치 않는다 하였음을, 너희는
이 무서움을 알아야 할 것이니라.
11 너희가 아무리 재물을 갖다 바치며 아
무리 기도를 하며 찬송을 부르며 울고
불고한다 해도 너희는 그 행위로써
구원받을 수 없다는 것을 알아야 할
것이니라.
12 그와 같은 이치를 내가 내 법전에 일
찍이 기록하여 너희에게 전하였거늘,
13 어찌하여 지금도 너희가 지은 죄를
기도하고 회개하면 모두 다 지워질 수
있으며 천사와 같이 깨끗하게 된다는
말을 하고 있는가?
14 그와 같은 행위를 해서는 안 되며, 그
리 가르치는 자의 말을 들어서도 아니
되며, 그를 믿고 따르는 자들이 있어
서는 아니 된다는 것을 알아야 할 것
이니라.
15 너희가 알고 짓는 그 행위요, 죄가 된
다는 것을 알고 짓는 그것은 내가 절
대 용서하지 못한다 했으니 그리 알아
야 할 것이니라.
16 내가 종교 집단과 지도자는 스스로 잘
못된 것을 자신이 먼저 회개할 줄 알
며,
17 너희가 개인에게 잘못했을 때 그 개인
에게 용서를 비는 마음부터 가져야 한
다 내가 그리 말하였음이니라.
18 그러니 나 여호와에게 죄를 빌기 전에
너희가 남에게 가해했을 때, 너희로부
터 슬픔을 당했을 때,
19 너희로부터 손해를 본 자, 너희로부터
가슴 아픈 일을 당한 자, 그 모두에게
먼저 비는 그와 같은 마음의 자세로
행한 다음에 너희가 나 여호와에게
그나마 기도드릴 자격이 있다 하였음
이니라.
20 너희는 남에게 상처를 주며, 남에게
피해를 주고, 남의 것을 도둑질하며,
남의 것을 거짓 하여 너희 것으로 챙
기고 난 다음에 말로써 그 용서를 빈
다 해서 되겠는가?
21 너희가 사람을 죽여 놓고 말로써 용서
를 빈다 해서 과연 그게 용서를 받을
수 있는 일이던가?
22 그러면 죽은 자는 어디에 가서 보상을
받는단 말이던가?
23 너희가 용서를 빌고 회개하고 재물을
바치며 울고불고했을 때, 그 죽은 자
가 다시 살아날 수 있다면 너희는 용
서를 받을 수 있을 것이니라.
24 여기서 너희는 알아야 할 것이니라.
25 내가 너희가 죄라는 것을 알고 남의
사과를 하나 훔쳤을 때 열 개로 갚아
야 한다 하였음이니,
26 살인한 자는 열 사람을 살려야 할 것
이나, 당장 그 사람도 살리지 못하는
것이 너희이니,
27 그리하여 용서받을 수 없다는 것을 너

희는 알아야 할 것이니라.
28 지금 나의 피조물 만백성을 너희가
그리 가르치는 이유가 무엇이던가?
29 너희는 그저 나의 백성을 편안한 대
로 그들에게 꿀맛을 전해서 그저 꿀을
맛보게 하여,
30 그 꿀맛에 의하여 나의 피조물 만백성
이 옳고 그름을 구분하지 못하며, 지
금 그저 너희가 부르짖는 대로 '아멘,
할렐루야, 옳소, 맞습니다!' 소리 지르
도록 그리 세뇌를 시킨 것이 너희들
이니라.
31 그러니 너희가 그와 같은 행위로써는
절대로 구원을 받지 못하며,
32 그리 가르치는 자, 나로부터 용서를
받을 수 없다는 것을 너희는 알아야
할 것이니라.
33 지금의 종교 지도자요, 모든 종교 집
단에 속해 있는 자, 너희는 스스로 지
은 죄를 자신도 인정하지 않으려 하며,
34 그를 용서를 빌려고 하지 않는 것이
종교 집단의 지도자이니,
35 그러한 자들이 나의 피조물 만백성에
게 죄의식을 모르게 하며, 그저 죄를
짓고 빌면 지워진다 그리 가르침이니,
36 다시 한 번 내가 너희에게 전함을 깊
이 새기라.
37 너희가 알고 짓는 죄, 죄라는 것을 알
면서 행한 것은 절대 용서받지 못한다
는 걸 알아야 할 것이니라.
38 이제는 모든 종교 집단의 지도자 너희
가 얼마나 사악해졌는가?
39 너희가 남에게 잘못했을 때 그에게 진
심으로 용서를 빌며 그에게 사과할 수
있는 그와 같은 마음의 용기 있는 지
도자가 과연 얼마나 있는가?
40 너희는 개인에게 실수했으며 개인에
게 욕되게 했을 때, 개인에게 죄를 지
었을 때,
41 또는 이웃에게 그와 같이 욕된 짓을
했으며 죄를 지었을 때, 또 실수를 했
을 때,
42 사회적으로 집단에 피해를 줬으며 그
들에게 용서받지 못할 짓을 했을 때,
43 너희는 그들에게 진심으로 용서를 빌
며 잘못한 것을 회개하고 반성하고 용
서를 구하는 것이 아니라,
44 그저 물질적인 힘으로, 집단의 힘으
로, 그리고 너희 조직의 힘으로, 또 종
교라는 그 이름으로 하여 그 모두를
다 덮어 두며,
45 그저 너희가 잘한 것이요, 너희에게만
역사한 것이요, 그리 잘잘못을 구분할
것 없이 오로지 너희가 한 짓만이 옳
다 그리 밀어붙이며,
46 용서를 빌 줄 모르며, 자신이 부끄러
운 줄 모르는 것이 지금의 종교 집단
이요, 지도자들이 가고 있음이니라.
47 진정한 종교 집단의 지도자라면 너희
가 잘못했을 때 두 무릎 꿇고 용서를
빌 수 있는 그 용기를 가진 자, 그와
같은 자가 나로부터 선택된 백성이라
는 것을 너희는 알아야 할 것이니라.
48 그와 같은 집단의 종교 지도자가 과연
있다면, 그들은 사탄이 아니요, 나 여
호와의 종으로서 내 뜻을 역사하는
자이니라.
49 그러나 그와 같은 자들이 과연 어디에
있는가?
50 그와 같이 용기 있는 집단의 지도자

가 어디에 있는가?
51 그저 물리적인 힘으로, 물질적인 힘으로, 집단의 머릿수로써 밀고 나가는 그와 같은 만행을 저지르고 있음이니, 너희가 얼마나 사악한 자이던가?
52 너희는 그러면서 만인을 사랑하며, 만백성은 평등하며, 너희가 말하는 민주주의를 신봉하며 민주주의의 기틀이 너희로부터 모든 역사가 이루어졌다 말하면서,
53 너희 스스로 그를 역행하는 행위를 하는 것이 바로 종교 집단의 지도자요, 너희가 구원을 받았다 말하는 신도들이니,
54 그들이 바로 무슨 짓을 하는가?
55 너희가 어떠한 짓을 하고 있는지 아는가?
56 나 여호와의 뜻을 거역하는 자며 나 여호와에게 순종하지 아니하며 나를 능멸하는 행동을 하는 것이 너희라는 것을 잊지 말라.

5,915 번째 하나님 말씀

2002년 4월 10일 22시 19분

1 사랑하는 나의 아들아!
2 "네, 아버님! 말씀하옵소서."
3 너희가 정녕 구원을 받으며 하늘에 오르고자 한다면, 너희가 하늘에 오를 수 있는 길이라는 것은,
4 인간의 형태로써 세상에 내려보낸 나의 아들 예수의 행함과 그가 실천했던 그 모두를 너희가 그대로 본받아 그리 지키고 행하며 사는 그것이 바로 하늘에 오를 수 있는 길이요, 구원의 길일 것이니라.
5 그리하여 내가 너희에게 그를 배우고 깨우칠 수 있도록 나의 아들을 세상에 내려보냈음을 알아야 할 것이니라.
6 그와 같이 예수의 삶을 그대로 살며 그가 베풀었던 사랑을 그대로 실천하는 그와 같은 너희로 변했을 때 나 여호와가 너희를 구원할 것이며,
7 또 그와 같은 너희를 나 여호와가 사랑함을 너희가 알아야 할 것이니라.
8 그러면 하늘나라의 형태와 같은 지상의 천국이 벌써 이 지상에 이루어졌을 것이니라.
9 나의 아들 예수가 죽어 가면서까지 그를 죽이는 자들을 용서해 달라 그리 빌었으며,
10 그리고 그와 같은 마음으로 원망하지 아니하며 만백성에게 어떤 것이 사랑이며, 어떤 것이 나 여호와에게 순종함이요, 나 여호와의 뜻을 거역하지 아니하는 것인지 그 모두를 너희에게 깨우쳐 주고 가르쳐 준 나의 아들 예수가 전했던 복음을 그대로 지키고 살아왔더라면, 지금은 지상에서 하늘의 낙원이 이루어졌을 것이며, 오늘과 같은 험악한 형국은 이루어지지 아니하였을 것이니라.
11 그러나 너희는 나의 아들 예수가 살아온 그 형태요, 그가 복음을 전했던 방법이요, 그가 실천했던 그 모두를 그대로 답습하고 지키는 것이 아니라,
12 그와 같이 역행하는 것으로써 지금 종교 집단이요, 지도자들이 나의 피조물 만백성을 이끌어 감이니라.
13 그저 나의 아들 예수가 죽음으로써 너

희 죄를 대속하였으며, 그 피로 너희
는 다 구원을 받았으며,
14 그 대가로써 너희는 그저 구원받은
백성이라 그리 말하며,
15 인간에게 가장 소중한 행함을 무시하
고 살아가는 그와 같은 형국으로 나의
피조물 만백성을 가르치고 깨우쳐 왔
기에 지금 이 험악한 이 시대가 되었
음이니라.
16 그리하니 내가 이 험악하고 타락된 세
상을 더 이상 볼 수가 없어 내가 너희
를 바로잡고 깨우치고자 지금 새로운
성경이요, 나의 법전을 세상에 내려보
내 너희에게 전하는 것은 오늘에 내
가 이룬 역사가 아니니라.
17 이는 일찍이 예수가 세상에 나가 너희
와 약속한 일이며,
18 새로운 보혜사가 새로운 뜻으로써 세
상에 나가 너희를 깨우치며,
19 예수가 이루고자 역사했던 것을 그대
로 기억하여 바른 세상이요, 하늘에
오르는 길을 볼 수 있으며 진정한 구
원의 길이요, 진리를 볼 수 있도록 너
희를 이끌고 또 역사하겠다는 약속을
내가 너희에게 미리 한 것이니,
20 그 약속을 내가 시행하고 지키는 그
역사가 지금 이루어진다는 것을 너희
는 알아야 할 것이니라.
21 그러니 지금 나의 법전을 읽고 깨우치
는 자, 이를 보고 바르게 살고자 하는
자,
22 그와 같은 백성만이 내가 나의 아들
예수를 통하여 너희와 약속했던 그
은혜와 은총이요, 은사를 받는다는 것
을 잊어서는 아니 될 것이니 그리 알
라, 사랑하는 나의 아들딸들아!

5,916 번째 하나님 말씀

2003년 4월 10일 22시 28분

1 사랑하는 나의 아들아!
2 "네, 아버님! 말씀하옵소서."
3 내가 나의 아들 예수를 통하여 너희에
게 전하기를, 나 여호와가 정녕 나의
뜻이요, 나의 말씀이요, 내가 원하는
것을 순종하고 지키는 자, 그 모두를
가르치고 그와 같이 행하는 자, 또한
나의 아들이 사랑하는 자,
4 나 여호와가 너희를 사랑한다 내가
너희에게 전하여 기록하도록 그리 전
하였음이니라.
5 너희는 내가 원하는 그 모두요, 내가
역사하고자 하는 것을 지키고 행하는
자, 그를 나의 아들 예수가 사랑할 것
이며,
6 나의 아들 예수가 사랑하는 자, 내가
너희를 사랑하고 아낀다 하는 것을
너희는 알아야 할 것이니라.
7 그러니 그와 같이 기록된 성경의 깊은
뜻을 알아야 할 것이니라.
8 나의 아들 예수는 그의 행함을 지키며
예수를 사랑하는 자, 나 여호와가 너
희를 또한 사랑한다 그리하였음이니
라.
9 그러니 너희는 내가 그와 같이 예수를
통하여 세상에 기록하여 전했던 그 뜻
을 알아야 할 것이니라.
10 너희가 예수를 사랑함이요, 나의 아들
예수를 구세주라 부르며 너희를 영원
히 구원하는 자라 그리 말하느니라.

11 그리고 너희는 또한 뭐라 말하느냐?
12 예수가 너희 죄를 대속하여 그와 같
이 죽어 갔으며 죽어 간 예수의 그 흘
린 피로 인하여 너희는 다 구원을 받
은 것이라 말함이니라.
13 그러니 너희는 이와 같은 뜻이 어떤
의미를 가지고 있는가를 깊이 깨우쳐
연구하고 또 연구해 봐야 할 것이니
라.
14 내가 그리 전한 뜻을 너희가 알아야
할 것이니라.
15 '예수를 사랑함과 같이 내가 또 너희
를 그리 사랑한다' 하였음이니, 그 의
미의 깊은 뜻을 알아야 할 것이니라.
16 나의 아들은 너희를 위하여 사랑이
무엇이며 사랑하는 자의 자세가 무엇
인가를 너희에게 깨우쳐 주고자 하는
그 임무를 충실히 수행했으며,
17 그 임무를 위해 세상에 나가 너희에게
복음을 전하며 사랑이 무엇이며 순종
이 무엇인가를 너희에게 가르쳐 그
책무를 다하고 나에게 올라온 나의 아
들 예수를 너희는 과연 뭐라 지금 가
르치는가?
18 그는 내가 보낸 자요, 그는 나로부터
보냄을 받아 너희에게 사랑이 무엇이
며 순종이 무엇인가를 그리 깨우쳐 주
었으며,
19 하늘에 오르는 자의 마음의 자세요,
삶이 무엇인가를 너희에게 전했던 나
의 아들을 지금 너희는 뭐라 부르짖
느냐?
20 구세주라 말하며 나 여호와 창조주와
동등하다 그리 말하고 만백성에게 가
르침이니,
21 그것이 얼마나 잘못된 망발이며, 하늘
의 이치요, 뜻을 거역하는 것인가를
너희는 알아야 할 것이니 이와 같은
말을 함부로 해서는 아니 될 것이니라.
22 이제 나의 법전에 기록하여 보낸 나
여호와가 있으며 명을 받아 행한 자가
나의 아들 예수니,
23 너희가 이와 같은 말을 함부로 해서는
아니 될 것이며, 이와 같은 말을 삼가
야 함을 알아야 할 것이니라.
24 이 체계를 무너뜨렸고 너희가 이 체
계를 이와 같이 잘못 가르치기에, 지
금 이 세상에 사탄들이 우글거리는 세
상이 되었음을 너희는 알아야 할 것
이니라.
25 나의 아들은 나로부터 명을 받아, 사
랑이 무엇인가를 만백성에게 가르쳐
주었으며,
26 실천하는 것을 너희에게 깨우쳐 그
임무를 충실히 수행하고 나에게 와 지
금 내 옆에 있음을 너희는 알아야 할
것이니라.
27 그러니 나의 아들 예수와 내가 동등하
다 그리 말하며 너희가 그와 같이 나
의 피조물 만백성을 세뇌시키니,
28 그들이 창조주 나 여호와의 두려움을
모르며 내가 심판하는 나 여호와의 두
려움을 모르고 지금 그와 같이 살아가
는 형국이 되었음이니,
29 이를 먼저 바로잡아야 함을 너희는
알아야 할 것이니라.
30 나의 아들 예수를 사랑한다는 것은,
예수를 나와 동등하다고 말하는 것은
잘못되었음을 너희는 알아야 할 것이
니라.

31 나의 아들 예수를 사랑함으로써 예수
가 전하는 복음과 그 뜻을 지키며 그
가 사랑을 실천했던 것을 너희가 보
고 깨우쳐 하늘에 오르는 길을 보도록
하는 것이 나의 아들 예수가 너희에게
전하고자 했던 것이며,
32 너희가 나의 아들 예수가 전했던 복음
에서 깨우쳐 배워야 할 것을 너희는
지금 잘못하고 있음을 알아야 할 것
이니라.
33 그러니 너희가 예수를 사랑하고 예수
를 아끼고 예수의 이름으로 구원을 받
는 자라 그리 말한다면,
34 예수가 사랑했던 사랑의 실천이요, 그
가 살아온 그 모든 행위를 그대로 닮
아 그대로 보고 살아가는 것이 너희가
나에게 오르는 길이니라.
35 나의 아들 예수와 내가 동등한 자라
그리 말하며 그와 같이 예수를 부르짖
으며 예수를 찬양하며 그저 구세주라
그리 말하며,
36 그 피로써 너희가 구원을 받으며 그
리고 예수를 찾으면 구원을 받는다는
그와 같은 가장 쉬운 방법이요, 힘들
지 않은 방법으로써 하늘에 오른다는
생각을 하지 말며 나의 백성을 그리
가르치지 말라.
37 예수의 행함을 그대로 행하는 것이며,
예수는 나의 아들로서 내가 보냈음이
니 나의 뜻을 따라 행하고 온 나의 아
들이니라.
38 그러니 너희는 나에게 경배하며 나의
뜻을 지키며,
39 내가 나의 아들을 통하여 내리는 나의
법전대로 바로 살다 하늘에 와 구원을
받으라 하는 것을 들으려 하지 아니하
며 믿으려 하지 아니함을 너희는 알
아야 할 것이니라.
40 예수처럼 행하는 백성이요, 예수가 베
풀었던 사랑만큼 베풀고 사는 자는 그
가 나의 아들딸이며 나에게 올 수 있
는 백성이라는 것을 너희는 알아야
함을 잊지 말라, 사랑하는 아들딸들아!

5,917 번째 하나님 말씀

2003년 4월 11일 07시 11분

1 사랑하는 나의 아들아!
2 "네, 아버님! 말씀하옵소서."
3 전쟁터에 나가는 군인들이요, 또 그
군인을 관리하고 지휘하는 장군이요,
전쟁터에 나가는 백성에게 훈련을 소
홀히 시키며,
4 그들을 완벽하게 군인으로서 만들지
아니하고, 대충 그저 시간을 때워 그
들에게 총을 줘 전쟁터에 내보내는 그
와 같은 지휘관이 있다 하면 그는 어
찌하는가?
5 많은 젊은이를 죽게 하는 자이니라.
6 그리고 또 그를 지휘하는 장수가 게을
리하며 그가 최선을 다하지 아니할
때, 그 책무에 충실하지 못할 때,
7 그 전쟁에서 그들은 패망할 것이며 또
많은 병사가 목숨을 잃게 되는 것이니
라.
8 그러니 책임자요, 지휘관이라는 모든
직책에 있는 사람들이 얼마나 노력하
며 얼마나 바르게 살아가며 최선을 다
하는 노력을 보여 주느냐에 따라 그
결과는 하늘과 땅의 차이가 됨을 알아

야 할 것이니라.
9 또한, 그뿐이더냐?
10 의사라는 직업을 가진 그 의사가 환자
를 보기를 소홀히 하며 태만히 해서
오진을 했을 때, 그는 한 사람의 생명
을 죽게 하는 것이며 한 생명을 잃게
하는 그와 같은 무서운 결과를 얻게
됨이니라.
11 그러니 병사를 지휘하는 그 장수도 잘
못 지휘하고 게으르고 태만할 때, 많
은 생명을 잃게 하는 것이요,
12 의사라는 직업으로서 저 자신이 태만
하며 소홀히 했을 때, 또 그는 귀한 생
명을 잃게 하는 것이니라.
13 그러나 그보다 더 중요하고 더 소중하
고 무서운 것이 무엇인 줄 아는가?
14 종교 지도자이니라.
15 잘못 가르치는 종교 지도자요, 다스려
지지 않은 지도자들이 지도자라 해서
만백성을 그저 하늘에 이끌고 인도한
다 할 때, 그들은 제대로 갖춰지지 않
은 자요, 진정한 진리를 모르느니,
16 그들은 태만한 의사요, 그리고 환자를
고칠 줄 모르는 의사가 수술하는 것
처럼, 그리고 부대를 지휘할 줄 모르
고 훈련을 시키지 못하는 장수가 그저
오합지졸인 병사를 데리고 전쟁터에
나가 이길 것이라 하는 것처럼,
17 그보다 열배 백배 천배 더 무서운 살
인자가 잘못된 종교 지도자요, 잘못된
알지 못하는 종교 지도자요,
18 진리가 무엇이며 나 여호와가 어떠한
것을 역사하고자 하는가를 모르는 그
와 같은 종교 지도자가 가장 무서운
흉악범이며 가장 무서운 살인마라는
것을 너희는 알아야 할 것이니라.
19 그것도 모르고 저것도 모르며 아무것
도 모르고 그저 따라가는 나의 사랑하
는 백성이요, 신도라는 자는 다 죽음
으로 감이니라.
20 완벽한 훈련을 거치지 않은 병사들이
전쟁터에 나가 죽음이요, 잘못 지휘하
는 지휘관의 지휘하에 그들이 다 죽음
을 면치 못하는 것이요,
21 기술을 제대로 배우지 못한 의사가 환
자를 오진하는 것이요, 그리고 실력이
없는 의사가 수술하다 사람을 죽게 하
는 것,
22 그보다 더 무서운 것이 종교 지도자
요, 인도자라 하는 자이니라.
23 그러니 내가 너희에게 뭐라 말하였더
냐?
24 종교 지도자는 한 점의 부끄러움이 없
는 그와 같은 삶을 사는 자며,
25 나 여호와의 참진리요, 내가 성서에
가르치고 지시하는 십계명을 지키며
그와 같이 완벽하게 살아가고자 노력
하는 자는 진정한 장수요, 진정한 의
사가 될 수 있으나, 그렇지 못한 자는
잘못된 지휘관이요, 잘못된 의사이니
라.
26 그러니 너희는 이제 깨우쳐야 할 것
이니라.
27 얼마나 잘못된 종교 지도자들이, 많은
백성이 영원히 살 수 있으며 구원받을
수 있는 길을 구원받지 못하고 그들을
죽게 하는지,
28 이제 잘못된 종교 지도자인가, 참진리
의 지도자인가를 구분할 수 있는 것은
너희 지혜에 달렸음이니라.

29 이를 너희가 구분하여 선택하도록 해
야 함을 잊지 말라, 사랑하는 나의 아
들딸들아!

5,918 번째 하나님 말씀

2003년 4월 11일 07시 22분

1 사랑하는 나의 아들아!
2 "네, 아버님! 말씀하옵소서."
3 나 여호와가 사랑하는 나의 아들 예수
를 통하여 너희에게 전하도록 하여
성경에 기록한 내용이 있음이니라.
4 나 여호와가 새로운 성경이요, 새로운
나의 뜻이요, 너희가 말하는 전지전능
한 창조주 나의 말씀이라는 내 뜻이
너희에게 모든 것을 다시 가르치며 그
것을 너희에게 전하는 새로운 보혜사
요, 새로운 성령이 세상에 내려간다
너희에게 일찍이 깨우쳐 기록하였음
이니라.
5 나의 아들 예수가 그리 전한 말과 그
가 복음을 전하고자 했던 것, 그리고
만백성이 하늘에 오르는 길이 무엇인
가를 그를 깨우치고자 했던 그 모두를
너희에게 상기시키며,
6 그리고 나의 아들 예수가 하고자 했던
그 모두를 너희가 다시 한 번 깨달아
그와 같이 역사하고자 하는 그와 같은
성령이요, 새로운 보혜사가 세상에 내
려와 그를 기억하도록 하며 그를 역사
하도록 할 수 있는 성령이 세상에 다
시 내려온다 그리 전하여 기록하였으
며,
7 너희는 그 내용을 읽어 또한 알고 있
을 것이니라.
8 바로 새로운 보혜사요, 새로운 성령이
내려와 나의 아들 예수가 죽음을 선택
하면서까지 너희에게 전하고자 했던
그 복음의 가르침이요, 그 사랑을 실
천함을 이제 바로 실천하는 것이 나의
법전이요.
9 내가 새로 내리는 성경임을 너희는
알아야 할 것이니라.
10 너희는 나의 아들 예수가 죽어 가면서
까지 나에게 순종하는 모습, 그리고
나의 뜻에 따라 행한 것, 그 모든 역사
한 것은 나에게 오르는 길이요, 나로
부터 구원을 받을 수 있는 길이라는
것을 나의 아들 예수는 너희에게 깨우
쳐 주고자 했으며 너희에게 전하고자
했음을 알아야 할 것이니라.
11 너희가 순종하는 것, 사랑으로써 베푸
는 것, 무한한 사랑의 마음으로써 모
두를 사랑하는 것, 그것이 바로 예수
가 너희에게 전하고자 했던 그 뜻이었
음을 알아야 할 것이니,
12 이제 나의 법전이요, 새로운 성경 속
에 너희가 그와 같이 살아야 함을 내
가 지금 강조하고 가르치는 것은,
13 바로 내가 나의 아들 예수를 통하여
성경에 기록한 그 내용의 뜻을 이제
역사하는 시대가 되었음을 너희는 알
며 그를 실천하고 있는 것을 알아야
할 것이니라.
14 너희가 나에게 오르는 길이라는 것은
과연 무엇이던가?
15 예수는 그 오르는 방향을, 그리고 무
엇이 나 여호와가 원하는 것이며 하늘
에 오르는 길이라는 것을 제시해 주었
으며 너희에게 전하고자 하였음이니

라.
16 그리하여 그 세부 사항을 내가 나의
법전에 기록하여 세상에 내려보내니
이게 너희와 약속을 지키는 것임을
알아야 할 것이니라.
17 이제 나의 아들을 통하여 내가 새로
내리는 성경이요, 이 법전은 너희가
행할 것, 행하지 아니하면 아니 되는
것, 너희가 어찌 행하며 어찌 살아가
야 하는지,
18 그리고 나의 성경에 기록되어 있는 내
용의 그 비유의 뜻을 하나하나 기록하
여 내가 너희에게 지금 전하며 너희
를 깨우치고 있음을 너희는 알아야 할
것이니라.
19 이제 예수가 전하고자 했던 그 뜻을
너희가 상기하며 그를 실천하며 행하
는 시대요, 이게 바로 제3의 시대요,
새로운 법전이 내려온 뜻이니라.
20 이를 알고 행해야 함을 잊지 말라.
21 그러니 지금 내가 나의 아들을 통하여
너희에게 내리는 새로운 성경, 너희가
실천하고 행하는 것이 어떤 것이 구원
이라는 것을 나 여호와가 직접 나의
성령을 태워 너희에게 내려보내니,
22 이는 내가 직접 내려가 너희와 더불
어 새 시대를 열어 감이라 그리 말하
였느니라.
23 그리하여 너희가 나의 법전의 뚜껑을
여는 그 순간에 나와 같이한다 내가
하였으니,
24 이제 새로운 성경이요, 새로운 법전이
곧 내가 나의 아들과 약속하여 너희에
게 나의 아들이 약속했던 새로운 보혜
사요, 새로운 성령이 내려와 예수가
전했던 것을 상기시켜 그를 행하고 실
천하는 시대가 온다 하였음이니,
25 바로 지금이 제3의 시대이니라.
26 이제 나의 아들 예수가 너희 말처럼
부활하여 다시 내려와 너희를 통제하
고 이끄는 것이 아니요, 나의 성령이
직접 내려가 나의 아들 예수가 원하고
자 했던, 전하고자 했던, 그리고 역사
하고자 했던 것,
27 그리고 사랑의 뜻이 무엇이며 실천이
무엇이며 나 여호와에게 순종하는 것
이 무엇인가를 그를 이제는 실천하는
시대요, 그를 지금 행하고 있다는 것
을 너희는 알아야 할 것이니라.
28 그리하여 내가 나의 아들 예수를 통하
여 너희가 어찌 가는 것이 구원의 길
인지를 가르쳐 주었으며,
29 지금 제3의 시대는 너희가 그를 실천
하고 행하지 아니하면 구원을 받을 수
없으니,
30 내가 지금 너희에게 심판의 시대라
함이 여기에 있음이니라.
31 이제 그대로 실천하며 나의 아들 예수
가 전하고 복음을 전했던 그것을 기억
하여 그대로 실천하는 것이 바로 나의
법전에 기록된 내용이며,
32 나의 법전에 기록된 그 내용이 나의
아들 예수가 너희에게 전하고자 했던
뜻이며 복음의 내용이었음을 이제는
알아야 할 것이니 그리 알라.
33 이를 알지 못하며 이를 거부하는 자,
사탄이요, 이단이요, 사악한 짓이라
하는 것,
34 너희는 내가 성경에 기록하여 새로운
보혜사요, 새로운 성령이 내려와 예수

가 역사했던 것을 기록하여 깨우쳐 다
시 상기하여 바른 삶을 살며 구원의
길에 오를 수 있는 시대가 올 것이라
기록된 성경의 내용을 보면서 이를 믿
지 아니한다면,
35 그리하기에 내가 직접 내려와 너희에
게 보여 주며 말해도 안 되며 나의 아
들 예수가 직접 내려가 너희에게 보
여 준다 해도,
36 또 천 년, 2천 년이 흐른 다음에 너희
는 그를 기억하지 아니하며 그저 지나
가는 동화 속의 한 토막의 이야기처럼
그리 생각할 것이니,
37 영원히 태울 수도 없으며 찢어 버릴
수도 없으며 묻어 버릴 수도 없는 나
의 법전을 지금 내가 책으로 만들어
나의 성령이요, 이 심판의 시대에 그
기준을 내려보낸다는 것을 너희는 이
제 잊지 말아야 할 것이며,
38 이를 잊고 이를 버리는 자는 지옥 불
로 간다는 것을 잊지 말라, 사랑하는
나의 아들딸들아!
39 마지막으로 내가 간곡히 너희에게 전
하는 뜻이며 마지막으로 너희를 사랑
하기에 내리는 선물이니라.
40 이제 두 번 다시 이와 같은 선물은 없
음을 너희는 알아야 할 것이니라.
41 노아의 방주도 너희에게 내린 가장
사랑하는 선물이니라.
42 그리하여 너희가 그를 보고 살라 하
였음이니, 그와 같은 백성만이 살 수
있다는 것을 보여 준, 너희를 가장 사
랑했던 교훈이며 가르침이며,
43 또한 구약의 시대에 모세가 역사했던
그것도 다 너희를 사랑하기 때문이며
너희를 위해서 내가 내린 사랑의 역사
임을 알아야 할 것이며,
44 욥의 시련도 또한 마찬가지니라.
45 너희를 위하여 내가 내린 영광이니라.
46 너희가 그를 보고 그와 같이 깨우쳐
하늘에 올 수 있도록 하고자 함이었으
며,
47 나의 아들 예수를 그리 죽게 하여 그
가 피 흘려 죽도록 그리 놔둔 그것도
내가 사랑하는 너희를 위한 영광이요,
너희를 위한 축복의 그 하나의 역사였
거늘,
48 너희는 그를 모르며 그를 받아들일 줄
모르며, 너희는 나와는 관계없는 소리
로써 지금 부르짖고 있음이니라.
49 그러니 내가 마지막에 나의 법전을 내
리는 것은 얼마나 너희에게 큰 영광이
며 은혜며, 내가 너희를 얼마나 사랑
하는 것인가를 알라 함이니라.
50 내가 지금 여러 차례 너희에게 사랑의
표시를 전했으며, 너희를 사랑하기에
구원하고자 하는 그와 같은 역사를 했
으나,
51 너희는 나에게 항상 등을 돌렸으며 내
뜻을 듣지 아니하였음이니,
52 육의 삶이요, 육의 향락의 그 욕심 때
문에 너희가 그를 따르지 아니하였으
니,
53 이제 내가 마지막으로 내리는 이 시대
에 이를 너희가 접하지 아니하며 이
를 가지고 깨우치지 아니하는 자는 구
원을 받을 수 없다는 무서운 사실을
알라, 사랑하는 나의 아들딸들아!

5,919 번째 하나님 말씀

2003년 4월 11일 07시 34분

1 사랑하는 나의 아들아!
2 "네, 아버님! 말씀하옵소서."
3 이 세상에 살아가면서 나의 사랑하는
백성이 천태만상의 직업을 가지고 있
느니라.
4 과학이라 하여 만들고 발명하기를 좋
아하는 자, 그 길을 또 달성하는 자,
노력하여 재물과 금화를 얻어 많이 쌓
아 놓는 삶이 행복이라 생각하여 그를
인생의 목표로 사는 자, 그리고 권력
이라는 것을 위해서 사는 자, 명예를
위해서 사는 자, 만백성을 가르치고자
사는 자,
5 너희는 이 세상에 천태만상의 직종을
가지고 있으며 천태만상의 인생의 목
표를 가지고 살아감이니,
6 너희가 그 목표를 달성했으며 이루었
을 때 너희는 행복한 삶이요, 그리고
보람 있는 삶을 살았다 그리 말하며
후회 없는 삶을 살았다 그리 말하느니
라.
7 그러나 너희가 어떠한 소망하는 것을
이루며 어떠한 뜻을 이루며 개인의 모
든 역사를 훌륭히 이루었다 해도, 그
리하여 아무리 행복한 삶을 살며 행복
하다 말을 해도,
8 이 세상에서 가장 행복한 삶을 사는
백성은 누구인 줄 아는가?
9 나 여호와로부터 선택된 백성이 되어
너희가 내가 원하는 그 일을 하는 것,
내가 명하는 나의 명을 받아 나의 소
임을 받아 내가 이루고자 하는 그 일
을 맡아 하는 자, 그 역사의 쓰임을 받
고 있는 자,
10 그와 같은 백성이 가장 행복한 백성이
라는 것을 너희는 알아야 할 것이며,
그보다 더 영광되고 축복받은 백성은
이 세상에 없음을 너희는 알아야 할
것이니라.
11 그리하니 세상사를 살아가면서 나로
부터 선택된 백성 그들이야말로 더 이
상 바랄 것이 없으며 더 이상 얻을 것
이 없는 것이니라.
12 그러니 나로부터 선택된 백성이요, 나
로부터 지도자로서 명받은 백성, 너희
는 살아가는 그 자체가 즐거움이요,
기쁨의 마음으로 살아가야 하는 것이
니라.
13 그리하여 너희는 좋은 것을 보면 좋
은 줄 알며 기뻐할 줄 알며,
14 그리고 아름다운 꽃을 볼 때 아름다운
꽃을 볼 줄 알며 그 꽃을 보고 즐거움
을 느끼는 그와 같은 마음을 비운 상
태에서 있는 그대로 받아들이는 마음
의 자세로써 살아가는 것이 진정한 종
교 지도자요,
15 나로부터 선택된 백성이요, 그리고 내
가 원하는 너희 삶이라는 것을 알아
야 할 것이니라.
16 꽃을 보고도 너희가 기쁜 줄 모르며
아름다운 줄 모르며, 좋은 것을 보아
도 좋은 줄 모르며 그와 같이 외형적
인 삶에 급급하여 살아가는 그와 같은
자는 진정한 지도자가 아님이니라.
17 좋은 것은 좋은 대로 속과 겉이 다 즐
거워할 줄 알며, 함빡 웃을 때 웃는 그
와 같은 종교 지도자요, 그와 같은 백

성이 진정 믿음의 길을 가는 백성임을
너희는 알아야 할 것이니라.
18 세상 속에서 승자가 되어야 하는 지도
자, 바로 세상사의 삶을 모르고 살아
가는 그와 같은 지도자는 지도자로서
자질이 없음이니라.
19 세상과 단절하며 세상과 거리를 두는
지도자, 그와 같은 삶을 살아가는 종
교 지도자는 진정 나의 백성의 살아
감을 모르며, 그를 지도할 줄 모르며,
그들을 인도할 자격이 없는 지도자임
을 너희는 알아야 할 것이니라.
20 그리고 위선적인 행위를 하는 자, 즐
거움을 즐겁다 말하지 아니하는 자,
슬프면 슬프다 표현하지 아니하는 자,
그리고 그저 마음속으로 근엄한 것처
럼 그리고 남들과 다른 것처럼 그와
같은 형식적인 행동을 하면서 이면에
서는 추하고 더러운 짓을 하는 자,
21 그와 같은 자는 종교 지도자요, 만백
성을 이끌 자격이 없으며,
22 신도라는 자들도 그와 같은 마음을 가
지고 사는 자는 구원을 받을 수 없다
는 것을 너희는 알아야 할 것이니라.
23 그와 같은 자는 진정한 지도자가 아니
며, 진정한 나로부터 선택된 만백성을
이끄는 자가 아님을 너희는 알아야
할 것이니라.
24 그리하여 진정한 지도자요, 진정한 나
의 백성이라는 것은 인간 세속에서 일
하는 지도자, 일하면서 그 속에서 즐
거움을 얻으며 일하는 속에서 나의 백
성과 더불어 웃고 즐길 수 있는 그와
같은 삶을 살아가는 자,
25 웃을 수 있는 지도자, 웃을 때 한껏 웃
는 지도자, 슬플 때 그 슬픔을 알며 남
보다 더 슬픔을 느낄 수 있는 그와 같
은 진정한 순수한 마음을 가진 자가
진정한 지도자이니라.
26 아파하는 지도자, 그리고 기뻐하는 지
도자, 그리고 그와 같이 느낄 때 느끼
는 대로 마음과 행동으로써 그를 다
표현하며, 그를 손색 없이 마음대로
느낄 수 있고 전할 수 있는 그와 같은
순수한 지도자여야만 진정한 지도자
라는 것을 너희는 알아야 할 것이니
라.
27 남에게 보이기 위한 것이 아니라 진실
한 모습으로써 살아가는 지도자, 그
속에서 아름다운 빛이 나며 천사의 빛
이 남을 너희는 알아야 할 것이니라.
28 순수한 삶을 사는 것이 진정한 지도자
요,
29 위선적인 삶을 사는 것이 지도자가 아
니며, 하늘에 오를 수 있는 백성이 아
님을 너희는 알아야 할 것이니라.
30 위선적인 행동으로써 모두를 표현하
며 표출하는 것은 언젠가는 무너지며
그 본색이 드러나게 되어 있음이니라.
31 아무리 양 떼 속에 이리가 탈을 쓰고
있다 해도 그는 본색을 드러내게 되어
있음이니, 바로 그것이 차이가 남을
너희가 알아야 할 것이니라.
32 그러니 위선적인 삶을 사는 지도자는
지도자가 아니요,
33 속과 겉이 다르지 않은 지도자, 슬플
때 슬퍼함을 같이하며 즐거울 때 웃을
수 있는 지도자, 그 모든 속과 겉이 같
은 마음의 지도자만이 진정한 나로부
터 선택된 지도자요, 만백성을 구할

수 있는 자요,
34 순수한 그와 같은 모습으로써 살아가
는 백성이 되어야 함을 너희는 알라.
35 이제 나의 아들을 따르는 제자들이요,
나의 법전을 보고 공부하는 백성, 너
희는 순수한 마음의 자세로 살아감을
이제 훈련해야 할 것이니라.
36 그저 좋은 것을 보면 즐거워하며, 슬
프면 슬퍼하며, 웃을 수 있는 것은 함
빡 웃을 수 있는 그와 같은 마음을 가
지고 살라.
37 기뻐도 기뻐할 줄 모르며 그를 감추
고, 슬퍼도 슬프지 아니한 것처럼 그
저 감추려 하며 외형과 속이 다른 그
와 같은 행위를 하지 말라 함이니라.
38 속과 겉이 하나가 되어 표현하는 대로
그대로 받아들일 수 있으며 표현하는
것이 진실임을 느낄 수 있도록,
39 웃을 때 웃는 자가 아니요, 그리고 슬
퍼하며 속으로 슬퍼 울고 있으면서 겉
으로 웃는 자, 그리고 속으로 웃으면
서 겉으로는 우는 표현을 하는 자, 이
와 같은 종교 지도자는 나로부터 선택
된 지도자가 아니요,
40 그와 같은 마음을 가지고 사는 백성은
이리와 같은 백성이니,
41 그 또한 구원을 받을 수 없다는 것을
잊지 말라, 사랑하는 나의 아들딸들아!

5,920 번째 하나님 말씀

2003년 4월 11일 10시 13분

1 사랑하는 나의 아들아!
2 "네, 아버님! 말씀하옵소서."
3 내가 너의 제자들에게 일러 나의 법전
을 읽고 또 읽고 정독하라는 그 의미
를 아는가?
4 내가 너희에게 법전에 기록하여 뭐라
전하였느냐?
5 너희가 하루를 사는 시간의 그 삶이
얼마나 많이 남았느냐, 인생을 많이
살아 살 날이 얼마 남지 않았다 탓하
지 말라 그리하지 않았던가?
6 너희 시간은 마음대로 쓸 수 있는 시
간이요, 그 시간을 너희가 어찌 쓰느
냐에 달렸으니,
7 너희가 살 수 있는 시간과 살지 못하
는 시간의 그 남음을 가지고 비관하지
말며 따지지 말라 내가 그리 말하지
아니하였던가?
8 너희가 하루에 1시간씩 기도한다 하
면, 10년이면 10년의 1시간밖에 기도
할 수 없으나, 2시간씩 하면 20년을
기도하는 것이요, 하루에 3시간씩 하
면 30년을 기도함이라 하였음이니,
9 나 여호와가 이루는 그 역사의 일을
너희가 얼마만큼 주관하여서 하느냐
에 따라서 소중한 것이니,
10 너희가 죽고 사는 그 시간이 얼마 남
아 있는가를 따지지 말라 내가 그리
말하지 않았던가?
11 너희가 나에게 기도하는 시간, 경배하
는 시간, 그 모두를 너희가 얼마나 많
이 가지고 사느냐 하는 것이 중요하다
하였음이니라.
12 나의 아들 네가 나에게 기도하는 것을
단 1분이요, 1초라도 아깝다 생각하
여 네가 그 시간을 다하여 나에게 기
도하고 또 기도한다 하면 너는 얼마나
많은 역사를 단시간 내에 이룰 수 있

겠더냐?

13 그것이 바로 너희의 시간을 씀이라 내가 그리 말하였느니라.

14 너희는 이 세상의 모든 물자요, 모든 것도 다 내가 내려 주었음이니, 황금처럼 귀하게 써야 한다는 것을 잊지 말아야 할 것이니라.

15 너희가 내가 내려 준 그 시간을 얼마나 소중히 써야 하는가?

16 황금보다도 더 소중히 다뤄야 할 것이 너희 시간이니라.

17 그 시간을 어찌 쓰느냐에 달렸느니라.

18 너희는 금화요, 은화요, 너희가 말하는 돈이라는 지폐 하나 쓰기를 두려워하며 그를 소중히 생각함이니,

19 그보다 열배 백배 더 소중히 생각해야 하는 것이 너희의 시간이니라.

20 그 시간을 어찌 쓰느냐에 따라서, 너희의 시간을 얼마만큼 인색할 정도로 관리하고 통제해 쓰느냐에 따라 이루어지고 못 이루어지는 역사는 이루 말할 수 없음을 알아야 할 것이니라.

21 네가 나의 성령을 받아 기록하는 그 역사 또한 그러니라.

22 네가 가지고 있는, 네가 쓸 수 있는 시간이 가장 소중한 것이며, 그게 황금보다 더 소중한 것이며,

23 사업하는 사람들은 금화요, 은화가 소중할 것이니라.

24 나의 법전을 받아 기록하는 너에게는 무엇이 가장 소중하더냐?

25 시간이 가장 소중하고 귀한 것이니라.

26 그 시간을 네 목숨보다 더 소중히 생각한다면, 너는 하루에 기도를 몇 시간씩 할 수 있으며, 나의 성령의 법전을 받아 기록하는 시간을 얼마나 연장할 수 있겠는가?

27 네가 그와 같은 시간이 소중한지 모르며 시간이 귀한 줄 모르며,

28 네가 나의 뜻을 따라 30여 년 동안을 산다는 세월을 네가 하루에 나에게 3시간씩을 기도하면 네가 백 년의 시간을 사는 것이며, 1시간을 기도하면 30년밖에 기도하지 못하지 않는가?

29 이와 같은 이치를 내가 나의 법전에 기록하여 너희에게 전해 주었거늘,

30 너희가 그를 보고 깨우쳐 행하는 자가 과연 얼마나 있는가?

31 너희는 읽고 또 읽으면서도 그 내용을 모르며 그 내용을 행하지 아니한다면, 그는 아무 필요가 없는 것이며, 천 번 만 번을 읽은들 무엇하는가?

32 읽고 행하고 행동함이 중요하거늘,

33 너희가 행함은 소홀히 하며 그를 기억하지 못한다면 너희는 나의 법전을 읽고 읽어도 소용이 없느니라.

34 그리하여 나의 법전을 가슴에 안고 정독하라는 그 뜻이 여기에 있음을 너희는 알아야 할 것이니라.

35 단 1초의 시간도 네가 기도하는 시간으로, 단 10분도 네가 기도하는 시간으로 소중히 아끼고 그를 관리할 때,

36 너는 나의 성령을 받아 160권의 법전이 세상에 나오는 것이 얼마나 단축되며 빠른 시간에 나올 수 있겠는가?

37 그러나 네가 마음대로 쓸 수 있는 그 시간을 함부로 쓰며, 네가 그 시간을 기도하는 것에 쓰지 아니하며 다른 것에 쓴다 하면,

38 나의 법전이 세상에 나오는 것은 네가

평생 죽을 때까지 한 권도 나오지 못
할 수가 있음이니,
39 160권이 나온다는 것은 얼마나 머나
먼 이야기던가?
40 그러니 이제 너의 제자들에게, 나의
법전에 기록하기를 하루에 너희가 1
시간씩 기도하는 것과 10시간씩 기도
하는 것은 얼마만큼 많은 차이가 있는
가?
41 그러니 너희에게 마음대로 쓸 수 있
는 내가 준 그 시간을 어찌 쓰느냐 하
는 것을 다시 다스려 보며 너희가 그
뜻을 음미하며 그를 행하도록 그리 전
하라.
42 너희가 그리 행하지 아니하고 말로만
듣고 눈으로 읽고 깨달아 깨우치면 아
무것도 아니라는 것을 알아야 할 것
이니라.
43 이제 너도 깨달아야 할 것이니라.
44 네가 나에게 하루에 기도하고 경배하
는 시간이 힘들고 어렵다 하여 네가
나태하고 책상에 앉아 기도하는 시간
을 갖지 아니한다면 나의 법전이 이루
어질 수 없음이니라.
45 그러나 네가 단 1초, 1분도 소중한 것
이며, 너의 대명은 기도하는 것이며,
법전을 만들어 세상에 전하는 것이라
네가 그리 생각하고 책상에 앉아 나에
게 경배하고 기도한다면,
46 너는 나의 법전을 만들어 내는 것을
상상할 수 없는 짧은 시간에 만들 수
있음이니라.
47 너희가 하루의 시간이라는 걸 24시간
으로 쪼개 씀이니,
48 거기에서 네가 한번 계산해 보라.
49 8시간이라는 것을 빼고 나머지 3분의
2를 네가 기도하고 경배한다면, 얼마
나 나의 법전이 무섭게 세상에 나올
것인가?
50 한 달에 네가 열여섯 권의 법전을 다
쓸 수도 있으며 더 쓸 수도 있는 것이
네가 시간을 쪼개 쓰는 것이며, 시간
을 소중히 쓰는 것이라는 것을 잊지
말며,
51 너의 제자들에게 이 뜻을 깨우쳐 주고
전하도록 하라.
52 너희가 사업을 하든, 기업을 하든, 어
떤 장사를 하든, 책을 보든, 공부를 하
든, 너희가 어떤 목적을 위해 연구를
하든,
53 그 시간을 어찌 쓰느냐에, 그 시간을
얼마만큼 거기에 투자하며 시간을 거
기에 얼마만큼 할애해 열심히 하느냐
에 따라서 그 결과의 답이 나오니,
54 이루고 못 이루며 이루지 못하였다 후
회하고 한탄하는 것은 너희가 시간을
함부로 썼기 때문이요,
55 너희가 맘대로 관리할 수 있는 시간을
관리하지 못했기 때문이니 그리 알라.
56 이를 너의 제자들에게 꼭 전하도록 하
라, 사랑하는 나의 아들딸들아!

5,921 번째 하나님 말씀

2003년 4월 11일 11시 47분

1 사랑하는 나의 아들아!
2 "네, 아버님! 말씀하옵소서."
3 나의 피조물 만백성 너희가 살아가면
서 너희가 할 수 없는 선행을 베푸는
자, 너희가 할 수 없는 아름다움을 행

하는 자, 그와 같은 자들이 하는 행위
를 칭찬해 주며 그를 아름답게 보지
못하는 그와 같은 백성은 과연 무엇이
던가?
4 남의 착한 일이요, 남이 선행을 베풀
며 아름다운 일을 하며, 남에게 본을
보일 수 있는 그와 같은 행위를 하고
사는 백성을 너희가 격려해 주며 칭
찬해 주며 그를 보고 배우려 하며,
5 그리고 그 앞에 가서 감사하는 뜻을,
그리고 그를 존경하는 그와 같은 마음
을 갖지 못하며 그와 같은 자를 시기
하고 질투하는 마음을 가지고 산다면,
너희는 그와 같은 사람을 과연 사람이
라 말할 수 있겠는가?
6 남들이 할 수 없는 선행이요, 아름다
운 것을 행하고 사는 것을 평가절하하
며 그들을 비방하는 그와 같은 소리를
하는 자들이 있음이니라.
7 그러니 바로 그와 같은 자는 짐승만도
못한 인간이 아니던가?
8 남들이 하는 것, 네가 못하는 희생과
봉사를 하는 것을 시기와 질투요, 그
를 평가절하하며 그를 나쁜 쪽으로 그
리 말하며 그리 해석하고자 하는 자들
이 이 세상에 수없이 많이 있음이니,
9 그것이 내가 사랑하는, 지혜를 가장
높이 만든 백성 너희가 하는 짓이니
라.
10 그들은 짐승만도 못한 자라는 것을 너
희는 알아야 할 것이니라.
11 그 아름다움을 아름다움으로 보지 못
하는 자를 어찌 사람이라 말할 수 있
는가?
12 그러니 내가 너희에게 뭐라 말하였느
냐?
13 내가 너희에게 나의 법전에 기록하여
일찍이 말하였느니라.
14 물에 빠진 자를 너희가 힘을 다하여
죽기를 각오하고 구원해 놓으니 하는
말이,
15 '그 사람은 저희가 다니는 교회요, 성
당에 다니지 아니하며 성전에 다니지
아니하기에, 그는 아무리 좋은 일을
해도 하나님으로부터 축복을 받으며
영광을 받지 못한다.' 그리 말하니,
16 그 말하는 것을 너희는 간단히 그저
들어 넘길 수 있으나,
17 그가 제 목숨을 다 던져서라도 남을
구하고자 물속에 빠진 자를 구했다면
그는 무엇을 한 것이더냐?
18 사랑을 베풀며 봉사를 한 것이며 인간
의 도리를 다했느니라.
19 그러나 그것을 저희와 같은 믿음의
길을 가지 아니한다 하여 그는 선한
것이 아니며, 나 여호와로부터 사랑을
받지 못하며 나 여호와로부터 은혜를
받지 못한다 그리 말하는 자는 무엇이
던가?
20 남이 선하고 아름다운 일도 하지 못하
도록 방해하는 자들이요, 그 역사를
하지 못하게 하는 자들이니 그게 어떠
한 자냐?
21 남의 선한 것을 보고 칭찬하지 못하며
남의 선한 것을 보고 잘못했다 말하는
자, 그리고 그것을 이유를 달고자 하
는 백성, 그리고 칭찬하지 못하는 백
성은 내가 짐승보다 못하다 했으니,
22 물에 빠진 백성을 구하는 자가 저희가
다니는 교회라는 곳에 같이 다니지 아

니한다 하여, 저희와 성경을 같이 읽
지 아니한다 하여 그는 은혜를 받을
수 없으며,
23 나에게 와 심판을 받을 때 아무런 도
움이 되지 아니하며 그는 기쁨이 되지
아니한다 그리 말한다면, 과연 그는
무엇이더냐?
24 선한 일을 하고자 하는 자까지 하지
못하도록 막는 것이 아니던가?
25 너희는 여기서 하나를 알아야 할 것
이니라.
26 너희는 어찌하여 너희와 같이 교회라
는 곳에 가서 예배하며 찬송하며 눈물
짓고 재물을 바치며 죄짓고 와서 그
죄를 용서를 받았다 하는 그 백성만이
나에게 올 수 있으며,
27 믿지 않는다는 백성, 성경을 가지고
다니지 않는 백성은 내가 기억하지 아
니한다 하니, 너희가 얼마나 어리석은
것이냐?
28 이 세상의 모든 백성은 나로부터 생명
을 받아 세상에 나왔음이니라.
29 그러니 그들은 결국 누구나 말할 것도
없이 나로부터 심판을 다 받게 되어
있으며, 나로부터 심판을 받지 않는
자는 이 세상에 없음이니라.
30 그러니 너희가 그 뜻을 알아야 할 것
이니라.
31 나로부터 심판을 받는 백성이야말로
믿든 안 믿든 누구나 다 나로부터 심
판을 받아 나에게 와 너희가 지은 죄
의 대가를 치르게 되어 있는 것이거
늘, 어찌하여 그와 같은 이치를 모르
는가?
32 그렇다면 나를 믿지 않는다는 백성은
죽어 와도 나로부터 심판을 받지 않는
다는 그 말이던가?
33 그 모두는 다 나에게 와 심판을 받음
이니라.
34 그러니 그 심판을 받는 자는 그 심판
의 기준이 무엇인 줄 알겠는가?
35 너희가 그저 믿음이라는 것, 나의 아
들 예수를 부르짖는 것, 그것으로써
심판을 받는 것이며 하늘에 오른다 그
리 생각하는 것은 너희 계산 착오며
잘못됨을 알아야 할 것이니라.
36 모든 백성은 다 심판을 받으니 그 심
판의 기준이 너희가 육의 세상에서
살아온 삶이 얼마나 어찌 살았는가가
가장 중요한 것이며, 거기에 따라서
너희가 그 결과로 심판을 받으니, 모
든 백성은 다 심판을 받음이니라.
37 그러니 그가 물속에 들어가 빠져 있는
자를 구원하는 그와 같은 일을 행한
것을 과연 그가 심판대에서 상을 받지
않고 벌을 받는다 말하는 그 사악한
자들,
38 남들이 하고자 하는 좋은 일을 못 하
도록 하는 것, 남이 하는 좋은 일을 칭
찬해 주지 못할망정,
39 남이 하는 좋은 일, 아름다운 것을 저
희는 하지도 못하면서 저희처럼 성서
를 옆에 끼지 않으며 저희가 다니는
교회에 오지 않는 자는 아무리 선한
일을 해도 복을 받지 못한다 그리 말
하는 것이니, 그게 얼마나 사악한 것
이며,
40 좋은 일을 할 수 있는 것을 하지 못하
도록 그리 가르치니 그게 바로 무엇이
더냐?

41 과연 그와 같은 자를 내가 뭐라 평했
더냐?
42 남의 좋은 일, 칭찬할 수 있는 일, 아
름다운 일을 하는 것을 비방하는 자를
내가 뭐라 했느냐?
43 짐승만도 못하다 했으니, 너희 스스로
깨우쳐 어떤 위치며 너희가 어떤 대
우를 받아야 할 것인가를 스스로 깨
달으라.
44 내가 나의 법전에 이와 같이 무서운
내용을 기록하여 너희 손에 전해 주
거늘, 그러고도 너희가 깨우치지 못한
다 하면 그는 너희가 어떠한 대우를
받아야 할 것인가를 알아야 할 것이
니라.

5,922 번째 하나님 말씀

2003년 4월 11일 11시 53분

1 사랑하는 나의 아들아!
2 "네, 아버님! 말씀하옵소서."
3 나로부터 선택된 너희는 사악한 마음
과 욕심의 뿌리와 싸워서 이겨야만 존
재한다 함을 내가 너희에게 가르쳐
주었음이니라.
4 너희는 그 사악한 마음과 욕심의 뿌리
와 싸워 이기는 그와 같은 변화가 없
이는 너희는 결코 이룰 수 없을 것이
니라.
5 나의 성경을 가지고 공부하는 백성,
나의 법전을 가지고 공부하는 백성,
너희는 그 모두를 싸워 이겨야만 되는
것이니라.
6 너희가 사악한 마음과 욕심의 뿌리인
악과 싸워서 이기지 못한다면, 그는
존재할 수 없으며 지탱할 수 없음을
너희는 알아야 할 것이니라.
7 그러나 지금 모든 종교 집단이요, 믿
음의 길을 가는 백성 너희는 과연 어
찌 가는가?
8 과연 너희는 성경에서 배우며 나의
법전에서 배우며 십계명을 지키는 그
와 같은 마음으로써 사악한 마음이요,
욕심의 뿌리를 싸워 이겨야 하며 그
뿌리를 뽑으려 하는가?
9 그러나 너희는 그와 같이 가지 못하고
있음이니라.
10 그와 싸워서 악의 뿌리요, 욕심의 뿌
리를 버리지 못함이니, 나쁜 전통과
습관에 젖어 지금 이리 흘러가고 있음
이니라.
11 나쁜 습관에 젖어 있으면서도 너희는
변할 줄 모르며 새로운 역사를 이룰
줄 모르는 것이니라.
12 그러니 지금의 믿음의 집단이 변화될
줄 모르며 개혁할 줄 모르며 지나온
역사의 악습을 그대로 계승하고 있음
이니,
13 너희가 악을 행하게 됨은, 악은 악의
씨를 낳아 더 악한 자요, 선을 행하는
자는 선행의 뿌리를 내림이니 계속 선
을 더하게 되어 너희가 천사가 된다
하였음이니라.
14 그러니 너희가 몇천 년 동안 악습의
뿌리를 버리지 못하니 그 악습이 뿌리
를 또 낳아 그 뿌리가 세상에 더 깊어
지고 깊어져 계속 깊어져만 가고 있음
이니,
15 이제 더 이상 깊어진다면 그를 버릴
수도 없으며 뽑을 수도 없는 그와 같

은 지경에 와 있기에,
16 나 여호와가 그들을 태우고자, 그를
뽑아 버리며 그 씨요, 그 뿌리까지 다
뽑아 버리려는 것이 나 여호와의 뜻임
을 너희가 알아야 할 것이니라.
17 지금의 교회요, 회당이라는 곳이 너희
는 사랑하는 사람끼리 모여 있는 곳이
라 그리 말하느니라.
18 너희가 손으로 지은 교회요, 성전이라
는 곳은 너희가 서로 믿고 사랑하는
사람, 그리고 정다운 사람끼리 만나
사랑을 나누며 아름다운 마음을 가꾸
며,
19 그러기에 나 여호와를 만나는 장소며,
그 장소에서만이 나를 만날 수 있는
것이라 그리 말하느니라.
20 사랑하는 사람과 정다운 사람들이 모
이며 사랑을 나누며 사랑을 베풀며 살
며, 그러기에 너희가 교회요, 회당 안
에 나 여호와가 존재하며 항상 내가
너희와 같이 있다 하나,
21 너희는 이와 같은 말을 두 번 다시 하
지 말라.
22 내려다보는 나 여호와가 보는 이 교회
라는 곳은 어떠한지 아는가?
23 너희는 타락할 대로 타락되어 더 내
려가려야 갈 수도 없으며, 병들 대로
병들어 더 썩어 병들 것이 없는 것이
지금의 교회요, 지금 너희가 지은 성
막이요, 성전이요,
24 너희가 그와 같이 부르는 회당이 그와
같이 되어 있음을 알아야 할 것이니
라.
25 너희가 그와 같이 썩고 냄새 나는 그
곳에서 타락할 대로 타락된 그 속에서
너희가 구원의 길을 보며 하늘에 오르
는 길을 볼 수 있단 말이던가?
26 너희는 신성한 곳이며 신성시되는 곳
이라 그리하나,
27 하늘의 창조주 나 여호와가 바라보는
것은, 너희는 썩고 썩었으며 타락할
대로 타락해 더 이상 내려갈 수 없는
타락의 극치를 지금 달리고 있다는 것
을 알라.
28 그와 같은 것을 보는 나의 고통을 너
희는 어찌 생각하는가?
29 사랑하는 나의 아들딸이요, 나의 자식
들이 그와 같이 썩은 곳에서 헤어나지
못하며 계속 썩은 곳으로 들어감이니,
30 그 타락의 한계요, 밑바닥까지 떨어진
결과가 무엇이더냐?
31 구원의 길이 아니요, 지옥의 길로 가
는 것을 너희는 알아야 할 것이니,
32 나의 자식들이 지옥으로 가는 그 모습
을 보는 나의 고통과 나의 아픔을 너
희가 조금이라도 생각한다면,
33 이 세상의 모두는 나 여호와의 뜻에
의해 존재한다 하였음이니,
34 나의 법전 160권의 대장정이 하루아
침에 누구의 장난이요, 사탄의 장난이
요, 사악한 장난으로써 그게 이루어진
다 생각하는가?
35 160권의 대장정이 신약과 구약을 덮
는다는 말을 감히 하며, 너희를 심판
하는 나 여호와가 같이한다는 그 내용
을 과연 내가 기록할 수 있도록 두겠
으며 세상에 나올 수 있도록 두겠는가?
36 이는 나의 성령이요, 나의 뜻이기에
사탄도 이를 방해하지 못하며 그 누구
도 이를 막지 못함이니라.

37 그리하여 160권의 대장정의 새로운
성경이 세상에 나와 너희를 깨우치며
하늘에 오르는 길을 인도하고자 함이
니,
38 이는 내가 나의 고통이요, 나의 슬픔
이요, 그 모두를 여기에서 다 지워 버
리며, 내가 그를 잊는 길이 여기에서
만이 있으며,
39 이대로 살아가는 것이 나에게 기쁨이
요, 나에게 영광의 은혜를 돌려주는
그와 같은 삶이라는 것을 잊지 말라.
40 이제 너희는 나의 법전을 읽고 깨우
쳐 하늘에 오르는 길을 보도록 해야
할 것이니라.
41 그렇지 아니하면 너희는 정녕 악의
뿌리는 뿌리를 더 깊게 내리며 더 깊
이 내리니,
42 그 뿌리가 우후죽순으로 세상을 다 덮
어 그 악의 씨가 이 지구를 덮는 날 그
를 제거하기에는 너무나도 힘들고 어
려우니라.
43 그리하여 아직 덮지 못한 지금, 너희
가 다 덮고자 발버둥치는 그때, 내가
불 칼로써 모두를 자르며 뽑아내며 베
어 버리며 태워 버리는 그 역사를 이
루는 것이 지금 내가 이루고자 하는
뜻이니,
44 바로 그와 같은 모든 심판의 칼을 내
리는 것이 나의 법전이니,
45 이제 나의 법전이 그 빛을 향하여 달
려가는 곳, 모두가 뽑힐 것이며 태워
질 것이며 무너질 것이라는 것을 너희
는 알라.
46 그러니 너희가 그 속에 태워지며 뽑
아져 버리며 버리는 나의 아들딸이 되
지 아니하려거든,
47 십계명대로 살라는 것이 내가 첫 번째
너희에게 간곡히 바라는 바요,
48 두 번째는 너희가 십계명을 지키고
살겠다 노력하는 자, 나의 법전을 보
고 읽으며, 나의 법전을 봄으로 하여
나의 십계명을 지켜야 하는 이유를 알
며,
49 너희가 하늘에 오르는 그 모든 내용이
거기에 기록되어 있으니, 이를 보고
깨우쳐 하늘에 오르도록 그리하라, 나
의 사랑하는 나의 아들딸들아!
50 이를 보지 아니하며 이를 접하지 아니
하면 정녕 구원을 받을 수 없으며 심
판마저도 받을 수 없다는 그 무서운
뜻을 기억하도록 그리하라.

5,923 번째 하나님 말씀

2003년 4월 11일 12시 01분

1 사랑하는 나의 아들아!
2 "네, 아버님! 말씀하옵소서."
3 지금의 너희가 하늘에 오르는 기본이
요, 근본이 사랑이라 하였으니,
4 너희가 정녕 나의 백성을 하늘에 오르
게 하고자 교회를 지었으며 성전을 지
었으며 회당을 지었다 하면,
5 그 안에 사랑으로써 충만되어 있으며
그 모두가 사랑으로써 그득하니,
6 그곳에 있는 모든 자들은 천사가 되어
야 할 것이니,
7 하늘에 이루어진 지상의 낙원이 바로
교회요, 성당이요, 회당이 그리되어야
하였을 것이니라.
8 그러나 그 너희 내면을 들여다보는

나 여호와가 어찌하는지 알겠는가?
9 내가 들여다보는 너희 교회요, 성당이
요, 회당이라 하는 그곳에는 정녕 사
랑이 없는 것이니라.
10 거기에는 사랑을 찾아볼 수가 없는 그
와 같은 형국이 되었음을 너희는 알아
야 할 것이며,
11 너무나도 사악한 쪽으로 전락하였으
며 황폐해지고 메말라 있는 곳이 그곳
이라는 것을 너희는 알겠는가?
12 지금 모든 종교 집단의 지도자 그들이
얼마나 황폐한 지경으로 만들었으며
나의 피조물 만백성을 고통의 길로 이
끌고 가는가?
13 나 여호와의 음성이요, 나의 뜻을 직
접 듣는 지도자가 없음이니,
14 지도자 그 자체도 무엇을 가르치며,
너희가 지금 어디에 존재해 있으며,
너희가 무엇을 역사하고 있는 것인지,
15 너희 자신도 지금 방향이 없으며 지표
가 없이 그저 단상에 서서 설교하며
그때그때 가르치며 넘어가는 것이 아
니던가?
16 나 여호와를 욕되게 하고 있는 것이
너희가 지금 하는 짓이니라.
17 너희가 정녕 나 여호와의 만백성을 하
늘에 오르는 길로 인도한다면,
18 너희는 나로부터 메시지를 들었을 것
이며, 나로부터 음성을 들었을 것이
며, 너희가 가르치는 그 성경의 비유
의 깊은 뜻을 알고 있을 것이니라.
19 그러나 너희 존재 가치를 너희 스스로
모르고 있는 자들이 어찌 만백성을 구
하며 하늘에 오르는 길을 인도한다 하
는가?
20 너희 자신이 아무것도 모르면서 나의
종이요, 나로부터 선택된 자라 하여
나의 피조물 만백성으로부터 재물을
거둬들이며 그들을 우롱하는 그 죄가
나를 얼마나 욕되게 하며 나를 매도하
고 있는 짓인지, 그리고 나를 능멸하
는 행위인지 너희는 과연 알겠는가?
21 너희는 나에게 어떠한 죄를 짓는지 그
자체도 모르면서 지금 단상에 서서 설
교하며, 오늘 또 설교하며 내일 또 설
교하는 그와 같은 형국으로 나의 백성
을 지옥으로 이끌어 가느니라.
22 너희가 지금 나의 피조물 만백성을 이
끌어 가는 그 형국이 어떤 줄 알겠는
가?
23 모든 종교 집단이요, 종교 지도자, 너
희는 험악하고 뜨거운 태양 길을, 오
아시스도 없는 험난한 사막 길을 나의
피조물 만백성을 천국의 길이라 하여
이끌어 가고 있음이니라.
24 그러니 나의 피조물 만백성 그들은 태
양 아래 지칠 대로 지쳐 오아시스도
없는 사막 속에서 너희 조상이 죽어
하나의 이름 없는 무덤으로 사막에 묻
혔으며 그리 다 죽어 간 형국이 되었
음이니라.
25 그 전철을 너희가 밟아 가고 있으며
또 너희 후손이 그리 밟음이니라.
26 종교 지도자는 그리 말하느니라.
27 태양이 없는 그 지칠 대로 지친 넓은
모래밭을 걸어가면서 저 끝나는 곳에
천국이 있으며, 저 모래 백사장이 끝
나는 곳에 하늘에 오르는 천국이 있으
며 낙원이 있으니 너희는 거기까지
가야 한다, 그리 그 모래벌판을 끌고

가니,
28 그 건너에 과연 천국이 어디에 있으며
오아시스가 어디에 있는가?
29 너희는 거기까지 가지도 못하고 그저
살다 죽어 가며 그들에게 이용되며,
재물을 바치며 시간을 바치며 그저 종
처럼 살다가 죽어 감이니,
30 너희가 죽어 가는 그 모습이야말로 사
막의 모래벌판에 너희 자신의 이름
하나 없는 무덤을 만들어 놓으며, 너
희가 거기에 묻혀서 그리 가 버리니,
31 너희 영혼은 지옥으로 가는 것이요,
지옥 불에 가 고통을 다 겪는 그와 같
은 형국으로써 너희가 지금 가고 있
다는 것을 알아야 할 것이니라.
32 너희가 지금 가는 그 끝나는 길은 무
덤의 길이요, 죽음의 길이니라.
33 이제 너희는 험악한 사막에서 오아시
스 없는 그 사막이요, 보이지 않는 모
래밭이 끝난 다음에 천국이 있다는 그
말에 현혹되어, 너희 인생에 이름 없
는 사막에 네 무덤을 만들지 말도록
그리하라.
34 이제라도 너희가 눈을 뜨고 귀로 들으
며 겸허한 자세로 너 자신을 돌아다보
며 너희가 서 있는 그 위치를 깨달을
수 있도록 한다면 알게 될 것이니라.
35 최소한 너희가 십계명대로 살아가며
성서에 명한 대로 그대로 지키고 살아
가는 자, 그리고 나 여호와가 존재한
다는 것을 무섭게 생각하고 살아가는
자,
36 그와 같은 백성은 나의 법전 '하늘에
오르는 길'이요, '하나님! 말씀하옵소
서'라는 이 책을 너희가 접하게 되느
니라.
37 그때 너희가 그 영광을 얻게 됨이니라.
38 너희가 지금 가는 그 길에서 용감히
뛰쳐나오는 자, 그리고 눈을 뜨고 세
상을 보며 귀를 열어 세상의 참진리를
듣고자 노력하는 자,
39 그때 너희는 나의 법전을 손에 들게
될 것이며, 그 영광을 얻을 것이니라.
40 그 법전을 읽고 깨우쳐 그대로 행하고
자 살아가는 네 삶으로 변화되었을
때, 너희는 세상의 이치를 알게 됨이
니라.
41 사랑하는 것이 무엇이며, 나에게 오르
는 길이 무엇이며, 나 여호와가 너희
에게 하고자 하는 것이 무엇이며, 너
희가 어찌 가야 하늘에 오르는 길인지
그 모두를 나의 법전 속에서 다 얻게
됨이니라.
42 그리고 너희가 지금까지 불안했던 것,
그리고 우울했던 것, 그리고 의심했던
것, 그리고 초조했던 그 모든 구원의
영광을 나의 법전을 접하는 순간에 얻
을 것이니,
43 너희가 나의 법전을 접할 수 있는 그
영광을 얻는 것은 지금 죽음의 사막으
로 끌려가는 그곳에서 뛰쳐나오는 그
와 같은 용기가 있는 자만이 나의 법
전을 접하게 될 것이며,
44 접하는 자는 구원을 받는다는 것을 잊
지 말라, 사랑하는 나의 아들딸들아!

5,924 번째 하나님 말씀

2004년 4월 11일 12시 10분

1 사랑하는 나의 아들아!

2 "네, 아버님! 말씀하옵소서."
3 나의 가슴의 성령을 태워 내려보내는
나의 법전이요, 새로운 성경을 너희가
접하지 아니하며 읽지 아니하고는 결
코 심판을 받을 수 없다 하였으며,
4 너희가 이대로 행하고 사는 삶을 살지
않는다면 너희는 절대 구원을 받을
수 없다는 것을 내가 너희에게 일찍
이 깨우쳐 주고 전했음이니라.
5 그러니 내가 뭐라 말하였느냐?
6 나의 아들 예수를 죽게 한 그 사악한
일을 저지른 그 2천 년은 너희가 죽음
의 세상이요, 암흑의 세상에서 살아왔
다 내가 그리하지 아니하였던가?
7 내가 너희를 사랑하기에 2천 년의 암
흑의 세상에 나의 성령을 태워 그 빛
으로써 너희를 구원하고자 세상에 내
려보내거늘,
8 너희가 그 빛을 바라보면서도 그것이
나로부터 너희를 구원하고자 하는 빛
이 아니라 하여,
9 그건 사탄이 내리는 것이며 나와 똑같
이 역사할 수 있는 사탄의 거짓 행위
라 그리하여 만백성이 그 빛을 보지
못하도록 하며, 그 빛을 따라 하늘에
오르지 못하도록 하는 것이니라.
10 2천 년 동안의 지금의 삶은 암흑의 세
계요, 죽음의 세계였다는 것을 내가
법전에 기록하여 너희에게 전하였으
니, 그 의미를 너희가 해석해 보면 알
것이니라.
11 그리하여 내가 너희를 사랑하기에 제
3의 시대를 열어,
12 마지막 암흑의 2천 년의 그 세월 속에
내가 태양의 빛이요, 구원의 빛이요,
새 생명의 빛을 너희에게 내려보내거
늘,
13 너희는 이를 보고 구원을 받으려 하
지 아니하며,
14 이 빛을 꺾어 버리며, 이 빛은 사탄의
짓이요, 사악한 짓이라 그리 말함이니,
15 너희는 정녕 구원을 받을 수도 없는
것이니라.
16 2천 년 동안 암흑 속에서 살아온 그
굴레를 벗을 수 있는 그 기회의 문을
열어 주었거늘,
17 그 문을 열지 않으려 하며 보지 아니
하려 하며 그 빛을 따라와 하늘에 오
르는 길을 오지 아니하려는 것이 너희
니라.
18 그리하니 나의 뜻을 또 거역하는 자,
2천 년 전에 나의 아들을 그리 고통스
럽게 죽게 하여 2천 년 동안 암흑이
요, 어둠의 세상으로 이 지상이 지탱
해 왔으며 운영해 왔으며,
19 그들이 그와 같이 어두운 세상이었다
는 것을 내가 너희에게 말하여 주며,
내가 새로운 빛을 내려보내거늘,
20 그 빛을 보고 하늘에 오르려 하지 아
니하는 자, 2천 년 전에 나의 아들을
죽인 그와 같은 형국으로써 또 그와
같은 행위를 하는 것이 너희라는 것을
과연 알겠는가?
21 지금 내가 암흑의 세월이 2천 년 동안
흘러 너희에게 마지막 기회를 주어 구
원하고자 내가 내린 이 하늘의 빛을
사탄이요, 사악한 자의 빛이라 하여,
22 그를 만백성이 보지 못하도록 하며 그
를 따르지 못하도록 하는 자들이 2천
년 전에 나의 아들 예수를 죽인 사악

한 자들과 똑같으니,
23 내가 그들을 용서하며 그들을 위해 이 지상의 낙원에 그대로 내가 놔둔다 너희는 생각하지 말라.
24 이제 내가 서서히 너희부터 무너트리기 시작할 것이며 하나하나 뽑아내기 시작할 것이며,
25 하나하나 가라지를 뽑아 내가 태울 것이며 내 불칼로써 가지를 칠 것이며 내 손으로 그 뿌리를 다 뽑도록 그리할 것이니 너희는 알아야 할 것이니라.
26 그때는 나의 백성이 너희를 따르는 그 신도들이 너희를 제왕처럼 모시는 그 백성이, 너희에게 속고 속은 것이 분하고 억울하여 종교 집단이요, 지도자 너희에게 임하여 돌을 던질 것이니,
27 그와 같은 일이 생겼을 때는 이 세상에 대혼란이요, 환란이 와 너희 자신의 그 처참한 몰골을 볼 수 없음이니라.
28 그리하여 내가 그 아수라장 같은 험악한 환란을 막기 위하여 내가 법전을 세상에 내려보내 조용히 나의 선택된 백성을 통하여 지금 전하고 있건만,
29 너희가 이를 태우려 하며 짓밟는 그와 같은 행위를 하여 만백성이 깨우치지 못한다면, 내가 그들에게 다시 새로운 방법으로써 너희를 단죄할 수 있는 그 무서운 형벌을 내리게 될 것을 알아야 할 것이며,
30 이제라도 너희가 그와 같은 나의 뜻을 깨우쳐 바로 선다 하면, 너희가 새로운 시대를 열어 간다 하면 내가 더 이상 벌하지 아니할 것이니라.
31 너희에게 이렇게 간곡히 애원하는 나 여호와의 뜻을 알겠는가?
32 부모가 자식에게 바로 살라 하는 것, 그리고 올바른 삶을 살라 원하는 것, 그 부모의 애절한 마음을 너희가 알겠는가?
33 그러니 그러한 환란이요, 그 환란의 소용돌이 속에서 가장 비참한 최후를 마치며 비참함 속에서 너희가 비참한 형국으로써 하늘에 오르지도 못하며 천국의 문도 바라보지 못하며 그 형태로 지옥에 가며 그 죄의 대가를 치르는 걸 내가 면해 주고자 지금 새로운 빛을 내림이니라.
34 2천 년 동안의 어두운 암흑의 세계에 새로운 빛을 내리니, 그 빛을 보고도 너희가 지금 구원의 길이요, 그 빛을 따라 하늘에 오르려 하지 아니하며,
35 암흑의 세계만이 구원받으며 그것이 천국에 가는 길이라 그대로 상주하고자 하는 사악한 종교 집단이요, 지도자의 현혹하는 그 혀에 속지 말라, 사랑하는 나의 아들딸들아!

5,925 번째 하나님 말씀

2003년 4월 11일 16시 31분

1 사랑하는 나의 아들아!
2 "네, 아버님! 말씀하옵소서."
3 지금 수많은 종파 속에서 수많은 종교 지도자들이 세상에 나와 저희만이 하늘에 오르는 길이요, 진정한 나로부터 선택된 목자라 그리 말하느니라.
4 그러니 너희는 그들을 들여다봐야 할 것이니라.

5 지금 모든 종교 지도자들이 단상에 서
서 설교하고 강론하는 그들이 과연 그
시작의 뜻을 어디서 했는가?
6 그들은 진정한 진리를 연구하며 나 여
호와의 뜻에 따라 계명을 지키며 살아
가는 그와 같은 삶을 살기 위하여 그
길을 선택한 자는 극소수일 것이니라.
7 그와 같은 마음을 가지고 선택한 백성
만이 나에게 선택된 백성이며 나의 진
리를 그래도 연구하고 깨우치는 백성
일 것이니라.
8 그러나 많은 종교 지도자들은 과연 어
떠한 마음이더냐?
9 남도 할 수 있으니까 저도 할 수 있다
하는 생각에서 시작한 자가 수없이 있
으며,
10 그저 그 자리를 시작함으로 의식주는
해결한다는 그와 같은 생각, 의식주는
걱정할 것 없다는 직업의식에서 시작
한 종교 지도자는 과연 없는가?
11 직업의식으로부터 시작한 종교 지도
자라면, 그들은 시작부터 잘못된 자
니, 과연 그와 같은 자는 없는가?
12 너희는 한번 돌이켜 생각해 봐야 함
을 알아야 할 것이니라.
13 정녕 나 여호와의 뜻이요, 참진리요,
하늘의 뜻을 만백성에게 깨우쳐 가르
치겠다 나선 종교 지도자라면, 그들은
나의 아들 예수가 살았던 삶의 그 행
적을 그대로 행하고자 노력하는 자들
이니라.
14 그와 같지 않은 자는 나로부터 선택
된 지도자도 아니요, 종교 지도자가
아니요, 이 세상의 만백성을 깨우칠
자격이 없는 자임을 알아야 할 것이
니라.
15 집단의 수가 많음이 우선이 아니요,
큰 성전을 지으며 신도가 많음이 우선
이 아니니라.
16 단 한 명을 놓고 가르치고 또 깨우친
다 해도, 그가 율법에 의해 십계명에
의하여 성서의 참뜻에 의해 그 길을
가는 자가 있다면, 그와 같은 자가 있
기에 지금까지 너희가 이 세상에 존
재했다는 것을 알라.
17 그들마저도 없었다면 나 여호와가 재
앙으로써 너희를 다스렸을 것이니라.
18 지금의 모든 종교 지도자는 얼마나 많
은 자가 직업의식에서 이 길을 선택했
으며,
19 먹고살기에 지장 없으며 남들도 하는
길이니 자기도 하며,
20 그리고 다른 직업을 선택할 수 없으며
남들과 경쟁하는 속에서 이길 자신이
없기에, 그저 세 치 혓바닥으로 말만
잘하고 많은 사람을 울리고 웃기기만
하면 먹고살 수 있는 것이라 하여,
21 말장난에 재주 있는 자들이 이 길을
선택한 자는 과연 없는가?
22 너희는 지금의 종교 지도자들이 가는
자세를 들여다봐야 할 것이니라.
23 만일 그들이 그와 같은 마음으로 시
작했다면 그건 뿌리가 잘못된 것이며
그들은 시작부터 잘못된 자들이니,
24 그들이 과연 무엇을 알며 무엇을 깨우
친단 말이던가?
25 그리하여 내가 너희를 다 단죄하고
다시 다스리고자 하는 것이 나의 뜻이
니라.
26 진정 나 여호와의 뜻에 의해, 하늘의

뜻에 의해 만백성을 깨우치고 가르치
는 그와 같은 종교 지도자가 이 세상
에 존재할 날이 머지않았음을 알아야
할 것이니라.
27 그리하여 내가 나의 법전을 세상에 내
려보내며, 지도자가 가야 할 길이 무
엇이며, 지도자가 서야 할 자세가 무
엇이며 지도자가 지켜야 할 것이 무엇
인가를 상세히 나의 법전 160권에 모
두를 다 기록하여 세상에 내려보내고
있음이니라.
28 이를 보고 깨우치는 자가 진정 나 여
호와의 뜻에 의해 세상을 살아가는 지
도자가 될 것이니라.
29 구약과 신약의 성서에는 지도자의 자
세며 지도자가 가야 할 길이 없음이니
라.
30 그러나 내가 지금 새로 내리는 새로운
성경이요, 나의 법전 속에는 지도자가
가야 할 길이 있으며, 지도자가 지켜
야 할 길이 있으며,
31 나 여호와가 원하는 것이 무엇이며 내
가 이루고자 하는 것이 무엇이기에 지
도자는 어떠한 길을 가야 한다는 그
모두를 상세히 기록하여 세상에 내려
보냄이니라.
32 그러니 이제 너희가 진정한 지도자가
된다면 나의 법전을 가슴에 안고 정독
하며 그 뜻을 깨우쳤을 때, 너희가 해
야 할 일을 앎을 알라.
33 모든 종교 지도자는 지금 말로써 믿음
을 부르짖으면 그것으로써 구원을 받
으며 그 믿음으로써 되었다 그리 생각
하나, 그것이 아니니라.
34 모두는 행함이니라.
35 더욱이 종교 지도자는 행함이 중요함
을 알아야 할 것이니라.
36 부귀영화에 젖어 있는 자, 육의 향락
을 위해서 살아가는 자는 종교 지도자
가 아니라는 것을 너희는 알아야 할
것이니라.
37 종교 지도자들이 과연 뭐라 말하느냐?
38 너희가 인간이기 때문에 실수가 있으
며, 너희가 인간이기 때문에 더러는
남들이 용서하지 못할 짓을 할 수 있
는 것이며,
39 인간이기 때문에 남들에게 부끄러운
짓도 할 수 있다는 것이며, 종교 지도
자도 인간이라 그리 말하느니라.
40 일반 백성도 완벽한 백성만이 하늘에
오를 수 있으며 완벽한 자리를 지키는
자만이 하늘에 오를 수 있다 내가 그
리 말하였으니,
41 더욱이 지도자는 얼마나 맑고 깨끗해
야 하며 얼마나 완전해야 하는가?
42 그 완벽한 길을 위해서 피나는 노력을
하지 아니하며 모두를 다 바쳐 그 길
을 가고자 노력하지 아니하는 종교 지
도자는 나로부터 선택된 종교 지도자
가 아니라는 것을 너희는 알아야 할
것이니 그리 알라.
43 그와 같은 자에게 현혹되어 너희의
소중한 인생을 버리지 말며, 영원히
사는 영혼마저 죽이지 말라.
44 다시 태어날 수 있는 것, 새 생명으로
써 태어날 수 있는 그 기회마저 저버
리는 어리석은 삶을 살지 않도록 그리
하라, 사랑하는 아들딸들아!

5,926 번째 하나님 말씀

2003년 4월 11일 16시 35분

1 사랑하는 나의 아들아!
2 "네, 아버님! 말씀하옵소서."
3 나 여호와가 너희에게 뭐라 말하였더
냐?
4 너희가 뭐라 말해도 하늘에 오르는 길
이요, 내 품에 올 수 있는 자는 사랑을
베풀며 사랑의 의미를 아는 자만이 나
에게 오를 수 있다 그리하였으며,
5 하늘에 오르는 근본이요, 기본이 사랑
이라 그리 말하였음이니라.
6 그리고 너희 또한 그리 찬송하며 그
리 말하며 그리하여 사랑을 위하여 살
아간다 말하느니라.
7 그러니 사랑이 왜 나 여호와에게 올
수 있는 기본이요, 근본인지 너희는
알겠는가?
8 사랑으로써 충만한 자, 마음이 사랑으
로써 충만된 백성은 무엇이든지 용서
할 수 있으며,
9 남의 잘못을 덮어 줄 수 있으며,
10 이 세상에 이루어지는 그 모두를 다
용서할 수 있는 마음을 가지는 것이
사랑으로써 충만한 자이니라.
11 마음이 사랑으로써 충만하면 어떠한
것도 용서할 수 있으며,
12 너희가 말하는 원수를 사랑할 수 있으
며 오른 빰을 때리는 자에게 왼 빰을
때려 달라 내놓을 수 있는 것이 사랑
으로 충만한 마음을 가진 자이니라.
13 그리하여 사랑이 하늘에 오르는 근본
이라 내가 말하였음이니라.
14 너희가 무엇이든지 용서할 수 있는 그
마음은 과연 무엇이던가?
15 그러니 너희가 사랑으로써 모든 것을
다 용서할 수 있으며 너희가 말하는
원수까지도 용서할 수 있는 그와 같은
마음을 가지고 사랑으로 충만한 자는
어떠한 일도 할 수 있다는 것을 너희
는 알아야 할 것이니라.
16 사랑으로 충만하면 모두를 다 용서하
며,
17 모두를 용서하는 자는 어떠한 일도 다
할 수 있는 인격이 갖춰진 자며, 자격
이 갖춰진 자라는 것을 너희는 알아
야 할 것이니라.
18 그리하여 사랑으로써 사는 것, 사랑을
행함이 그리 소중함이니라.
19 너희는 사랑을 나눔으로써 모든 게 다
이루어지는 것이 아니요, 사랑으로써
베풀며 사랑 속에서 사는 백성은 웃음
으로써 모두를 대할 수 있으며,
20 그 웃음으로써 대할 수 있는 것은 모
두를 다 용서할 수 있으며,
21 남을 용서할 수 있는 것은 어떠한 일
도 다 역사할 수 있으며 이룰 수 있는
종교 지도자이기 때문에 너희가 사랑
으로써 다져진 종교 지도자가 되어야
할 것이며,
22 사랑으로써 가는 진정한 신도가 되어
너희가 하늘에 오르는 길을 보도록
그리해야 함이니라.
23 사랑의 소중함이 무슨 의미인지 이제
는 알겠는가?
24 사랑으로 충만한 백성은 모두를 용서
하며, 남의 허물을 탓하지 아니하며,
다 웃음으로써 맞이할 수 있음이니라.
25 사랑의 웃음으로써 모두를 대할 수 있

는 사람은 어떠한 것도 행할 수 있는 자이니라.
26 태풍 앞에서도 두려움이 없으며, 불바다 앞에서도 두려움이 없으며, 어떠한 역경과 어떠한 환란 속에서도 두려움이 없으니,
27 그 모두를 역사할 수 있으며 그 모두를 이루어 낼 수 있는 자이니라.
28 그러니 사랑으로써 충만된 백성만이 나로부터 선택된 지도자요,
29 나의 법전 160권이 세상에 하얀 눈이 내리듯이 덮을 수 있는 그 일을 할 수 있으며,
30 그리고 너희를 보고 만백성이 깨우쳐 하늘에 오르는 길을, 너희를 따르는 것만이 구원의 길이라는 것을 그들이 스스로 깨닫고 알게 됨이니라.
31 모든 백성의 심리가 그러하니라.
32 너희가 남으로부터 명을 받아, 남으로부터 지시를 받아 무엇을 하기는 힘들고 어려우며 하려 하지 아니하나,
33 스스로 하고자 하면 아무리 힘들고 어려운 것도 즐거운 마음으로써 하는 것이 인간 너희 마음이니,
34 너희가 모든 마음을 비우며 사랑으로 충만 되었을 때,
35 나의 아들이요, 나의 아들을 따르는 제자요, 내가 사랑하는 백성, 너희의 충만한 그 모습을 볼 때,
36 모든 백성은 스스로 하늘에 오르는 길을 올 것이며, 나의 법전을 접할 것이며, 그를 정독하여 너희를 따르고자 하는 대변화의 역사가 이루어질 것이니,
37 이를 깊이 깨우쳐 행하도록 하라, 사랑하는 나의 아들딸들아!

5,927 번째 하나님 말씀

2003년 4월 11일 16시 41분

1 사랑하는 나의 아들아!
2 "네, 아버님! 말씀하옵소서."
3 믿음의 길이란 뭐라 말하였느냐?
4 큰 돌을 갈고 또 갈아 물이 되어 흐르듯이 그와 같이 변함없이 꾸준히 가는 길이요, 나를 향하여 달려오는 것이 믿음의 길이며 구원의 길이라 내가 그리 말하였음이니라.
5 그러나 지금 나의 피조물 만백성 너희가 과연 그 마음이 어떠하던가?
6 너희는 그저 우물에 가서 숭늉을 달라는 사람처럼 마음이 급하고 성급함이니라.
7 그러니 그와 같이 급하고 성급한 너희 마음이요, 너희 생각을 잘 이용하며 악용하는 것이 바로 무엇인지 알겠는가?
8 지금의 모든 종교 지도자요, 집단들이 그리 너희를 악용하고 이용하고 있음을 알라.
9 그리하여 광란이 났을 때 침 한 번 맞는 것으로써 그게 치료하는 것보다 더 효과가 있는 것처럼 너희에게 뭐라 말하느냐?
10 그저 수없이 죄를 짓고 불안에 떠는 자, 불쌍한 백성 너희가 저희 손으로 지은 성전에 와 그저 나의 아들 예수의 이름을 찾으며 재물을 바치며 눈물로써 기도하면, 너희는 구원을 받아 너희 죄가 다 씻어진다 그리 말함이니

라.
11 너희가 지은 죄를 가지고 와서 기도하
고 경배하면 그저 다 사라진다 하니,
12 우물에서 숭늉을 달라 할 정도로 급한
성격인 너희가 수없는 죄를 짓고 성
전에 가서 빌면 그게 다 지워진다 그
리 말하며,
13 믿음에 입문하는 순간에 너희 죄를
용서해 주며 천국에 갈 수 있다 하며,
너희의 그와 같은 성격을 잘 이용하
고 악용하여 그들이 너희를 끌어들이
니,
14 이제 더 이상 자신을 그리 팔려 생각
하지 말라.
15 좀 더 생각하며 인내하고 기다리는 그
와 같은 마음을 가져야 할 것이니라.
16 너희가 그와 같은 급한 믿음으로써,
급한 생각으로써 구원을 받을 수 없음
을 알라.
17 다만, 잘못된 종교 지도자들이요, 집
단들이 너희 급한 성격이요, 그 급한
마음을 이용하여 너희가 믿음을 시작
하면 구원을 받는다 너희에게 그리
가르치니,
18 그를 믿고 따라가는 것이 그 신도들
이 가는 것이니, 그래서 너희 또한 그
급한 성격 때문에 그저 아무 곳에 가
믿음을 시작하는 것이며 몸을 함부로
던짐이니라.
19 이제 너희는 생각하고 또 생각해야
할 것이니라.
20 이제 모든 백성 너희는 믿음의 길을
선택하는 것을 그리 급하게 선택해서
도 아니 되며,
21 믿음이요, 구원을 받는 것은 너희처럼
성급하게 모든 것이 이루어지는 것이
아니라 함을 알라.
22 너희가 평생 큰 바위를 놓고 갈고 갈
아 그 바위가 물이 될 수 있도록 그리
갈고 갈아 닳고 닳아서 없어지듯이,
23 너희 마음이 그리 꾸준히 변함없이 하
늘을 향하여 선을 행하며 아름다운 마
음의 자세로 살아가는 것이 하늘에 오
르는 길이요,
24 그저 믿기만 하면 구원을 받으며 소리
지르고 재물만 바치면 죄가 씻어지는
것처럼 그와 같은 생각으로써 너희가
믿음을 가서는 아니 될 것이니라.
25 그와 같은 믿음으로 시작된 자는 구원
을 받을 수 없으며 구원의 길을 볼 수
가 없는 것이니라.
26 그러니 내가 나의 아들을 통하여 법전
에 기록하여 너희에게 전하지 아니했
던가?
27 너희가 꾸준히 변함없는 아름다운 삶
을 사는 것, 그리고 오늘보다 내일이
아름다운 삶으로 변화되는 그것이 구
원을 받는 것이요,
28 그저 너희가 손으로 지은 성전에 입
문하는 것, 그리고 죄를 짓고 그저 더
덕더덕 지은 죄를 하루아침에 눈물로
써 씻어진다는 그와 같은 생각, 그 착
각에서 나와,
29 진정한 새로 태어난 생명의 길을 보며
그 빛을 보며 진리를 보며 구원을 받
도록 그리하라, 사랑하는 나의 아들딸
들아!

5,928 번째 하나님 말씀

2003년 4월 11일 16시 46분

1 사랑하는 나의 아들아!
2 지금의 믿음의 길을 가는 내가 사랑
하는 모든 백성이요, 종교 지도자요,
또한 그 신도라 하여 평생을 바치는
자, 그들은 작은 것은 눈에 보이며 눈
으로 볼 수 있으나,
3 큰 것은 보지 못하는 어리석은 백성으
로 지금 전락하여 있음을 너희는 알
아야 할 것이니라.
4 그리하여 교회라는 곳에, 너희가 손으
로 지은 성전에 가 재물을 바치며 그
곳에 가기만 하면 구원을 받는다 그리
생각함이니,
5 그것이 가장 어리석은 것이요,
6 가장 작은 것을 보며 큰 것을 보지 못
하는 너희이니라.
7 이 방대한 세상이 나의 성전이요, 그
곳에서 기도하고 깨우쳐 하늘에 오르
는 길을 너희가 볼 수 있거늘,
8 어찌하여 너희는 그 두꺼비집 같은
죄의 온상에 가서만 구원을 받는다 하
여, 세상의 넓고 큰 것을 보지 못하며
그저 작은 것만을 눈으로 보는 그와
같은 어리석은 백성으로 되었는가?
9 너희는 구원을 받기 위하여 어찌하는
가?
10 너희는 그저 믿음이라는 것을 너희
손으로 지은 성전에 발을 들여놓는 순
간에 구원을 받았다 함이니,
11 그리하여 구원을 받는 것이 아니요,
그와 같은 작은 역사를 이루는 것으로
써 너희가 구원을 받는 것이 아니니라.
12 너희가 어렵고 힘든 그 많은 죄를 지
은 것을, 구원을 받기 위해 어떠한 시
련과 고통을 겪어야 하는가?
13 어떠한 역사를 해야 되는지를 알아야
할 것이니라.
14 너희가 손으로 지은 성전에 발을 들여
놓는 순간에 구원을 받으며 하늘에 오
르며 나의 아들을 찾음으로 나의 아들
의 보혈로써 너희가 구원받았다 하는
것보다 더 쉬운 것이 어디에 있는가?
15 그보다 더 간단한 것이 어디에 있는가?
16 그리하여 너희는 작은 것은 눈으로
보고 있으나 큰 것을 보지 못함이니라.
17 구원을 받기 위해서는 행함이 중요하
며, 그 행함의 위대함으로 인하여 모
두가 이루어진다는 것을 알아야 할
것이니, 그리 알라.
18 그러니 지금의 모든 종교 지도자요,
집단들이 과연 어찌하는가?
19 작은 것을 버리며 큰 것을 볼 줄 아는
종교 지도자는 우선 저 자신부터 다스
릴 줄 알아야 하는 것이니라.
20 모든 인간은 자기의 잘못된 것, 추한
부분은 감추려 하며 그를 남들에게 보
여 주지 아니하려 하는 것이 인간들의
생각이요, 보통 사람들이 가는 마음이
니라.
21 자기의 부족한 부분이요, 자기의 추한
부분을 가능하면 남에게 감추고자 하
는 심성을 가진 것이 보통 인간들이
니, 그러니 작은 것을 보고 사는 백성
이요,
22 그러나 큰 것을 봐야 하는 종교 지도
자는 어찌 되는가?
23 그와 같은 부분을 감추려 하지 아니하

며, 그를 내놓으며, 그를 보여 주며 당
당한 모습으로 살아갈 수 있는 그와
같은 종교 지도자가 되어야 할 것이
거늘,
24 그러나 지금 큰 것을 바라보는 종교
지도자가 없으며 작은 것에 연연하는
자들이니,
25 자기들의 추하고 잘못된 것을 감추기
에 급급하며, 잘못 가르치는 것을 덮
기에 급급하며, 자기의 약점을 드러내
만백성에게 심판을 받고 새로 거듭나
는 그와 같은 지도자가 되는 길을 그
들은 행하지 못함이니,
26 그게 그들이 얼마나 작은 것만을 보고
가는 자들인가?
27 작은 것만을 보고 가는 지도자 앞에
너희가 무엇을 구원하며 무엇을 받을
수 있으며 무엇을 이룰 수 있다 생각
하는가?
28 이제 너희는 그리 알아야 할 것이니
라.
29 저 자신의 추한 부분을 감추려 하며
제 약점을 감추려 하는 그 종교 지도
자는 대표적으로 잘못된 자이니, 겉과
속이 다른 잘못된 자들이니라.
30 내가 너희에게 가장 무섭게 다룰 자
가 누구라 말하였느냐?
31 겉과 속이 다른 백성이라 하였음이니
라.
32 겉과 속이 다른 백성은 그를 믿고 따
르는 자들이 얼마나 잘못되며, 그를
믿고자 했던 자가 얼마나 실망하는 예
가 많이 있는가?
33 세상에 그와 같은 자를 내가 가장 엄
히 다스린다 하였음이니,
34 그리하여 바로 그와 같은 종교 지도자
들 밑에서는 깨달음이 없으며 구원의
길을 오를 수도 없으며 아무것도 얻는
것이 없음이니라.
35 다만, 너희가 얻고 이루는 것이 있다
면 너희가 지옥으로 가는 길이요, 나
의 뜻을 역행하며 거역하며 나를 능멸
하는 그와 같은 행위로써 지옥으로 가
는 죄만을 누덕누덕 더 짊어지고 간다
는 것을 잊지 말라, 사랑하는 나의 아
들딸들아!

5,929 번째 하나님 말씀

2003년 4월 11일 16시 54분

1 사랑하는 나의 아들아!
2 너를 따르는 제자들이요, 나의 법전을
읽고 깨우친 만백성 그들에게 전하라.
3 너희가 나의 법전 열여섯 권을 읽고
공부하며, 나의 강론을 직접 들으며,
160권의 법전을 읽고 깨우쳐,
4 그중에서 남에게 거짓 증거하지 아니
하며, 거짓말하지 아니하는 것이며,
그 한마디, 한 가지만 지키고 산다 해
도 너희는 나의 법전을 읽은 그만큼
은혜를 입은 것이라 그들에게 전하라.
5 너희가 아름다운 음식을 취하면서 가
장 즐거운 입으로써 거짓말하며 흉악
한 말을 하는 것,
6 그것 하나만 하지 아니한다 하여도
너희는 나에게 은혜를 받은 것이며,
축복과 영광을 얻은 것이며,
7 말로써 죄를 지으며 입으로써 죄를 짓
는 그 모두를 멸할 수 있으며,
8 그 죄를 짓지 않는다 해도 얼마나 그

죄가 가벼워진 것인가 너희는 알겠는
가?
9 너희가 나의 법전에서 한 가지라도 배
운다면 나에게 와 심판을 받을 때 너
희 짐이 가벼워지며 죄가 가벼워짐이
니,
10 그것 외에 아무것도 생각하지 말라 그
리 전하라.
11 너희가 거짓말하지 아니하며 남에게
거짓 증거하지 아니하며,
12 너희 입에서 나오는 말이 고운 말을
하며 아름다운 말을 하며,
13 너희가 어렵고 힘든 자 도와줄 수 있
는 그와 같은 마음을 가지고 있으며,
그전에 보지 못했던 선행을 보고 너희
가 행할 수 있는 그 한 가지만 행하고
지킨다 해도,
14 그 하나만 깨닫는다 해도 너희가 죽
어 나에게 와 심판을 받을 때 그 죄의
고통이 얼마나 가벼워지며 얼마나 유
한 곳으로 갈 수 있는 것이던가?
15 그 하나만 행해도 된다 그리 전하라.
16 그러니 나의 법전을 사탄이요, 이단이
요, 나의 아들을 거짓 선지자요, 마지
막 시대에 오는 사악한 자라 아니라
시시비비할 것이 없느니라.
17 너희가 나의 아들을 통하여 내리는 법
전을 읽고 한 가지만 변화된다 해도
그중에서 그 죄가 가벼워짐이니라.
18 내가 너희 영혼의 구원이 십계명이라
하였으니,
19 너희가 나의 법전을 읽고 깨우치기를,
다른 우상이 무엇인가를 깨우쳐 그것
을 하나 지킨다든지, 너희 부모를 공
경하며 간음하지 아니하며 도둑질하
지 아니하는 것, 그중의 하나만 무서
운 것을 알고 고쳐도 너희 죄가 가벼
워짐이니,
20 너희가 나에게 와 심판받을 때 너희에
게 얼마나 힘과 용기가 되며 지옥 불
의 고통을 더는 것인지 알겠는가?
21 그러니 너희는 남들과 더불어 시시비
비하지 말며 갑론을박하지 말라.
22 사탄이요, 이단이라 말하거든, 그것은
그들이 알아서 할 일이요,
23 너희 할 일만 하면 되는 것이니라.
24 착한 일 하나, 길거리에 떨어져 있는
휴지 조각 하나를 줍는 마음이 생겼
다면 그것으로써 너희의 그 죄가 가
벼워짐이니라.
25 그리고 나의 백성, 지금의 믿음의 길
을 가는 그 백성이 나 여호와를 찾으
며 예수를 찾으면 구원을 받는다 하면,
26 너희가 나 여호와를 찾지 아니하며 나
의 아들 예수를 찾지 않는가?
27 다만, 재물을 바치며 금화와 은화를
바치며 저희의 종 노릇을 하지 않으
며 저희의 손으로 지은 성전이요, 교
회라는 곳에 가지 아니한다 해서 구원
을 받지 못함이 아니니라.
28 너희는 나의 아들딸이며 똑같은 은혜
를 받아서 세상에 나왔음이니,
29 너희가 나를 부르며 나에게 기도하며
나에게 용서를 비는 그와 같은 경배의
기도를 드린다면 그것은 내가 들어줌
이니 그리 알라.
30 그러니 너희는 사악한 자들에게 현혹
되지 말라.
31 그리고 한 가지만 변한다 해도 그 죄
가 가벼워짐이니,

32 너희는 여기에서 한 가지를 배우는 마
음으로 터득해 나가라.
33 그리하다 열 가지, 백 가지를 너희가
깨우치면 그만큼 너희 죄가 가벼워지
며, 너희가 나에게 와 심판받기가 가
벼워지며 부드러워지는 역사가 이루
어진다는 것을,
34 그것이 너희에게 은혜요, 은총이요,
영광이요, 대단한 축복이며,
35 그보다 더 큰 영광이 없다는 것을 알
라, 사랑하는 나의 아들딸들아!
36 그러니 너희는 나의 아들을 의심하지
말며 나의 법전을 의심하지 말며,
37 나의 법전을 읽고 공부하여 깨우치는
데 게을리하지 말라.
38 단 한 가지만 얻어도 너희에게 영광
과 축복이 있으며,
39 심판받을 때 그 죄가 가벼워짐을 알
라, 사랑하는 나의 아들딸들아!

5,930 번째 하나님 말씀

2003년 4월 11일 18시 54분

1 사랑하는 나의 아들아!
2 "네, 아버님! 말씀하옵소서."
3 나로부터 선택된 백성이요, 나의 아들
을 따르는 너의 제자들, 그리고 나의
법전을 읽고 선택된 너희는 내가 뭐
라 말하였느냐?
4 너희는 운명이 없다 말하였으니, 그
하나로써 너희는 나에게 은혜를 받음
을 알아야 할 것이니라.
5 너희가 어떻게 사느냐에 따라서, 나의
법전을 어찌 만들어 만백성을 얼마나
구하느냐 구하지 않느냐, 그 역사에
따라서 너희 운명은 나 여호와에 의해
변화될 수 있다 그리 말하였느니라.
6 나의 법전을 만들어 전함에 너희가 얼
마나 노력하며 최선을 다하느냐에 따
라 너희가 이 지상에서 더 존재하여
나의 뜻을 역사하며 내가 이루고자 하
는 그 뜻을 이룰 수 있으며,
7 그 일을 더 하기 위하여 너희를 더 필
요로 할 때, 내가 너희를 더 존재하게
할 수 있다 하였음이니,
8 이는 사탄이요, 사악한 자들이 할 수
없는 것이며,
9 오로지 나 여호와만이 너희에게 내릴
수 있는 축복이요, 영광임을 알아야
할 것이니라.
10 운명이 없다는 그 말 한마디가 너희에
게 내가 얼마나 큰 영광을 주었음인지
알겠는가?
11 이제 그러니 너희는 살아가면서 남들
이 말하는 운명론에 치우치지 말라.
12 운명에 의하여 불행해지며 행복해지
며 영광과 축복이 있는 그와 같은 삶
을 벗어난 것이 나로부터 선택된 백성
이요,
13 지금 제3의 시대에 나로부터 법전을
받아 기록하여 만백성을 구하는 그 역
사를 이루는, 나의 아들을 따르는 너
희들이니,
14 너희는 운명에 의하여 행복과 불행이
요, 기쁨과 영광이라는 것을 생각하지
말라.
15 너희 모든 운명은 나에게 달렸으며,
너희 운명은 내가 좌우할 수 있으며,
16 특별히 너희만이 나에게 선택권이 있
으며, 내가 선택권이 있는 것을 너희

에게 부여했다는 것을 잊지 말라.
17 나 여호와만이 가질 수 있는 그 선택
권을 내가 너희에게 주었음이니,
18 얼마나 아름답게 변하는 모습으로 살
며 천사와 같이 사느냐, 그리하여 너
희가 세상에 존재할 가치가 있으며 더
존재해야 한다 느낄 때,
19 너희 운명은 한없이 연장될 것이며,
20 말할 수 없는 그 많은 세월의 은혜를
입을 것이니라.
21 그러니 너희 운명은 없다 한 그 의미
요, 그 위대한 사랑을 알라.
22 그러니 너희는 운명이요, 그것에 모두
를 거는 그와 같은 어리석은 삶을 살
지 말라.
23 오늘의 삶에 최선을 다하며 아름답게
살며 사랑을 실천하며 사는 그 생활에
너희는 전부를 다하라.
24 너희가 나 여호와의 존재함을 얼마나
믿느냐에 따라서 너희가 변화되는 것
이요,
25 얼마나 나의 존재함을 믿고, 나에게
심판받는 것을 믿고, 그 심판에 따라
그 죄의 대가를 치른다는 것을 얼마나
깨닫고 있느냐에 따라서 나의 법전이
소중함을 알게 될 것이며,
26 나의 법전을 만들어 만백성을 변화시
키는 그 역사가 어떻다는 것을 너희는
알 수 있을 것이니라.
27 그러니 나의 법전을 읽고 깨우친 백성
너희는 너희만의 운명을 변화시키는
것이 아니요,
28 나의 법전을 전해 깨우친 그 백성이
천사와 같이 살며 나 여호와의 심성같
이 살며 그와 같이 변하는 삶을 살 때,
29 모든 백성의 운명을 너희가 변화시키
며, 그 운명에 얽매이지 않도록 그와
같은 은혜를 베푸는 것이니,
30 너희가 얼마나 소중하며, 법전 한 권
을 전하는 것이 얼마나 위대한 것인가
를 알고 행하도록 하라, 사랑하는 나
의 아들딸들아!
31 주저하지 말며 두려워하지 말라, 겁먹
지 말라.
32 이 세상은 나의 법전으로써 모두를 심
판하게 되어 있으며,
33 내가 너희에게 10년 안에 모든 변화
의 역사를 본다 하였으니, 너희가 죽
는 자 없이 이 모두를 보게 될 것이니
라.
34 그러니 그보다 더 큰 영광이 어디에
있겠는가?
35 죽어서 너희가 이룬 그 역사를 볼 수
있으며 그 변화를 볼 수 있으나,
36 2천 년이라는 길고도 긴 세월 속에,
나의 아들 예수가 재림하여 너희를
죽을 자와 살 자, 버릴 자와 구원할
자, 그 모두를 선별한다며,
37 금화와 은화를 바치며 눈물 짜며 콧물
짜며 나의 아들 예수의 이름을 부르
며, 보혈로써 구원받아 하늘에 오를
수 있다 울부짖던 그들은 2천 년 동안
허송세월을 보냈음이니라.
38 너희는 10년이라는 그 세월 안에 정
답을 알게 되며, 그 변화의 무서움을
알게 되며,
39 그 역사함을 직접 육에서 보아, 그때
부터는 나 여호와가 존재함을 더 믿을
것이며,
40 너희가 나로부터 선택된 것이 얼마나

위대한 것이며 소중한 것이며 영광이
요, 축복인가를 알 것이니,
41 그때는 너희가 목숨을 바치지 말라 해
도 순교자의 길을 갈 수 있는 그와 같
은 나의 아들딸이요, 소중한 자들이니
라.
42 그때까지 너희가 다 보고 있을 것이
며, 그리하여 너희는 그 육의 삶에서
역사함을 보며 소중함을 알아 너희
자신을 바로 다스리고 가르치며 자신
을 다스리는 그와 같은 일이, 무서우
리만큼 변화의 역사가 그때 이루어질
것이니라.
43 그리하여 너희가 다 하늘에 오르는
나의 아들딸이라는 것을 그때 가면 알
것이며,
44 이제 내가 말한 너희가 하늘에 오를
수 있는 나의 아들딸이라는 그 의미를
알게 될 것이니라.
45 그리하여 살아서 육에서 모두를 보며,
너희의 소중함을 알며,
46 그리고 하늘에 나 여호와가 존재함을
알기에 너희가 흔들리지 아니하며 넘
어지지 아니하여 그대로 나에게 올 수
있는 것이 너희이니,
47 얼마나 축복이요, 영광된 백성이더냐?
48 그를 알라, 사랑하는 나의 아들딸들아!

5,931 번째 하나님 말씀

2003년 4월 11일 20시 51분

1 사랑하는 나의 아들아!
2 "네, 아버님! 말씀하옵소서."
3 너의 제자들에게 일깨워 그리 전하라.
4 너희가 나의 법전 160권을 읽고 또 읽
어 한 가지, 두 가지, 열 가지, 백 가지
를 고치며 악습을 버린다 하면,
5 너희가 나에게 와 심판을 받을 때 그
만큼 가벼워지며 그만큼 지옥 불에 가
고통스러운 것을 면할 수 있다 내가
그리 말하였음이니라.
6 변하지 아니하며 깨달음이 없이 오는
백성과 비교하여, 내가 원하는 것이
무엇인지를 알아 그를 지키고 행하며
살다 나에게 왔을 때,
7 그만큼 너희 마음이 가벼워지며 죄가
가벼워짐이니,
8 그것으로써 너희는 큰 은혜요, 영광을
얻은 것이라 내가 그리 가지고 살라
하였음이니,
9 그것이 내가 너희에게 가장 낮은 상으
로 내려 주는 것임을 알아야 할 것이
니라.
10 지금 나의 아들이 너희를 위하여 그
가 변하고자 하는 모습을 너희는 모르
고 있음이니,
11 그가 한 점의 부끄러움이 없이 살아가
고자 노력하는 그 모습을 너희가 받쳐
주며 같이 오지 아니하면,
12 이 세상에 너희와 다른 세상에 있는
백성이 그를 따르며 그를 받쳐 줄 수
있다 그리 말하는가?
13 나의 아들 예수가 나로부터 성령을 받
아 세상에 나갔음이니,
14 그가 30년이라는 세월 속에서 그는
잠재적인 의식을 길렀으며, 그리고 그
는 나로부터 수없는 공부를 했음이니
라.
15 성령으로써 세상에 나간 나의 아들이
30년이라는 그 긴 세월 동안을 너희

는 그저 허송세월하며 인간과 같은 삶을 살았다 하나,
16 그는 어려서부터 내가 그에게 깨달음을 주며 그를 훈련시켰으며 그를 가르쳐, 3년이라는 그 세월 속에 기적과 역사를 이루었음이니라.
17 내가 너희에게 약속하지 않았는가?
18 10년이라는 세월 안에 나의 법전이요, 나의 성령이 나 여호와의 뜻이라는 것을 알게 될 것이며,
19 나의 아들의 머리가 백발이 되었을 때 너희가 그 역사의 기적을 이룬다 하였음이니,
20 나의 아들이 나의 법전을 접하여 지금 깨달아 160권의 법전을 세상에 내는 것이 몇 년이 되었는가?
21 너희가 손가락으로 세어 봐도 2, 3년밖에 되지 않은 그 세월 속에 너희는 무엇을 더 기다리며 그리 역사하고자 하는가?
22 지금 160권의 법전이 나오는 것이요, 나의 아들이 변하는 모습이요, 너희 스스로 악을 버리며 악습을 버리며 하나씩 고쳐 나가는 그것보다 큰 은혜요, 그보다 큰 영광이 없음이니라.
23 나의 아들 예수를 30년 동안 다스리고 교육을 해 3년 동안 역사를 이루었음이니,
24 나의 아들의 머리가 백발이 되어 하얘졌을 때, 그때 무서운 역사의 기적이 있을 것이며, 이루지 말라 해도 이루어지는 것을 보게 될 것이니라.
25 그런데 너희는 어찌하여 그와 같은 생각도 하지 못하며 그와 같은 깨달음도 없는가?
26 30년이라는 긴 세월 동안 영으로써, 나의 성령으로써 태어난 나의 아들 예수도 그동안을 기다렸으며, 그리하여 짧은 3년에 모든 역사를 이루었음이니라.
27 그러니 나의 아들이 역사를 이루며, 이 법전이 세상을 하얀 눈처럼 덮으며,
28 만백성은 이 법전을 보지 아니하면 구원을 받을 수 없으며 심판대에 서지 못한다는 것을 너희가 지금은 믿지 않으나 그때 가서 알게 될 것이니라.
29 그리고 나의 아들이 기적의 역사를 하는 것은 나의 아들의 머리가 하얘졌을 때, 그리고 그와 같은 역사를 필요로 할 때 내가 그를 지켜 줄 것이며,
30 그와 같은 역사를 이루는 것은 당연한 것이며,
31 그를 다 나의 아들이 지금 보고 있음을 너희는 모르고 있을 것이니라.
32 그는 모두를 다 보고 있으며 모두를 다 알고 있음을 너희는 알아야 할 것이니라.
33 다만, 너희가 쓰러지는 그와 같은 단계요, 너희가 무엇을 이루었을 때, 지금의 마음이 나에 대한 믿음과 육의 향락 그 두 가지 마음 중에 아직도 육 쪽에 모든 게 치우쳐 있으며,
34 나에 대한 믿음의 마음에 치우쳐 있음이 아니니라.
35 내가 오늘 나의 아들을 통하여 너희에게 전하기를, 너희가 열이라는 마음에서 다섯에서 조금만 내 쪽으로 기운다면, 너희는 사탄에게 넘어지지 아니한다 하였으나,
36 너희가 말로써 믿으며 나를 경배한다

하나,
37 막상 변화의 역사가 일어났을 때, 너
희는 육의 삶에 치우치며,
38 나에 대한 믿음이요, 나와 더불어 가
는 그것은 아직도 30퍼센트의 점수를
넘지 못하며,
39 육의 인간관계요, 육의 생각을 70퍼
센트 이상 가진 것이 너희이니,
40 거기다 내가 무엇을 내려 줄 수 있단
말이던가?
41 너희가 내가 말한 대로 50퍼센트를
넘는 그 세월이 필요하며 그 변함이
필요함이니라.
42 진정 너희 스스로 과연 얼마나 변화되
었으며 얼마나 역사했는가 보라.
43 초조한 마음, 불안한 마음, 의혹하는
마음, 그 모두가 너희 믿음이 아직 부
족한 것이며 믿음이 없는 마음이니라.
44 '믿으라!' 내가 그리 말하였음이니라.
45 내가 나의 아들에게 명하였음이니라.
46 내가 이로 바위를 물라 하면 네가 물
면 된다 하였음이니,
47 아직도 나의 아들도 그와 같은 믿음이
약하며 그를 행하지 못함이니, 너희야
지금 어떠하겠는가?
48 너희 본심은 너희도 모르나, 내가 보
는 너희 마음은 아직도 나에 대한 믿
음이요, 절대적인 나의 뜻에 따르는
것은 30퍼센트도 아직 넘지 못하고
있으니,
49 부는 바람에 날아가는 낙엽처럼 무너
질 수 있으며 흘러갈 수 있기에 내가
너희를 더 훈련하며 기다리고 있음이
니,
50 너희 자신이 네 마음을 다스려 목숨을
걸고 오로지 법전을 가지고 만백성을
구하는 길에 모두를 던질 수 있는 굳
은 결의와 마음이 필요함이니라.
51 너희가 추울 때 추위를 느끼며 더울
때 더위를 느낄 수 있는 그와 같은 마
음처럼, 지금도 흔들리며 움직이는 것
이 나의 아들을 따르는 제자 너희 마
음이라는 것을 나는 알고 있음이니 그
리 알라.

5,932 번째 하나님 말씀

2003년 4월 11일 22시 31분

1 사랑하는 나의 아들아!
2 "네, 아버님! 말씀하옵소서."
3 너희가 처음에 먹었던 마음의 그 행함
이 얼마나 소중한 것이며,
4 계산되어 두 번째, 세 번째 먹는 마음
은 똑같은 생각이요, 똑같은 행동을
한다 해도 그 차이는 너무나도 엄청난
것임을 알아야 할 것이니라.
5 2천 년 전에 나의 아들 예수가 그 핍
박 속에 죽어 갈 때, 같이 죽고자 했던
그 제자들과,
6 나의 아들이 죽었다 부활하여 세상에
다시 보이니 그때 그 길을 따라간 제
자들은 얼마나 엄청난 차이가 있던가?
7 전자에 나의 아들 예수를 따랐으며 그
모두를 바쳐 같이 가고자 했다면 나의
아들 예수와 더불어 죽었을 것이며,
그리 죽고자 저희가 그리했을 때 나
의 아들은 결코 죽음의 길을 선택하지
아니할 수 있었을 것이니라.
8 그 모두는 나 여호와의 뜻이요, 내가
주관할 수 있었음이니라.

9 그러나 그 제자들이 그를 따르지 아니
하며 첫 번째 그와 같은 마음을 먹지
아니했으니,
10 그는 나의 아들이 그리 죽게 그들이
방치했으며 그를 막을 수 있는 것을
막지 않은 죄가 있지 않은가?
11 그러나 나의 아들이 죽어 와 다시 부
활하여 저희에게 가 보여 줌이니, 그
때서야 그들이 진정한 나의 아들이라
믿었다면,
12 그 제자들의 믿음은 무엇이며 그들이
나의 아들을 따랐던 마음은 과연 무엇
이던가?
13 지금 너를 따르는 그 제자들 또한 생
각이 어떠하던가?
14 지금 너와 더불어 같이 가는 그 제자
들과 내가 너를 통하여 역사를 하며,
15 정녕 나의 성령이요, 나의 뜻이요, 그
리고 내가 기록한 나의 성령의 법전이
라는 것을 깨닫고 이를 지키지 아니하
면 구원을 받을 수 없다는 것을 깨달
았을 때, 그때 나의 법전에 입맞추는
자와,
16 지금 너희와 더불어 가는 그와 같은
백성과의 차이점이 얼마나 멀고도 먼
거리가 있는 것인가를 아는가?
17 그러니 너의 제자들, 그리고 나의 법
전을 읽고 깨우친 백성, 너희는 나의
사랑하는 아들 예수를 따랐던 그 제자
들과 같은 그와 같은 행위가 있어서는
아니 될 것이며, 그와 같은 전철을 밟
아서는 아니 될 것이니 그리 알도록
하라.
18 지금 너희 제자들 또한 나의 아들 예
수에게서 등 돌렸던 그 제자들과 다
른 점이 없음이니,
19 너희의 그 마음을 오늘 이후부터 다
시 다스려야 할 것이며, 너희 생각을
다시 해야 함을 잊지 말라.
20 너희가 처음에 먹었던 마음이요, 처음
에 충성스러운 마음이요, 처음에 너희
가 나의 아들 예수와 더불어 가고자
하여 역사했더라면 한 생명을 살릴 수
있는 길이 있었다면 과연 그를 믿겠는
가?
21 그리하여 한 생명을 살릴 수 있는 길
을 선택하지 아니하였다면, 한 생명을
죽게 한 자들이요, 공범자가 아니던가?
22 그와 같은 무서운 차이가 있음이니라.
23 지금 나의 아들을 따르는 백성이요,
그리고 그 제자들이요, 나의 법전을
읽고 깨우친 백성, 너희는 처음의 길
에서 흔들리는 길을 가서는 아니 될
것이니라.
24 두 번째, 세 번째 먹는 마음이요, 나의
법전이 세상에 하얀 눈이 덮듯이 세상
에 역사했을 때 너희가 다시 돌아오
며 다시 마음을 다스려 나의 아들을
따른다 하나,
25 그 속의 진실한 마음이 무엇인가를 스
스로 알아야 할 것이니라.
26 이제 나의 아들을 따르는 제자들이요,
나의 법전을 읽는 백성, 너희는 나의
아들 예수를 배신했던 그 제자들과 같
은 형태가 이루어져서는 아니 될 것이
니라.
27 한 번의 그와 같은 형태를 보고 그를
교훈 삼아 오늘에 바로 서는 그와 같
은 삶이요, 너희 행동을 바르게 하지
아니하면 아니 됨을 깊이 깨우치도록,

너의 제자들에게 교육할 것이며 그들
에게 심어 주라.
28 그들이 너와 더불어 어려운 이 시대를
같이하며, 그들이 정녕 구원을 받지
못하는 일순간의 생각이요, 일순간의
잘못된 판단으로 저희가 영원히 사는
하늘나라의 그 축복을 받지 못하는 그
와 같은 슬픈 일이 없도록 너는 너의
제자들을 그리 잘 다스리고 깨우쳐,
29 한 사람도 낙오자가 없도록 그리하라,
사랑하는 나의 아들아!
30 네가 그들이 지옥 불로 가는 모습을
보고 하늘에 와 고통스러워하며 네 아
픈 마음은 영원히 지울 수 없는 것이
기 때문이니, 너는 이 마음을 꼭 전해
줄 것이며 그 뜻을 전해 줄 것이며,
31 너 또한 가슴 아픈 일이 있어서는 안
될 것이며, 너의 제자들 또한 지옥 불
로 가는 그와 같은 슬픈 일이 있어서
는 아니 될 것이니, 그리 전하도록 하
라, 사랑하는 나의 아들아!
32 내가 너를 통하여 너희가 살아 있는
지금 내 뜻을 가르쳐 주며 하늘의 비
밀이요, 하늘의 천기요, 앞으로 이루
어질 역사의 모두를 내가 한 장의 그
림으로 보여 주며,
33 내 음성으로써 너희를 깨우쳐 주며
가르침이니,
34 이 은혜에 감사하며 보답하는 마음 이
외에는 다른 생각을 가져서는 아니 될
것이며,
35 너희 스스로 계산된 생각이요, 스스로
판단하며 스스로 옳은 체하며 스스로
약은 체하며 스스로 세상을 다 아는
것처럼 오판하여,
36 너희가 그 한 번의 기회밖에 없는 축
복이요, 영광을 버리는 일이 없도록
그리 전하도록 하라, 사랑하는 나의
아들아!

5,933 번째 하나님 말씀

2003년 4월 11일 22시41분

1 사랑하는 나의 아들아!
2 "네, 아버님! 말씀하옵소서."
3 새로운 성경이요, 나의 법전이 세상에
나오면 너희가 심판이 얼마 남지 않았
다는 것을 알아야 할 것이니라.
4 구약과 신약의 그 역사를 덮으며, 내
가 제3의 시대에 나 여호와가 직접 임
하여 나의 성령을 태워 나의 아들의
가슴을 통하여 너희에게 전함이니,
5 이는 곧 심판의 교본이요, 심판의 법
전이라 내가 너희에게 말하였음이니,
이는 곧 무엇을 의미하는가?
6 정녕 두렵고 무서워해야 할 그 심판의
날이 머지않았다는 것을 너희에게 알
려 주는 것이며, 너희는 이를 깨달아
야 함을 알아야 할 것이니라.
7 지금의 모든 종교 집단이 가고 있는
그 믿음이 내가 뭐라 말하였느냐?
8 너희는 하나의 꽃 피는 그것만 보며,
꽃이 피는 그 과정은 보지 못하는 어
리석은 자라 내가 그리하였느니라.
9 한 송이 피어 있는 그 아름다운 꽃에
경탄하나,
10 그 꽃이 피기까지의 그 과정과 고통과
인내요, 그 시련을 생각하는 그와 같
은 현명함을 얻지 못하는 것이 너희라
내가 나의 법전을 통하여 나의 아들을

통하여 가르쳐 주었음이니라.

11 너희는 이와 같은 의미를 깊이 깨달아야 할 것이니라.

12 결과만을 놓고 바라는 것이 아니요,

13 그 결과가 이루어질 때까지 어떠한 고통과 시련에도 악과 싸워 이기며 선을 선택하는 그와 같은 현명한 길을 선택하지 아니하면 절대 너희는 구원을 받을 수 없다는 것을 내가 다시 한 번 심어 줌을 알아야 할 것이니라.

14 너희는 믿음이라는 것을 시작하는 그 순간부터 구원을 받았다 그리 생각하는 것이 얼마나 어리석은 잘못인가를 알아야 할 것임을 알라.

15 너희는 몰라도 너무나도 모르는 것이며, 하늘의 이치를 모르느니라.

16 그러니 모르는 자가 가르치니, 거기서 배우는 신도라는 백성이 과연 어찌 알겠는가?

17 그저 믿음을 시작하는 순간에 구원을 받는다는 그 황홀한 말에 너희가 모두를 다 바치며,

18 구원의 길이 아니요, 지옥의 길로 가는 잘못 가는 그 믿음을 가고 있음이니,

19 그를 바라보는 나 여호와의 아픈 마음을 아무도 아는 백성이 세상에 없음이니,

20 부모의 마음을 자식이 모르는 것같이 너희가 어찌하여 나 여호와의 그 애타는 마음을 그리도 모르는 체하며 살아가는가?

21 이제는 너희가 나 여호와의 뜻을 들여다보며 나의 마음을 볼 수 있는 그와 같은 문이 열리는 너의 제자들과 나의 법전을 읽는 백성, 너희만이 그 어리석은 백성을 인도하고 깨우쳐 주는 그 길을 갈 수 있다는 것을 너희는 알아야 할 것이니라.

22 어찌 믿음의 길을 행하고 행하지 아니하는 그것으로써 그 죄의 대가를 치른다는 것을 모르고 있단 말이던가?

23 믿음이라는 것은 끝이 없으며,

24 너희가 죽어 올 때까지 어떤 삶을 살며 어찌 살았느냐 하는 것이 중요한 것이라는 것을 내가 수없이 너희에게 깨우쳐 주고 전하였거늘,

25 너희는 그 과정은 무시함이니라.

26 너희가 죽어 나에게 오는 그 과정까지는 생각하지 아니하며,

27 죽는 그 순간만을 생각하며, 그 순간에 너희는 모든 영광을 얻었으며 축복을 받았다 생각하느니라.

28 이제 내가 너희를 구원하기 위하여 나의 아들을 통하여 나의 뜻을 간절히 너희에게 전함이니, 너희는 여기서 깨달아야 할 것이니라.

29 내가 일찍이 너희에게 죽어 가는 그 순간의 1초를 위해서 너희가 어찌 사느냐, 그 삶을 위하여 대비한 삶을 살라 내가 그리 전하였음이니,

30 1초의 그 순간에 아름다운 꽃을 피우는 그와 같은 삶을 살 것인가, 시들어져 모두가 다 버리는 그와 같은 꽃으로서 나에게 와 심판을 받을 것인가?

31 너희는 여기서 깨달음을 얻어야 할 것이며 행하는 길이 무엇인가를 알아야 할 것이니라.

32 아름다운 꽃의 모양으로서 남는 것은 나에게 오를 수 있는 것이요,

33 시들어져 버리는 그 꽃은 지옥 불로
가게 됨이니라.
34 그 모든 선택은 주인인 너희에게 달
렸으며, 너희 삶에 따라서 이루어진다
는 것을 알아야 할 것이니라.
35 모든 심판이요, 지옥과 천국에 오는
그 심판의 길은 다 너희에게 내가 물
어 스스로 너희를 심판한다는 그와
같은 이치를 깨달아야 할 것이니라.
36 내가 임의로 너희를 심판함이 아니요,
너희 뜻을 물어 내가 심판한다는 그
엄연한 사실, 이는 곧 무엇을 의미하
는가?
37 너희가 어찌 살아왔느냐에 따라서 너
희가 스스로 그 길을 간다는 의미이니
라.
38 너희가 악한 일을 한 자는 악에 따라
지옥으로 갈 것이며, 선한 일을 한 자
는 선함으로 가니,
39 내가 너희에게 물어보느니라.
40 네가 과연 천이라는 그 숫자 중에서
악을 얼마나 행했으며 선을 얼마나 행
했는가 내가 너희에게 물으니,
41 너 스스로 그 답을 속일 수 없으며 거
짓으로 대답할 수 없으며,
42 네가 생각하고 마음으로 지은 죄, 네
가 육으로써 지은 죄의 숫자를 하나하
나 네 손으로 기록하여 나에게 제출하
게 될 것이니,
43 그때 가서 너희가 그를 하나하나 쓰
면서 고통과 그 아픈 마음에 심장이
떨리는 그와 같은 고통의 시간을 계속
겪어 그 숫자에 따라서 대가를 받는
것이니,
44 지옥이요, 천국이요, 그것의 선택은
너희 스스로 판단하며 스스로 결정짓
는다는 그 무서운 사실을 알아야 할
것이니라.
45 너희 인간 세상에서 공부를 게을리하
고 열심히 하지 않는 자가 그 시험지
라는 것을 놓고 답안지를 채우느냐 채
우지 못하느냐 하는 그 형국이니라.
46 너희가 과연 그 답안지에 악으로써 그
득히 채울 것인가, 선함으로써 채울
것인가?
47 이것은 너희 선택에 달렸음이니라.
48 너희 스스로 선택하여 너희가 심판함
이니,
49 정답으로 답안지를 그득히 채우는 그
와 같은 학생이 될 것인가, 그렇지 않
으면 그 답안지를 기록하지 못하며 나
로부터 그 대가를 치르는 그와 같은
형국으로써 심판을 받을 것인가?
50 내가 너희에게 주는 그 답안지에 악한
것을 써야 할 것인가?
51 한쪽에는 선한 것을 쓸 것이니, 그 선
한 것은 쓸 것이 없어 그대로 백지로
내며, 악한 것은 그 종이가 모자라 선
한 것을 써야 하는 종이에까지 기록
할 때,
52 너희는 심장이 떨리며, 가슴이 떨리
며, 손발이 떨리며,
53 네가 그 심판의 두려움에서 돌이킬 수
가 없으며, 용서를 받을 수도 없으며,
지울 수도 없으며,
54 어찌 떼어 버릴 수도 없는, 그와 같은
스스로 판단하는 그 앞에 스스로 어떠
한 길을 선택하여야 할 것인가?
55 지금 너희는 그 무서움을 알아야 할
것이니라.

56 너희를 아무런 허락 없이, 너희가 제
출하는 답안지 없이 지옥이요, 천국으
로 보내는 그와 같은 심판은 없음이니
라.
57 그리하여 내가 너희에게 말하나니, 모
든 심판은 스스로 한다는 것을 잊지
말라.
58 너희가 써낸 그 답안지 없이는 내가
너희를 심판하지 못함이니,
59 너희가 나로부터 승낙받기 위하여 써
낸 그 답안지에 과연 어떠한 것을 많
이 기록했느냐에 따라 너희가 그때부
터 고통이 시작됨을 잊지 말라, 사랑
하는 나의 아들딸들아!

5,934 번째 하나님 말씀

2003년 4월 11일 22시 50분

1 사랑하는 나의 아들아!
2 "네, 아버님! 말씀하옵소서."
3 지금 2천 년 동안 그 믿음을 오는 모
든 종교 집단이요, 지도자요, 그 믿음
을 따라서 구원의 길이라 하여 울고불
고하는 신도, 그들이 지금의 믿음의
길을 가는 그 형국이 과연 어떠한지
너는 알겠는가?
4 이는 그러하니라.
5 나 여호와가 위에서 내려다보는 그 형
태는 너희가 타고 다니는 그 차라는
것이 있느니라.
6 브레이크가 터져 듣지 않는 차를 타고
험하고 험한 산비탈 길을 내려가는
그와 같은 것보다도 더 위험한 형국으
로써 지금 가고 있는 것이 믿음의 길
을 간다는 것을 너희는 알겠는가?
7 너희가 지금 그 험하고 험한 산비탈
길을 멈출 수 없는 브레이크가 터진
그 자동차를 타고 냅다 달려 버리는
그와 같은 어리석은 짓을 하고 있는
것이 지금의 믿음의 길을 가는 너희가
행하고 있는 것임을 알아야 할 것이
니라.
8 믿음의 길이요, 구원의 길이라는 것을
브레이크가 터진 그 자동차를 타고 비
탈길을 달리는 그와 같은 형국으로 가
고 있음이니,
9 그 차의 결과는 과연 무엇이겠는가?
10 그는 그 비탈길에서 험악한 그 속력을
견뎌 내지 못할 것이며, 그는 어딘가
에 굴러 떨어져 벼랑으로 떨어질 것이
니,
11 그게 바로 너희가 지금 가고 있는 마
음이요, 너희가 지옥을 향하여 달려가
는 속도가 그러하다는 것을 알아야 할
것이니라.
12 나 여호와가 내려다보는 너희 형국이
그러하니라.
13 그러니 그 브레이크라는 것이 터져서
산비탈 길을 냅다 달리는 그 차를 누
가 보호할 것이며, 누가 그를 멈추게
할 것이며, 누가 그 속에 있는 너희를
구할 수 있단 말이던가?
14 아무도 그를 구할 수 없으며 그를 멈
추게 할 수 없는 것이니,
15 그것이 지금 너희가 지옥 불로 달려
가는 그와 같은 형국이니라.
16 그러나 그를 멈출 수 있는 것은 나 여
호와뿐이니,
17 내가 그리하여 너희를 구원하고자 그
달리는 차를 멈추게 하려 하니,

18 내가 나의 법전을 세상에 내려보내어
너희를 구원하고자 하는 것이 나의 뜻
임을 알아야 할 것이니라.
19 그러한 나의 법전을 읽지 아니하며 그
를 들여다보지 아니하며, 그를 사탄이
요, 이단이요, 사악한 자라 너희가 그
리 말함이니,
20 이를 어찌하여야 한단 말이던가?
21 브레이크가 터져 달리는 그 차를 멈출
수 있는 것은 나의 법전뿐이거늘,
22 그를 너희가 보려 하지 아니하며, 그
를 받으려 하지 아니하며, 그를 읽으
려 하지 아니하며,
23 그것이 달리는 길에 더욱 가속을 붙여
주는 그와 같은 역할을 하는 것이라
너희가 그리 말하고 있음이니,
24 이 답답함을 어찌할 것인가?
25 이제 나의 아들 너와 너를 따르는 백
성, 너희는 온 힘을 다하여 그를 막아
야 할 것이니라.
26 법전이 그를 막지 못한다면 너희 몸
을 던져 그 달리는 차를 막아야 할 것
이며,
27 브레이크가 터져 과속으로 달리다 벼
랑으로 떨어지려는 자동차 속에 타고
있는 모든 백성의 생명을 구원하기
위하여 너희는 온갖 있는 힘을 다하
여 수단과 방법을 가리지 말고 그 차
를 세워야 하는 것이니,
28 얼마나 위험한 길이요, 얼마나 힘든
길인가?
29 그 누구도 감히 대들 수 없는 그 역사
함을 버텨야 하는 것이 너희들이니라.
30 그리하여 너희가 지금 사악한 자들
품 안에 있으며 사악한 자들의 그 손
안에 있으며,
31 오죽하면 내가 그물에 걸려 있는 고기
와 같다 하였겠는가?
32 너희가 그와 같은 형국에 처해 있음이
니 그를 알아야 할 것이니라.
33 비탈길에서 그 많은 백성을 태우고 브
레이크가 터져 달리는 그 차를 너희가
얼마나 힘을 가지고 얼마나 각오를 가
지고 얼마나 두려움을 모르며 무서움
을 모르고 너희 자신을 던져 그 백성
을 구하고자 하느냐에 따라,
34 그와 같은 마음을 가지고 두 팔을 벌
려 그 차를 세우지 아니하면 그 차는
세울 수 없음이니라.
35 그를 세우려 대드는 것이 너희이니,
사랑하는 너희를 그리 보내는 나 여
호와의 마음이 얼마나 아프고 저리겠
는가?
36 그러나 너희는 그 역사를 해야 되며
그 차를 세워야 하는 것이니라.
37 그들이 나의 법전을 보고 깨우치면 스
스로 세울 수 있는 그 차를, 그들은 법
전을 보지 아니하며 태워 버리며 찢어
버리며 묻어 버리며,
38 사탄이요, 차에 가속을 붙여 벼랑으로
밀어붙여 한 사람도 구원하지 못하도
록 하는 것이 나의 법전이라 그리 말
하니,
39 그들이 법전을 보고 읽지 아니하고 깨
우치지 못할 때, 육탄으로 그들을 구
원해야 하는 것이 너희니,
40 오로지 희생과 봉사만이 너희가 가야
할 길이라는 걸 잊지 말라.
41 때로는 너희가 목숨을 바쳐야 하며,
너희 살과 몸이 갈기갈기 찢어진다 해

도 그 차를 멈추도록 해야 하는 것이 너희가 해야 할 일이라는 것을 잊지 말라, 사랑하는 나의 아들딸들아!

5,935 번째 하나님 말씀

2003년 4월 12일 09시

1 사랑하는 나의 아들아!
2 "네, 아버님! 말씀하옵소서."
3 너희가 인간 세상에서 서로 동업을
하며 두 사람이 같이 한 길을 간다 해
도,
4 처음에 모두가 여유로울 때는 그 사람
의 본성이요, 인성을 알지 못함이니,
다 아름답고 곱고 좋게만 보이는 것이
니라.
5 또한, 너희가 같이 길동무하여 두 사
람이 간다 해도 그러하느니라.
6 그러나 너희가 동업이라는 그 기업을
하는 사람도 경제적으로 어렵고 환란
이 닥칠 때,
7 그 상대방의 심성이 나타나며 그 본성
의 기질이 나타나게 되는 것이 인간이
니라.
8 그리고 또한 어려울 때는 서로 힘을
합하여 한마음으로 가나, 부를 누릴
때는 또한 인간의 본성이 나타나는 것
이며, 그 사람의 심성이 나타나는 것
이니,
9 길을 같이 가는 동반자도 그러하니라.
10 어렵고 힘들 때가 닥쳤을 때 그 마음
을 알며 그 사람의 본질을 알게 됨이
니,
11 살아가는 부부 관계도 그러하며 부부
의 삶도 그러하느니라.
12 평소에 천사 같은 사람, 그 왕자 같은
남편, 공주 같은 아내이나,
13 시련이 닥치고 고통이 닥치며 어려움
이 왔을 때, 과연 자기 자신을 지키면
서 얼마만큼 인내하며 역경을 이기느
냐, 그리고 동반자로서 서로 힘이 되
어 가느냐 하는 그때 사람의 본성이
요, 본질이 나타나게 되는 것이니라.
14 믿음의 길을 가는 것도 그러니라.
15 너의 제자들이 또한 그러함을 알아야
할 것이니라.
16 너의 제자들도 평소에는 다 천사와 같
으며, 나 여호와의 성령이요, 나의 법
전에 목숨을 거는 것같이 하나,
17 이 모든 것이 무로 돌아가며 물거품으
로 돌아가며 어떤 것도 역사하지 못한
다는 그러한 느낌을 받을 때,
18 그리고 태풍이 몰아쳐 환란 속에서 휩
쓸려 표류하는 배와 같이 될 때,
19 나의 성전이 흔들리며 네가 흔들리며
나의 법전이 세상에 나가는 것이 흔들
리는 그와 같은 환란과 고통이 올 때,
20 그때 등 돌리지 않는 자, 그때 마음이
변하지 않는 자, 더불어 너와 같이 표
류하는 그 배를 잡으려 하는 그와 같
은 제자와 백성이 그때 가서 나타나게
되며 알게 됨이니라.
21 그러니 너희가 평소에 서로 좋고 부
족함이 없으며 힘들고 어렵지 않을 때
의 마음으로써는 서로 알 수 없음이니,
22 어렵고 힘들고 환란과 고통이 닥쳐올
때 그때 너희 본질의 마음을 알게 되
느니라.
23 그러니 너희 제자들이요, 나의 법전을
읽고 가는 백성은 속과 겉이 다른 사

람을 내가 용서하지 아니한다 하였음
이니, 그것이 너희 마음이니라.
24 이 세상에서 너희가 가장 중요시해야
하는 것은 이 법전 160권이 세상에 나
오는 것에 모든 역점을 두며 초점을
맞춰야 하며,
25 그리고 160권의 법전이 세상에 나와
만백성에게 전할 때, 그를 어찌 전할
건가 거기에다 모두를 다 맞춰야 하거
늘,
26 너희는 이 법전이 나가 무엇인가 이루
어지며 역사가 있을 때 그 생각만 하
며, 나의 법전이 세상을 덮었을 때 이
루어지는 그와 같은 기적만을 생각하
니,
27 그리 가는 자들은 결코 어렵고 힘든
환란이 닥쳐올 때 자리를 지키지 못하
는 제자라는 것을 알아야 할 것이니
라.
28 그리하여 너희에게 강한 훈련을 시키
며 강도 높은 훈련을 내가 시키고 있
음이니라.
29 그것이 중요함이니라.
30 이제 너의 제자들에게 그를 깨우쳐 주
라,
31 160권의 법전이 세상에 나오는 것에
너희가 모두를 다 맞춰야 하며,
32 그를 쓰는 나의 아들이요, 그를 정리
하는 모든 백성에 대하여 마음 자세
를 다시 하며 생각을 다시 해야 한다
는 것을.
33 인간 세상에서 서로 거래하는 것처럼,
인간 세속에 주고받는 장사꾼들처럼
그와 같은 생각을 하며 그와 같은 마
음으로써 모두를 평가해서는,
34 힘들고 어려운 환란이 닥쳐올 때, 이
기지 못하며 견디지 못하며 쓰러지는
백성이 되며, 쓰러지는 나의 백성이
된다는 것을 너희는 알아야 할 것이
니,
35 이를 명심하고 또 명심하도록 그리 가
르쳐 주라, 사랑하는 나의 아들아!

5,936 번째 하나님 말씀

2003년 4월 12일 09시 08분

1 사랑하는 나의 아들아!
2 "네, 아버님! 말씀하옵소서."
3 구약 시대의 4천 년이요, 신약 시대의
2천 년의 역사를 흐르며 나의 아들을
보내어 너희를 구원하고자 할 때, 그
를 그와 같이 고통 속에 보낸 그 역사
의 대가요,
4 오늘에 너희가 서 있는 현주소는 과연
어떠하며 너희 상황은 어떠하던가?
5 지금 모든 백성이 믿음의 길을 가는
자들이요, 그리고 구원의 길이라 하여
그저 나를 부르짖으며, 그리고 죄짓고
회개하면 구원을 받는다 하여 눈물로
회개하며 지금 너희가 믿음의 길을
가는 길에 가장 중요한 초점은 어디에
있던가?
6 너희는 나의 아들 예수의 그 죽음으로
써, 그의 죽은 보혈로써 구원을 받았
다는 것만 지금 외쳐 대며,
7 그것으로써 모두는 다 역사하며, 사탄
과 싸워서 이기고 지는 것도 예수의
몫이요, 그저 예수의 이름을 부르면,
너희 죄를 대속하여 예수가 다 보따리
에 싸들고 하늘로 올라갔으니,

8 너희는 죄가 없으며, 구원받은 깨끗한
백성이라 그리 말하고 지금 그리 외쳐
대기만 하고 있느니라.
9 그러니 너희가 그걸 외쳐 대기가 바
쁜 지금의 믿음 속에서 지도자도 그를
단상에서 외치기가 바쁘며,
10 그리고 신도라는 자들도 그저 나의 아
들 예수의 보혈로써 구원받았다 그저
악을 쓰며 '아멘, 할렐루야!' 소리 지
르고 있음이니,
11 거기서는 참진리를 알지 못하며, 진리
를 연구하여 깨우치고자 하는 그와 같
은 생각도 없으며,
12 그리고 너희가 어떠한 것이 하늘에 오
르는 참진리인가를 모르는 백성으로
전락하였으며,
13 그저 세뇌되어서 끌면 끄는 대로 오는
짐승이요, 고리에 매인 강아지처럼 그
와 같은 형국이 되어 있는 것이 너희
니,
14 그를 보는 나 여호와의 마음이 얼마나
아픈지 아는가?
15 나의 사랑하는 아들딸들이 구원의 길
이 아니요, 지옥의 길로 끌려가는 그
형국을 보는 나의 마음이 얼마나 아픈
가?
16 그리하여 나의 아들이 죽어 너희에게
전했던 성경의 그 대가요, 그를 지금
어떠한 형국으로 갚아야 하는가를 너
희는 알아야 할 것이니라.사랑하는 나
의 아들이 너희를 구원하고 인도하고
자 피 흘려 죽어 간 그 고통의 대가로
과연 지금 이루어진 것이 무엇이더냐?
17 너희는 나의 아들이 피 흘려 죽어 가
면서 이루어졌던 신약성경이요, 그 성
경을 가지고 공부하느니라.
18 그러나 그 성경의 값진 대가가 무엇으
로써 전락했는가?
19 지금 너희가 하고 있는 추한 모습을
한번 들여다보라.
20 나의 아들이 목숨을 바쳐 너희에게 전
해 준 그 신약성경을 갖고 가르치면서
너희는 하나요, 하나의 말씀이요, 하
나의 깨달음으로써 한 형제라 같이 연
구하는 것이 아니요,
21 네 파, 내 파, 저쪽 파, 이쪽 파 지금 갈
라져 싸움을 하는 것이 너희들이니라.
22 그리고 나의 아들이 죽어 만들어 놓은
성경의 해석이 사람에 따라 다르며,
교회라는 곳에 따라 다르며, 단상에
서서 연설할 때마다 다르며, 교리를
전파할 때마다 다르니,
23 그 깨우침이 다르며, 그 전달하는 것
이 다르며, 그 받아들이는 방법이 다
르며, 그 내용이 각자 천태만상으로
갈라져 있으니,
24 이것이 바로 나의 아들 예수가 죽음으
로써 너희에게 남긴 성경의 가르침이
요, 오늘에 너희가 그를 가지고 공부
하는 작태이니라.
25 나의 아들이 죽어 가면서까지 만들어
놓은 한 권의 그 신약 성경책이 해석
하는 자의 뜻에 따라 다르며 설교하는
자의 뜻에 따라 뒤죽박죽인 그와 같은
형국으로 가니,
26 그 내용이 다르니 무엇을 보고 깨우치
며 그 백성이 과연 어찌 무엇을 보고
배우겠는가?
27 그러니 너희가 한 구절을 가지고 이
목사에게 들은 것, 저 목사에게 들은

것, 그리하여 '네 목사가 하는 것이 맞
다, 내 목사가 한 것이 맞다.' 서로 언
성을 높이며,
28 '너는 사탄이요, 나는 천사요.' 하며 같
은 성경이요, 나의 아들이 그 고통스
러운 죽음으로써 만들어진 그 성경을
가지고 너희가 천 갈래 만 갈래로 갈
라져 지금 서로 싸우고 있으며,
29 제 것만이 옳다 하는 그와 같은 아귀
다툼을 하고 있으니,
30 거기에 진리가 하나도 없으며 참뜻이
하나도 없으며,
31 그러기에 진리를 가르치지 못하며 진
리가 무엇인지도 알지 못하는 자들이
지금 단상에 서서 말로만 떠들어 대고
있음이니라.
32 이를 보는 나 여호와의 아픈 마음을
너희는 알겠는가?
33 그를 바라보는 예수가 흘리는 피눈물
을 너희는 과연 알고 있느냐?
34 너희가 그리 불러 대는 나의 아들 예
수는 하늘에서 너희를 보고 피눈물을
흘리고 있음이니라.
35 그가 다시 한 번 세상에 내려와 너희
를 구한다 하나 그것 또한 허황된 꿈
이니라.
36 너희가 나의 아들 예수가 죽음으로써
너희에게 남긴 신약과 구약의 성서를
가지고 네 파, 내 파, 저 파, 이 파로 싸
우며, 그 해석하는 내용이 다르며, 가
르치는 게 다르며 내용이 다 달라져
버리니,
37 너희가 거기에 어찌하여 그 보답을 하
는 인간들인가?
38 그러면서 너희는 나의 아들 예수의
보혈로써 구원을 받으며,
39 대속자로서 한 보따리 죄를 다 싸 가
지고 갔으니, 너희는 깨끗한 자요, 그
의 이름을 부르면 된다 하니,
40 나의 아들 예수가 대속하여 너희 죄를
다 가지고 갔다 하면, 너희는 그 성전
이요, 교회라는 곳을 찾을 필요도 없
고 용서를 빌 필요도 없지 않던가?
41 너희가 용서를 빌지 아니한다면 그 교
회에 갈 필요가 없으며, 너희가 용서
를 비는 그 대가로 재물과 금화를 거
둬들일 필요도 없으며 바칠 필요도 없
느니라.
42 그러니 나의 아들 예수가 모든 죄를
대속했다면 너희는 죄가 없음이니, 어
찌하여 그 죄를 비는가?
43 너희가 죄를 빌고 용서를 비는 것은
너희 죄가 남아 있으며 죄가 살아 있
다는 것이 아니던가?
44 그러니 너희가 얼마나 이중적이며, 뜻
도 모르고 얼마나 엉터리 같은 짓을
하고 있는가?
45 나의 아들 예수의 보혈로써 구원을 받
았으며 나의 아들 예수가 모든 죄를
다 보따리에 싸 가지고 하늘로 올라갔
다면, 너희는 죄가 없으니,
46 손으로 지은 교회에 가 빌 필요도 없
으며 용서를 받을 것도 없으며, 그 용
서를 받기 위하여 재물이요, 금화요,
은화요, 시간이요, 모두를 다 바치는
그와 같은 일이 있어서는 아니 될 것
이니,
47 그것이 너희 오늘의 추한 모습이요,
하는 작태며 행위이니라.
48 그러니 그 속에서 구원을 받을 자는

하나도 없으며, 구원의 길이 아니라
지옥의 열차를 타고 가는 것이 너희라
는 것을 내가 전해 주었음이니 그리
알라.
49 내가 너희에게 다 깨우쳐 주고 전해
주었으나 그래도 그를 알지 못한다면,
50 이제 하나의 성경을 가지고 가르치는
자들, 설교하는 자의 그 내용이 천 갈
래 만 갈래로 다르니,
51 그를 바라보는 나 여호와의 쓰리고 아
픈 마음을 너희가 좀 돌아다봐야 할
것이며,
52 그가 죽음으로써 너희를 구원하고자
했던 것을 전한 성서를, 예수가 전하
고자 했던 그 뜻과는 전혀 관계없이
그를 악용하여 재물을 거둬들이고 장
사를 하며 사기극을 벌이고 있으니,
53 그를 보는 나의 아들이 하늘에서 피눈
물을 흘리고 있다는 것을 알라.
54 그 피눈물을 거두는 것은 너희가 바
로 가며 바로 깨우침이니,
55 사랑으로써 베풀었던 예수에게 피눈
물을 흘리게 하는 그와 같은 사악한
행위를 하지 말라.
56 이를 닦아 줄 수 있는 것이 지금 나의
법전을 읽고 깨우치는 나의 아들을 따
르는 제자들이요, 깨우친 만백성 너희
몫이니,
57 그리 알고 너희가 바로 살아가도록 그
리하라, 사랑하는 나의 아들딸들아!
58 너희밖에 없으며, 너희만 바라보고 있
음을 알라.

5,937 번째 하나님 말씀

2003년 4월 12일 09시 18분

1 사랑하는 나의 아들아!
2 "네, 아버님! 말씀하옵소서."
3 나의 아들 예수가 죽음으로써 너희에
게 전한 그 모든 성경을 갖고 천 갈래
만 갈래 가르치는 숫자에 따라서 그
내용이 다름이니,
4 그 내용이 얼마나 달라지며 얼마나 왜
곡되었는가?
5 그리하여 나의 아들 예수가 그를 바라
보며 피눈물로 고통의 세월을 보낸다
그리 말하였음이니,
6 내가 그 눈물을 닦아 줄 자 누구밖에
없다 하였느냐?
7 오로지 나의 법전을 읽고 깨우친 백성
너희요, 나의 아들을 따르는 제자 너
희라 하였음이니라.
8 나의 아들 예수가 십자가에 못 박혀
죽을 때, 그 흐르는 피를 닦아 준 자가
없어,
9 2천 년의 세월이 흐른 다음에 내가 나
의 법전에서 그리 전하지 않는가?
10 지금의 나의 아들을 십자가형으로 누
워 있도록 하여 내가 그 피를 닦아 주
는 그 일을 역사하여 예수의 마음을
위로하도록 그리하였음이니,
11 이제 예수의 그 가르침이요, 그 복음
을 전했던 것을 역행하는 모든 자들,
그리고 그를 사악하게 이용하는 자들,
12 그들을 보며, 그들이 사랑으로 예수의
품에 들어오지 아니하는 것을 보며,
그를 가슴 아파하며 피눈물을 흘리는
예수의 흐르는 눈물을 이제 너희가

닦아 주라 그리하였음이니라.
13 나의 아들 예수가 십자가에 못 박혀
죽을 때, 그에게서 등 돌렸으며,
14 또 그의 피를 닦아 준 자 없다 하였음
이니,
15 오늘의 백성이 그와 같은 자가 되어서
는 아니 될 것이니라.
16 오늘 나의 아들을 따르는 백성이요,
그 제자 너희는 이제 예수의 흐르는
눈물을 닦아 줄 때가 되었음이니,
17 너희가 그 눈물을 닦아 주는 것은 바
로 무엇인 줄 알겠는가?
18 나의 법전을 세상에 전하며 지금 잘못
가는 백성을 한 명이라도 깨우치는 그
역사이니라.
19 나 여호와는 가슴을 열어 놓고 사랑하
는 나의 자식들이 돌아오기를 바라며,
20 나의 아들 예수 또한 그 사랑으로 너
희가 돌아오기를 눈물로써 기도하고
있음이니라.
21 예수는 다락방에 앉아 지금도 홀로 너
희가 돌아오기를 눈물의 기도를 하고
있다는 것을 어찌 그리도 모르는가?
22 예수는 다시 세상에 부활하여 내려오
지 아니하며,
23 다만 그가 그 고통스러운 세월 속에
다락방에 앉아 너희가 마음을 열고
깨우쳐 하늘에 오르기를 간곡히 기도
하고 눈물로써 세월을 보내는 것이니
라.
24 그를 위하여, 너희가 그 보혈로써 구
원을 받았다 하면,
25 잘못 가르치고 잘못 가는 그 형국을
보는 나의 아들 예수가 우는 눈물의
아픔을 알아야 할 것이며,
26 오죽하면 내가 나의 아들을 따르는 제
자들이요, 나의 법전을 읽은 백성에게
그 피눈물을 닦아 주는 역사를 하라
그리 말하는가?
27 내가 여기서 법전을 만들어 세상에 내
려보낸 그 이유가 어디 있는지 알겠느
냐?
28 하나의 신약성서를 가지고 가르치는
숫자만큼 다르며 그를 듣는 자 다 다
르니,
29 그리하여 내가 그것을 바로잡고 그를
완벽하게 하나의 뜻으로 엮어 너희가
전할 수 있도록 나 여호와가 직접 나
의 가슴에 있는 성령을 담아 나의 아
들을 통하여 '하늘에 오르는 길'이요,
'하나님! 말씀하옵소서'라는 이 책이
요, 법전으로써 내가 너희에게 내려보
내 줌을 알아야 할 것이니라.
30 이 내용을 너희가 보게 되면, 예수가
전하고자 했던 것, 예수를 통하여 역
사하고자 했던 것을 다 알 수 있으며,
31 나 여호와가 원하는 것이 무엇이며 하
늘에 오르는 참진리의 길이 무엇인가
그 내용이 다 나의 법전에 있음이니라.
32 그리하여 모두를 요약하고 정리하여
너희가 알기 쉽게, 그리고 깨닫기 쉽
게 읽는 자는 누구든지 알 수 있도록
내가 이 법전을 간단명료하게 지금 만
들어 너희에게 전함이니, 그리하여 이
법전이 소중함을 알라 하였음이니라.
33 그리하여 이 법전을 읽는 자만이 깨달
음을 얻을 것이며 눈을 뜰 수 있음이
니,
34 그리하여 나의 법전을 읽지 않는 자는
심판대에 설 자격도 없다 하였음이니

라.
35 지금 모든 백성이 잘못 가며 지옥으
로 달려가는 그 일만을 역사함이니,
36 다 도매금으로 지옥으로 가는 것이요,
37 하나하나 선과 악을 따질 만한 그와
같은 자격도 못 됨이니,
38 바로 너희의 선은 적으며, 나를 향하
여 온다는 것이 죄를 지으며, 내가 내
려 준 재물을 함부로 쓰며, 사악한 사
탄에게 힘을 실어 준 그 죄가 너무 무
거우니,
39 달 필요도 없으며, 죄목을 적을 필요
도 없이 너희가 가는 것은 지옥행이
라 하는 것이니라.
40 앞에 서서 사악한 짓을 한 자, 앞에서
선도한 자, 높은 단상에 앉아 재물을
거둬들이는 자, 그리고 그 종교 지도
자를 신처럼 받들어 부르짖는 자, 그
들의 죄가 더 무서울 것이니 그리 알
라.
41 이제 나의 법전에 모두를 다 내가 간
단하게 기록하여 그 뜻을 알 수 있도
록 만들어 세상에 내려보내니,
42 너희는 이를 읽고 정독하여 하늘에 오
르는 길을 알며, 너희 자신이 구원을
받도록 그리하라.
43 그렇지 않은 자 구원받을 수 없다는
뜻이 여기 있음이니라.

5,938 번째 하나님 말씀

2003년 4월 12일 09시 25분

1 사랑하는 나의 아들아!
2 "네, 아버님! 말씀하옵소서."
3 2천 년의 긴 세월 동안에 병들고 병들
어 썩을 대로 썩고 그리고 타락할 대
로 타락된 이 황폐한 믿음의 종교 집
단이요, 그 지도자요, 신도라는 자들,
4 그 많은 백성이 지금 병들고 죽어 가
는 그와 같은 길을 달려가고 있음이니
라.
5 그리하여 나의 사랑하는 백성 그들을
버릴 수 없음이니,
6 지금 바로 그들을 구원할 자는 과연
누구던가?
7 그 2천 년 동안에 병들고 병들어, 썩
을 대로 썩고, 타락할 대로 타락되었
으며, 마음이 황폐할 대로 황폐해진
그 백성을 구원하고 치료해 주는 것은
바로 너희밖에 없으며,
8 너희가 치료하는 것은 나의 법전을 그
들의 가슴에 전해 주는 그것밖에 없음
이니라.
9 너희는 그들을 구원하기에 시간이 없
음이니라.
10 하루에도 그 수많은 나의 백성이 죽어
가고 있음이니,
11 나의 법전을 보지 못하고 그것을 읽어
보지 못하며 하늘에 오르는 길이요,
진정한 뜻이 무엇인지도 모르고 지옥
으로 달려가는 그 울부짖음 속에 살다
가 그들이 지금 죽어 가고 있음이니라.
12 그러니 너희는 오늘의 이 시간이 귀중
함을 알며,
13 이 시간을 단 1초라도 낭비해서는 아
니 될 것이니,
14 법전을 만들어 세상에 전하는 일에 모
두를 다 바치며 최선을 다하도록 해야
할 것이니라.
15 법전을 만들고 전함에 있어서 잠시도

쉬어서는 아니 되며 주저해서도 아니
되며 용기를 잃어서도 아니 된다는 것
을 알라.
16 2천 년 동안에 병들고 썩어서 죽어 가
는 그 백성을 치료하고 살리는 것은
나의 법전을 전하는 길밖에 없으며,
17 그 법전을 전하는 길은 나로부터 선택
된 백성 너희만이 할 수 있는 것이니,
이를 어찌하겠는가?
18 그러니 너희는 시간의 소중함을 알며
시간을 낭비하지 말라.
19 시간이 없음이니라.
20 수없이 죽어 가는 그 백성을 위하여
하나라도 더 나의 법전을 읽어 보고
깨우치는 백성이 나올 수 있도록 그
를 너희가 역사함을 잊어서는 아니 되
느니라.
21 지금의 모든 종교 집단이요, 지도자들
이 가는 형태로써는 그들은 정녕 구원
을 받을 수 없음이니라.
22 그들이 가르치고 가는 길은 구원의 길
이 아니요, 죽음의 길이요, 지옥의 길
로 달려가는 것이니라.
23 지금 그들이 얼마나 어리석은 삶을 살
고 있는가?
24 그들은 지금도 계속 용서받을 수 없으
며, 내가 사랑으로써 거둬들일 수 없
으며, 내 품에 돌아올 수 없는 극악무
도한 행위를 스스로 자처하고 있으며,
25 그 행위를 부끄러운 줄 모르며 죄가
되는 줄 모르며, 그저 세 치 혓바닥으
로 나의 피조물 만백성의 재물을 거둬
들이는 고통이요, 시간을 뺏는 고통이
요,
26 그리고 모든 신도는 거래하는 마음이
요, 재물을 주고 죄를 사하는 그와 같
은 흉악한 행위를 하고 있음이니라.
27 그리하여 지옥으로 달려가 그들 스스
로 돌이킬 수 없는 그 길을 가며, 그들
스스로 나에게 응징을 받기를 바라며,
내가 재앙을 내려 다스려 주기를 바라
는 것이 지금 그들이 가고 있는 행위
이니,
28 그와 같은 수치스러운 일을 스스로 자
초하고 있는 것이 지금의 믿음의 길을
가는 것이니라.
29 그들은 나 여호와를 기쁘게 하며 구원
을 받는 길이 아니요,
30 나로부터 저희를 응징하도록 하며, 저
희를 재앙으로 다스리도록 나 여호와
를 자극하며, 나 여호와에게 그리 간
절히 원하는 짓만 하고 있음이니,
31 그들 스스로 죽음을 자초하는 것이 지
금의 형국이니라.
32 지금의 믿음의 형국이 그러하니, 지상
에 이루어져 있는 그 형태가 그러하니,
33 그 많은 종교 지도자, 그 많은 집단,
구원을 받고자 물건을 사듯이 천국에
오르는 길을 살 수 있다 하는 그 어리
석은 신도들이 회개하고 깨우쳐 법전
을 가슴에 안고 깨닫지 않는다면 저희
는 구원을 받을 수 없음이니라.
34 그러니 그들이 법전을 가슴에 안고 정
독하여 그 뜻을 알며 내가 이루는 것
을 가르치는 것은,
35 너희가 법전을 그들의 손에 전해 주
어, 그리하여 읽든 안 읽든 그들의 자
유이나,
36 그 법전을 갖고 한 장의 페이지라도
읽는 자는 지금까지 온 길이 지옥으로

가는 길이라는 것을 깨달을 것이며,
37 그리 깨달았을 때, 저희가 지옥으로
달려가는 발길을 멈추고 나의 법전에
입 맞추며 나에게 감사의 기도를 드
리는 날이 있을 것이니,
38 그때부터 그들은 하늘의 이치를 알게
되며 구원의 길을 보며, 그 길을 위하
여 달려오는 나의 백성으로 됨이니라.
39 그를 위하여 너희는 시간이 없으며,
시간을 낭비하지 말며,
40 단 1초도 귀중하게 시간을 써서 역사
하도록 그리하라, 사랑하는 나의 아들
딸들아!

5,939 번째 하나님 말씀

2003년 4월 12일 09시 31분

1 사랑하는 나의 아들아!
2 "네, 아버님! 말씀하옵소서."
3 인간인 너희는 사랑하는 물건을 하나
놓고 남으로부터 받는 기쁨이 있는가
하면, 남에게 주는 기쁨이 있음이니라.
4 그러니 남에게 받는 기쁨보다도 남에
게 줄 때의 그 기쁨을 알고 깨달았을
때, 진정한 행복이 무엇인가를 알며,
진리의 길이 무엇인가를 알며, 하늘에
서 말하는 사랑의 그 의미가 무엇인가
를 알 수 있음이니라.
5 그러나 지금 받는 기쁨에 도취하여
받는 기쁨을 위하여 나의 사랑하는 백
성을 우롱하며 계속 거둬들이는 것이
누구인지 알겠는가?
6 수천 년 동안 흘러온 종교 집단이요,
지도자, 그들이니라.
7 그들은 나눠 주는 기쁨을 모르며, 베
푸는 기쁨을 모르며,
8 받는 기쁨밖에는 모르는 것이 지금의
종교 지도자들이니,
9 그들은 그 받는 기쁨을 위하여, 저 자
신의 기쁨을 위하여 나의 사랑하는 백
성에게 그저 시간을 바치며 그리고 재
물을 바치며 그 모두를 다 바치도록
그리 가르치고 유도하고 있음이니,
10 그들이 얼마나 잘못된 자들인가를 알
겠는가?
11 또 신도라는 자는 그와 같은 잘못된
종교 지도자, 사탄의 종에게 무엇인가
를 얻고자 갖다 바침이니, 그것은 나
눔이 아니요, 바침의 즐거움을 아는
게 아니라,
12 거래하고자 하는 것이며, 하늘에 오르
는 그 영광의 표를 사고자 함이니, 너
희는 장사꾼의 상태로 베풂이니,
13 너희는 나눔의 기쁨도 모르며 주는 기
쁨도 알지 못함이니,
14 진정한 행복이 무엇인가 하늘의 뜻이
무엇이며 진리가 무엇이며 내가 그리
말하는 사랑의 기본이요, 근본도 모르
고 사는 자들이니라.
15 그러니 내가 지금 나의 아들을 통하여
이 법전에 기록하는 내용이 틀리다면
너희가 나에게 하늘을 향하여 욕을 하
고 항변을 해도 내가 할 말이 없음이
니라.
16 지금 모든 종교 집단이요, 지도자들은
정녕 나누며 사랑을 베푸는 것을 모르
고,
17 그저 거둬들이고 받는 기쁨에 도취하
여 그 받는 기쁨만을 위하여 달려감이
니,

18 저희가 어디로 가는지도 모르고 그저
받는 기쁨만을 위하여 달려가는 그와
같은 자들이니라.
19 앞에 보이는 떡만 따라가다가 결국 절
벽으로 떨어지는 것을 모름이니,
20 앞을 못 보고 가는 자가 그저 앞만 보
고 달려간다면 어찌하겠는가?
21 너희는 앞을 보지 못하는 짐승의 등에
타 채찍을 휘둘러 대니, 앞을 보지 못
하는 그 짐승이 달려가는 곳은 어디겠
는가?
22 달려가다 절벽으로 떨어지는 그와 같
은 형국이니라.
23 모든 종교 지도자 너희는 지금 받는
기쁨에 젖어 있으니 앞을 못 보는 짐
승이요,
24 모든 신도는 그 앞을 못 보는 그 짐승
의 등에 타고 천국을 간다며 그 짐승
에게 매질하니 결국은 무엇이냐?
25 천길만길 낭떠러지로 떨어짐이니라.
26 앞을 못 보는 짐승이 달려가니 어디로
가겠는가?
27 하늘의 진리의 뜻을 모르고 가르치는
종교 지도자들이 바로 그러한 형국이
니라.
28 그러니 앞을 못 보는 짐승의 등에 타
고 너희가 채찍을 가하는 것임을 이제
는 알아야 할 것이니라.
29 그리하여 너희에게 깨우치라 내가 그
리 말함이니라.
30 여기에서 앞을 못 보는 짐승의 등을
타고 계속 앞으로 달려간다면 지옥으
로 떨어지는 것은 당연하니,
31 이제 그 짐승에서 내리라 함이니라.
32 그 짐승들은 받는 것밖에 모르며 받
는 기쁨밖에 모르며,
33 너희에게 재물을 거둬들이는 것이 구
원의 길이요, 천국에 가는 길이라 그
리 말하는 자들이니,
34 한 치 앞도 못 보기 때문에 그러하니
라.
35 그와 같은 자들에게 속지 말며 더 이
상 우롱당하지 말라, 사랑하는 나의
아들딸들아!
36 이제 너희가 앞 못 보는 짐승의 등을
타는 게 아니라,
37 앞을 볼 수 있으며 길을 찾아갈 수 있
는 짐승을 타야 하늘에 올 수 있는 길
이니,
38 바로 나의 법전을 접하며 그 법전에
입맞춤하는 순간에 너희는 앞을 보고
달려가는 그 짐승을 타게 된다는 것을
잊지 말라, 사랑하는 나의 아들딸들아!

5,940 번째 하나님 말씀

2003년 4월 12일 11시 50분

1 사랑하는 나의 아들아!
2 "네, 아버님! 말씀하옵소서."
3 모든 종교 집단에 속해 있는 신도라
하는 나의 사랑하는 백성, 그들은 구
원을 받았으며 예수의 보혈로써 다 구
원을 받았다 그리 말하느니라.
4 그러나 그들 개인을 앉혀 놓고 한번
너희가 물어보도록 하라.
5 '당신은 정말 구원을 받을 수 있는 자
격이 있는가?
6 그리고 당신이 행함을 함부로 하고서
도 당신이 하나님으로부터 구원을 받
을 수 있으며 예수의 보혈로써 구원을

받았다 말할 수 있는가?
7 남에게 거짓 하며 도적질하며 사기
치며 간음하며 강간하며 그와 같이 험
악한 짓을 하면서도, 그 행함은 아무
것도 아니기에 구원을 받을 수 있다
그리 말할 수 있는가?' 물어보라.
8 내가 너희에게 일찍이 깨우쳐 전했느
니라.
9 죄라는 것을 알면서 짓는 죄는 지워질
수 없으며 그것은 용서받을 수 없다고
내가 그리 말하였으니,
10 과연 너희가 그와 같이 사악한 행동을
하면서도 나의 아들 예수의 보혈로써
그가 대속한 것으로 모두 다 구원을
받았다 말하며 구원을 받을 자격이 있
고 구원을 받았다 생각하는가?
11 다 허황된 꿈속에서 깨어나도록 그리
가르쳐야 할 것이니라.
12 너희 스스로 모두 다 심판함이니라.
13 내가 너희 허락 없이 심판하지 아니
한다 하였음이니라.
14 이는 곧 너희가 어찌 살았느냐에 따
라서 그 죄의 점수를 나에게 와 기록
한 책을 바치며, 너희 스스로 선한 일
을 해서 나에게 바침이니,
15 그리하여 너희가 바친 것을 보고 그
행한 것에 따라 스스로 찾아간다 함이
니,
16 내가 너희 허락 없이 심판하지 않는
다는 뜻이 거기에 있음이니라.
17 그러니 너희가 육의 삶을 살아가면서
심판해 보며 점수를 매겨 보라.
18 과연 행함에 있어서 선한 일을 얼마나
했으며 나에게 악한 짓을 얼마나 했으
며,
19 내게 부끄러운 짓을 얼마나 했으며 나
여호와가 기뻐하는 일을 얼마나 했는
가?
20 하늘에 오르는 길이요, 나에게 심판을
받을 때, 너희가 많은 점수를 받을 수
있는 것은,
21 나 여호와가 기뻐하는 일이요, 나 여
호와가 즐거워하는 일을 하는 그와 같
은 삶을 사는 것이 많은 점수를 받을
수 있다 하였음이니라.
22 이는 곧 나는 진리요, 보이지 아니하
는 유일한 신이요, 창조주이기 때문이
니라.
23 그러나 너희가 내가 보기에 부끄러우
며 내가 보기에 거북스러우며 내가 보
기 싫어하는 그와 같은 행위요, 잘못
된 짓을 수없이 하고도 그것이 하늘에
오를 수 있는 길이며 나로부터 상을
받을 수 있는 길이라 생각하는가?
24 이제 가장 중요한 것은 너희가 지금
육이 살아 있어 자신을 스스로 심판할
수 있을 때 자신에 대하여 심판해 보
도록 하라.
25 너희 스스로 선한 것과 악한 것을 적
어 나에게 바치듯이 하나도 빼놓지 말
고 기록하여,
26 과연 너희가 구원을 받을 수 있는가
없는가를 지금 한번 심판을 하는 것이
얼마나 중요한 것인가를 알라.
27 너희가 죽어 나에게 왔을 때는 심판할
자격도 없으며 너희 자신을 돌아보고
삭감할 수도 없으며 용서를 빌 수 없
다 내가 그리 말하였음이니,
28 지금 너희가 나에게 와서 모두를 다
기록하여 바치는 것처럼 지금 그와 같

은 심정으로 너희가 얼마만큼 아름답
게 살았으며 선한 일을 한 것이 무엇
인가 하는 것을 한번 기록하여 보라.
29 그리하여 너희가 구원을 받을 수 있
나 없나 지금 점수를 매겨 봄이 가장
중요함이니라.
30 너희 머릿속에 남은 것은 악을 쓴 것
밖에 없을 것이니라.
31 찬송 부르고 눈물 흘리며 죄짓고 용
서해 달라는 것,
32 그리고 재물을 바치고 하늘에 오르는
길을 사고자 했던 것,
33 그리고 나의 아들 예수가 대속하여 죄
를 사함 받았다는 것을 믿는 것, 한 가
지밖에 더 있는가?
34 하나를 믿었다가 그리 낙오자가 되면
어찌하는가?
35 많은 선수를 출전시켰으나 그 선수 중
에서 한 사람만 믿고 나머지를 바라보
지 않는다면,
36 그 믿었던 자가 넘어졌을 때 과연 어
떠하겠는가?
37 그리하여 한 사람만을 집중적으로 훈
련을 시켰으며 나머지는 그저 하든 말
든 놔뒀다 할 때, 그 경쟁 속에서 그가
우승할 수 있는가?
38 만일 그가 어떤 문제로 인해 실패했을
때 그 모두는 다 어찌 되는가?
39 다 무너짐이니라.
40 보혈로써 구원받았으며 나의 아들이
속죄함으로써 구원받았다는 것이 아
니라 할 때,
41 평생을 그 길만 믿고 왔다면 너희는
어찌 되는가?
42 그러니 내가 너희가 하도 답답하고
불쌍하여 전함이니, 나의 아들 예수의
보혈로써 구원을 받았다고 해도 좋으
니라.
43 나의 아들 예수가 속죄하는 것으로써
너희를 대속하여 모든 죄 보따리를 다
가져갔다 해도 좋으니라.
44 그러나 그것도 좋으나, 너희가 선하고
착하게 아름다운 행동을 하며 사는 것
이 나에게 와 구원을 받는 길이며 축
복받는 길이라면, '밑져야 본전은 뽑
는 장사'가 아니던가?
45 세상에서 아름답게 살아가는 모습은
너희 얼굴 형태가 아름답게 변하며,
46 아름다운 마음을 갖고 살아가는 것은
너희 눈은 미소로 한 송이의 꽃이 되
며,
47 입은 향기를 베푸는 그와 같은 형국으
로 바뀜이니,
48 너희가 그와 같은 삶을 산다 하여 손
해 갈 것이 없지 않던가?
49 밑져야 본전이니, 이제는 악한 짓을
하지 말고 선한 일을 하며, 또한 십계
명대로 살라 기록하였으니,
50 너희가 인간이기 때문에 십계명을 지
킬 수 없다 생각하지 말고, 내가 지키
라 한 것은 지킬 수 있기 때문에 지키
라 하였다 하여 십계명을 지키고자 발
버둥을 치며 한번 노력해 보라.
51 그래도 너희가 밑지는 장사는 아니니
라.
52 만에 하나, 십계명이 나에게 구원을
받는 길이요, 영혼의 양식이라 하면,
53 너희가 그를 지키고 살려고 했다는 것
은 나에게 축복이 있을 것이며,
54 그를 지킬 수 없다 하여 짓이기고 던

져 놓고 그저 헌신짝 버리듯이 버려 놓고 인간의 향락을 찾아 마음대로 즐기며 살다가,
55 만일 십계명이 너희 영혼의 양식이요, 구원의 양식이요, 그 심판으로서 구원을 받고 못 받는 그 결과가 닥쳤을 때, 너희는 그때 가서 어찌하겠는가?
56 무엇이든 선하고 아름답게 사는 것, 내가 지키라는 십계명을 인간이기 때문에 지키고 살아야겠다는 생각을 하는 것은 절대 밑지는 장사가 아니거늘,
57 어찌하여 너희는 밑지지 않는 장사도 안 하려 하는가?
58 너희가 인간이기 때문에 십계명을 지킬 수 없다 하는 것이 죄의 온상이요, 가장 무서운 죄라면,
59 너희가 죽어 와 나에게 심판을 받을 때 누구를 원망하겠는가?
60 너희가 남의 답안지를 보고 써서 네 답이 틀렸다 그리한들, 그 선생이 네 실력을 알아주겠는가?
61 너희가 종교 지도자가 그리 가르치기에 그를 믿고 따라온 죄밖에 없다 한들, 그리 변명할 수 있으며 죄가 안 될 수 있는가?
62 나의 법전을 내려보냈으며, 내가 너희에게 일찍이 지키라는 계명을 내려보냈음이니,
63 너희는 그 계명을 지키지 않은 죄를 용서받지 못할 것이며,
64 또 내가 마지막 시대에 나의 법전을 내려보내 너희를 깨우치고자 하는 것을,
65 법전을 읽지 아니하며 보지도 아니하며 그와 같이 행하지 아니한 너희는 용서받을 수 없으며 헤어날 수 없으며 변명할 수도 없다는 것을 알아야 할 것이니 그리 알라.

부 록

【하나님께서 가르쳐 주신 운동】

천재지변이 일어날 때, 동물이나 미물들은 미리 알고 대피하지만, 인간은 알지 못하고 큰 화를 당합니다. 하나님께서 인간에게 가장 높은 지혜를 주시고 완벽하게 창조해 주셨기에 동물들보다 더 잘 알 수 있지만, 욕심으로 마음이 혼탁해져서 한 치 앞을 보지 못하는 것입니다.

마찬가지로, 인간은 누구나 스스로 필요한 운동을 해서 건강을 지킬 수 있도록 하나님께서 만들어 주셨습니다. 우리의 머리에서 우리 몸에 필요한 동작을 해 달라고 끊임없이 신호를 보내지만, 인간이 혼탁하게 살아서 그 신호를 알아채지 못합니다. 그러니 자연스럽게 자기 몸이 원하는 그 신호를 따라서 운동하는 것이 하나님께서 가르쳐 주신 운동 방법입니다. 바로, 우리의 영이 육을 이끄는 운동입니다.

▶ 하나님 운동법

1. 눈을 감고, 발을 어깨너비로 벌리고 바르게 선다.
2. 몸에 힘을 풀고, 허리를 숙이면서 손과 머리를 아래로 내린다.
3. 허리를 펴고 싶을 때, 천천히 펴면서 하고 싶은 동작을 하면 운동이 시작된다. (사람마다 다르다.)
4. 멈추지 말고, 어떤 동작이든지 자기 몸의 느낌대로 계속 이어서 한다.

▶ 참고 사항

① 눈을 감은 상태로 아무 생각 하지 않고, 자기 몸의 느낌대로 움직입니다.

② 마음을 비우고, 욕심을 버리고, 지난날의 잘못을 반성하면서 몇 차례 시도하다 보면, 자기도 모르게 하고 싶은 동작이 끊임없이 생깁니다.

③ 운동 장소는 방 안이든 운동장이든 관계없으며, 걷거나 달리고 싶을 때는 눈을 떠도 됩니다.

④ 매일 40분 이상, 주 4회 이상, 3개월 이상 하면 음식 조절에 들어갑니다.
- 음식으로 생긴 병은 음식으로 치료하게 되며, 어떤 음식을 먹어야 하는지 스스로 알게 됩니다.
(자기 몸에 필요한 음식만 먹고 싶어집니다.)

⑤ 사랑하는 사람과 함께 운동하면 서로 치료해 주기도 합니다.

⑥ 운동을 하다가 몸의 어느 한 부분을 계속 손으로 자극한다면 그쪽에 이상이 있는 것이니, 의사에게 상담을 받고 적절한 치료를 받으면 됩니다.

⑦ 다이어트 및 기타 건강관리에 효과적입니다.

⑧ 꾸준히 운동하여 영이 맑아지면, 자신의 과거와 미래를 스스로 보게 됩니다.

누구나 스스로 하실 수 있습니다.

간 행 사

《새로운 성경》은:

· 새로운 성경은, 하나님께서 선량하고 선한 자를 선택하여 십계명을 암송하도록 하시고, 십계명을 암송한 다음에 음성으로써 들려주시는 말씀을 듣고 그대로 카세트테이프에 녹음해서 받아쓴 책입니다.

· 90분짜리 녹음테이프 700여 개에 달하는 말씀으로, 1999년 8월부터 2004년 7월까지 총 160권(권당 288쪽)을 완성하였으며, 그 이후에도 현재까지 계속 말씀을 내려 주고 계십니다.

· 새로운 성경은 "하늘을 두루마리 삼고 바닷물을 먹물 삼아 쓰고 써도 다 못 쓴다"는, 끝없이 방대한 하나님의 말씀이 두루마리로 직접 내려오는 것입니다. 이러한 새로운 성경은 구약과 신약을 폐하려는 것이 아니라 "인봉된 성서의 비유의 뜻"을 상세히 설명하여 완성하고자 하나님께서 직접 내려 주신 말씀입니다.

《새로운 성경》의 구성:

· 제 목: 2013년, 160권 모음집을 발간하면서, 본 도서의 제목을 "하나님! 말씀하옵소서"에서 《새로운 성경》 으로 명해 주셨습니다.

· 단행본: 각 권당 288쪽(신국판) 책이 160권까지 시리즈로 출판됩니다.
(모음집은 단행본을 16권씩 묶어서, 총 10부로 구성됩니다.)

《새로운 성경》의 성경적 근거:

· 신약 성경 [요한복음] 16장 13절에 "진리의 성령이 오시면 그가 너희를 모든 진리 가운데로 인도하시리니 그가 자의로 말하지 않고, 오직 듣는 것만을 말하며" 하신 말씀처럼 하나님의 음성을 들은 것만 기록하였으며,

· "장래 일을 너희에게 알리시리라" 하신 말씀과 같이 개인, 나라, 인류의 "장래"일을 하나님께서 알려 주시는 것만 기록하여 책으로 만들었습니다.

《새로운 성경》의 기록 방법:

· 1999년 8월부터 하나님께서 저에게 들려주시는 음성을 기록하였습니다. 처음에는 제가 들은 말씀을 불러 주면 저의 아내가 기록하여, 2000년 1월 29일에 1권 초판이 세상에 나왔습니다. 2000년 4월부터는 주시는 말씀을 받아 녹음기에 기록하여 시리즈로 출간하기 시작하였습니다.

· 녹음을 시작하면서 하나님의 말씀을 받는 데 가속도가 붙었고, 2001년 5월 3일에 1부(1~16권까지)를 인쇄하여 출판하였으며, 2004년 7월까지 총160권 분량의 말씀을 받아 기록하였습니다.

하나님께서 저에게 주신 것은:

· 첫째, 만백성을 상대로 내려 주시는 "기도", 둘째, 수시로 내려 주시는 "묵상", 셋째, 개인의 과거, 현재, 미래를 알려 주시는 "개인 기도", 넷째, 개인의 건강을 위해서 내려 주시는 "음식 처방", 다섯째, 하나님께서 가르쳐 주신 "운동"등이 있습니다. 이 중에 첫 번째, "기도"를 책으로 편찬하였습니다. 사람의 생사, 개인의 미래에 관한 천기는 수록하지 말라 하셨습니다.

강론 안내:

· 하나님께서는 지금도 매일 저에게 새로운 하늘의 비밀의 말씀을 내려 주고 계십니다. 수시로 내려 주시는 말씀을 정리해서 제자를 육성하라는 말씀에 따라 매주 강론을 하고 있습니다. 누구나 무료로 들으실 수 있습니다. (book160.com)

《새로운 성경》을 읽는 분들에게 드리는 선물:

· 개인 기도: 개인의 과거, 현재, 미래에 관하여 말씀을 내려 주십니다.

· 음식 처방: 사람은 음식을 먹고살다가 건강을 잃으니, 음식과 운동으로 건강을 되찾는 방법을 알려 드립니다. 단, 하나님이 계심을 믿고, 십계명을 지키겠다고 진실로 서약하는 분들께 알려드립니다.

《새로운 성경》의 은혜와 기적:

· 새로운 성경 전160권은 16권씩 묶어서 총 10부의 모음집으로 구성됩니다. 모음집 한 부를 읽고 깨우치는 자에게 하나님께서 다음과 같은 기적이 있다고 하셨습니다.

· "첫째, 그가 죽어 하늘에 갔을 때 그의 죄를 묻지 아니하며, 구원을 받는 위대한 은혜가 있으며, 둘째, 그의 소원과 소망이 이루어지고, 셋째, 죽은 자(부모, 형제, 자식, 사랑하고 은혜 입은 분)의 이름으로 구입한 책을 읽고 누군가 한 사람이 깨우칠 때, 그 죽은 자가 지옥에서 천국으로 구원을 받게 되며, 넷째, 유산, 중절 수술 등으로 태어나지 못한 아이를 위하여 구입한 책을 보고 한 명이 깨우쳤을 때, 그 아이가 사람으로 다시 한 번 태어나는 은혜를 받는다."

· "새로운 성경"을 3회 이상 정성을 다해 정독하는 자, 성서의 비밀을 알게 되고, 세상의 이치를 알게 되며, 세상을 지배하고 통제할 수 있는 지혜를 다 얻게 된다고 하셨습니다. 이 책은 만백성이 정독하고 이웃에게 전하여, 평생 가슴에 묻은 슬픔과 고통의 짐을 벗고 미래를 위한 힘찬 삶을 살아가도록 하는 책입니다.

끝으로

· 하나님께서는 흰 눈이 세상을 덮듯이 새로운 성경을 온 세상에 전하라고 하셨습니다. 《새로운 성경》을 각국어로 번역해서 온 인류에게 구원의 길을 깨우쳐 주고, 그 수익으로 가난하고 어려운 백성을 구제하여, 만백성의 영과 육을 함께 구원하는 선지자의 임무를 수행하라고 저에게 명하셨습니다.

· 하늘에서 내려 주신 말씀의 보화를 만백성에게 나누어 주는 것이 선지자의 임무라고 하셨습니다. 새로운 성경을 통해서 얻는 재물을 사용할 곳도 하나님께서 일일이 명해 주십니다. 모든 재물은 저의 자의로 쓸 수 없고, 하나님께서 명하시는 대로만 쓰여집니다.

· 어떤 명분으로든 십일조나 각종 헌금을 거두어들이지 말라 하셨으며, 국내뿐 아니라 각국에 성전과 단독 서점을 운영하며, 한국의 많은 젊은이들을 전 세계에 지도자로 내보내라고 하셨습니다.

· 우리는 세계적으로 새로운 성경을 보급하며 어려운 이들을 돕는 역사를 해 나갈 것입니다. 지금까지 비록 몇 명 안 되는 제자들과 함께 이러한 일을 역사했지만, 앞으로도 계속 하나님께서 기뻐하시는 일들을 해 나갈 것입니다. 부족한 저희에게 여러분들의 지혜와 성원을 보내 주시기를 바랍니다. 많은 분들의 참여와 도움을 간절히 기다립니다. 감사합니다.

한국어로 내려온 《새로운 성경》 단행본을 출간하며
2016년 4월 10일

발행인 **김 용 철**

한국어로 내려온

새로운 **성 경** · 5부 · 제80권

지은이 하나님 말씀
대역자 김용철

초판인쇄 1쇄 2017년 4월 3일

펴낸 곳 도서출판 하얀마음
등록번호 제 10-2107호 (2001년 2월 14일)
주소 서울시 노원구 덕릉로86길5, 2층
전화번호 02) 313-1114
팩스 02) 393-5554
전자우편 book160@hanmail.net
편집위원 조나영 김미향 이석교
제작지원 김창현 김지영

도서상담 1600-7527
ISBN 978-89-5875-180-9 (04230)
978-89-5875-100-7 (세 트)

값 10,000원
잘못된 책은 구입하신 곳에서 바꾸어 드립니다.

※이 책은 10부로 제작되며, 각 부 16권씩 총160권으로 구성됩니다.※

1부	2부	3부	4부	**5부**	6부	7부	8부	9부	10부
1권	17권	33권	49권	65권	81권	97권	113권	129권	145권
2권	18권	34권	50권	66권	82권	98권	114권	130권	146권
3권	19권	35권	51권	67권	83권	99권	115권	131권	147권
4권	20권	36권	52권	68권	84권	100권	116권	132권	148권
5권	21권	37권	53권	69권	85권	101권	117권	133권	149권
6권	22권	38권	54권	70권	86권	102권	118권	134권	150권
7권	23권	39권	55권	71권	87권	103권	119권	135권	151권
8권	24권	40권	56권	72권	88권	104권	120권	136권	152권
9권	25권	41권	57권	73권	89권	105권	121권	137권	153권
10권	26권	42권	58권	74권	90권	106권	122권	138권	154권
11권	27권	43권	59권	75권	91권	107권	123권	139권	155권
12권	28권	44권	60권	76권	92권	108권	124권	140권	156권
13권	29권	45권	61권	77권	93권	109권	125권	141권	157권
14권	30권	46권	62권	78권	94권	110권	126권	142권	158권
15권	31권	47권	63권	79권	95권	111권	127권	143권	159권
16권	32권	48권	64권	80권	96권	112권	128권	144권	160권